阮元集

程章燦 主編

揅經室集 中

〔清〕阮元 著

張鑫龍 點校

廣陵書社

揅經室三集

文五卷

揅經室三集卷一

南北書派論

元謂書法遷變，流派混淆，非溯其源，曷返于古。蓋由隸字變爲正書、行草，其轉移皆在漢末、魏晉之間；而正書、行草之分爲南、北兩派者，則東晉、宋、齊、梁、陳爲南派，趙、燕、魏、齊、周、隋爲北派也。南派由鍾繇、衛瓘及王羲之、獻之、僧虔等以至智永、虞世南，北派由鍾繇、衛瓘、索靖及崔悅、盧諶、高遵、沈馥、姚元標、趙文深、丁道護等以至歐陽詢、褚遂良。南派不顯于隋，至貞觀始大顯。然歐、褚諸賢本出北派，洎唐永徽以後，直至開成碑版石經，尚沿北派餘風焉。南派乃江左風流，疏放妍妙，長于啟牘，減筆至不可識，而篆隸遺法，東晉已多改變，無論宋、齊矣。北派則是中原古法，拘謹拙陋，長于碑榜，而蔡邕、韋誕、邯鄲淳、衛覬、張芝、杜度篆、隸、八分、草書遺法，至隋末唐初貞觀、永徽，金石可考。猶有存者。兩派判若江河，南北世族不相通習。至唐初，太宗獨善王羲之書，虞世南最爲親近，始令王氏一家兼掩南北矣。然此時王派雖顯，縑楮無多，世間所習，猶爲北派。趙宋閣帖盛行，不重中原碑版，於是北派愈微矣。元二十年來，留心南北碑石，證以正史，其間蹤跡流派，朗然可見。近年魏、齊、周、隋舊碑新出甚多，但下眞蹟一等，更可摩辨而得之。

竊謂隸字至漢末，如元所藏漢《華嶽廟碑》四明本『物』『亢』『之』『也』等字，全啓眞書門逕，《急就》章草實開行草先路。舊稱《宣和書譜》。王導初師鍾、衛，攜《宣示表》過江，此可見書派南遷之跡。晉、宋之間，世重獻之之書，右軍之體反不見貴，齊、梁以後，始爲大行。《南史·劉休傳》：『羊欣重王子敬正隸書，世共宗之，右軍之體反不見重。及休始好右軍法，因此大行。』梁亡之後，祕閣二王之書初入北朝，顔之推始得而祕之，《顔氏家訓》云：『梁氏祕閣散逸以來，吾見二王眞草，家中嘗得十卷，方知陶隱居、阮交州、蕭祭酒諸書莫不得羲之之體。』由此論觀之，可見南北實不相襲。加以眞僞淆雜，當時已稱難辨。陶隱居《答武帝啟》云：『羲之從失郡告靈不仕以後，畧不復自書，有代書一人，世不能別見其緩異，呼爲末年書。子敬年十七八，全放此人書，故遂與之相似。』僧智永爲羲之七世孫，與虞世南同郡，世南幼年學書于智永，見世南本傳。由陳入隋，官卑不遷，書亦不顯。爾時隋善書者爲房彦謙、丁道護諸人，皆習北派書法，方嚴遒勁，不類世南。世南入唐，高年宿德，祖述右軍。太宗書法亦出羲之，故賞虞派，購羲之眞、行二百九十紙，爲八十卷，命魏徵、虞世南、褚遂良定眞僞。見《唐書·藝文志》。夫以兩晉君臣忠賢林立，而《晉書》御撰之傳乃特在羲之，其篤好可知矣。慕羲、獻者，惟尊南派，故竇臮《述書賦》自周至唐二百七人之中，列晉、宋、齊、梁、陳一百四十五人，周一人，秦一人，漢二人，魏五人，吳二人，晉六十三人，宋二十五人，齊十五人，梁二十一人，陳二十一人，唐四十五人。於北齊秖列一人，其風流派別可想見矣。

羲、獻諸蹟，皆爲南朝秘藏，北朝世族豈得摩習？《蘭亭》一紙，唐初始出，歐、褚奉勑臨此帖時，已在中年以往，書法既成後矣。歐陽詢書法方正勁挺，實是北派，試觀今魏、齊碑中格法勁正者，即其派所從出。詳見跋中。《唐書》稱詢始習王羲之書，後險勁過之，因自名其體，嘗見索靖所書碑，宿三日乃去。夫《唐書》稱初學羲之者，從帝所好，權詞也；悅索靖碑者，體歸北派，微詞也。蓋鍾、衛二家爲南、北所同托始，至于索靖，則惟北派祖之，枝幹之分，實自此始。褚遂良雖起吴越，其書法遒勁，乃本褚亮與歐陽詢，同習隋派，實不出于二王。《唐書》本傳云：『父友歐陽詢，甚重之。』諸書碑石襍以隸筆，今有存者，可覆按也。詳見跋中。褚臨《蘭亭》，改動王法，不可强同。虞世南死，太宗歎無人可與論書，魏徵薦遂良曰：『遂良下筆遒勁，甚得王逸少體。』此乃徵知遂良忠直，可任大事，薦其人，非薦其書，其實褚法本爲北派，與世南不同。此後李邕、蘇靈芝等亦皆北派，故與魏、齊諸碑相似也。詳見跋中。唐時，南派字跡但寄縑楮，北派字跡多寄碑版。碑版人人共見，縑楮罕能遍習。至宋人《閣》《潭》諸帖刻石盛行，而中原碑碣任其蘊蝕，遂與隋、唐相反。宋帖展轉摩勒，不可究詰，漢帝秦臣之蹟，並由虛造，鍾、王、郄、謝，豈能如今所存北朝諸碑，皆是書丹原石哉？宋以後學者昧于書有南、北兩派之分，而以唐初書家舉而盡屬羲、獻，豈知歐、褚生長齊、隋，近接魏、周，中原文物，具有淵原，不可合而一之也。北朝族望質朴，不尚風流，拘守舊法，罕肯通變。惟是遭時離亂，體格猥拙，然其筆法勁正遒秀，往往畫右出鋒，猶如漢隸，其書碑誌不署書者之名，即此一端，亦守漢法，惟破體太多，宜爲顏之推、江式等所糾正。其書家著名見于《北史》、《魏》《齊》《周書》、《水經注》《金石畧》諸書者，不下八十餘人。趙崔悦、盧諶，魏崔潛、崔宏、盧偃、盧邈、崔浩、崔簡、崔衡、崔光、崔高客、崔亮、張黎、谷渾、沈含馨、盧魯元、黎廣、江强、江式、江順和、屈恒、高遵、盧伯源、崔挺、游明根、劉芳、劉懋、郭祚、沈法會、李思穆、柳僧習、夏侯道遷、庾道、王世弼、王由、蔣少游、李苗、曹世表、裴敬憲、沈嵩、竇遵、柳楷、孫伯禮、劉仁之、宇文忠之、沈馥，北齊杜弼、李鉉、張景仁、樊遜、姚元標、韓毅、袁買奴、李超、李繪、趙彦深、崔季舒、蕭慨、源楷、賈德胄、顏之推、姚淑、王思誠、釋道常，北周冀儁、趙文深[一]、黎景熙、沈遐、泉元禮、蕭撝、薛温、薛慎、柳(宏)〔弘〕、裴漢、楊素、虞世基、虞綽、盧昌衡、趙仲將、劉顗、房彦謙、閻毗、竇慶、竇璡，隋丁道護、龐夐、侯孝直。此中如魏崔悦、崔潛、崔宏、盧諶、盧偃、盧邈，皆世傳鍾、衛、索靖之法，見《崔浩傳》。齊姚元標亦得崔法，《崔浩傳》云：『武平中，姚元標以工書知名，見潛書，以爲過于浩也。』《顏氏家訓》云：『北朝喪亂之餘，書跡鄙陋，加以專輒造字，猥拙甚于江南。惟有姚元標工于楷隸，留心小學，後生師之者衆，齊末秘書繕寫，賢于往日多矣。』《武平造象藥方記》書法極佳，或元標筆歟？周冀儁、趙文淵皆爲名家，豈書法遠不及南朝哉？

[一] 按：『深』字乃沿襲《北史》《周書》之避唐諱，其人實名『趙文淵』。《金石萃編》卷三七載其《華嶽頌》，末署『南陽趙文淵字德本奉敕書』，從下文亦可見『趙文淵』之名。

我朝乾隆、嘉慶間，元所見所藏北朝石碑不下七八十種，其尤佳者，如《刁遵墓志》《司馬紹墓志》《高植墓志》《賈使君碑》《高貞碑》《高湛墓志》《孔廟乾明碑》《鄭道昭碑》《武平道興造象藥方記》，建德、天保諸造象記，啟法寺、龍藏寺諸碑，直是歐、褚師法所由來，豈皆拙書哉？南朝諸書家載史傳者，如蕭子雲、王僧虔等，皆明言沿習鍾、王，《蕭傳》云：『子雲自言善效元常、逸少，而微變字體。』《王傳》云：『宋文帝謂其迹逾子敬。』實成南派。至北朝諸書家，凡見於北朝正史、《隋書》本傳者，但云『世習鍾、衛、索靖，工書善草隸，工行草，長於碑榜』諸語而已，絕無一語及于師法羲、獻，正史具在，可按而知。此實北派所分，非敢臆爲區別。譬如兩姓世系，譜學秩然，乃强使革其祖姓，爲後他族，可歟？北朝諸史云：魏初重崔、盧之書，自非朝廷文誥、四方書檄，初不妄染，故世無遺文，尤善草隸。崔悦與范陽盧諶齊名，諶法鍾繇，悦法衛瓘，而俱習索靖之草，皆盡其妙。諶傳子偃，偃傳子邈，悦傳子潛，潛傳子宏，世不替業。又谷渾善隸書。黎廣從司徒崔浩學楷篆，世傳其法。高遵頗有筆札。盧伯源習鍾繇法。劉懋善草隸。沈法會能隸書。李思穆工隸。庾道工草隸。王由善草隸。裴敬憲工隸草。竇遵善隸篆。劉仁之工眞草。張景仁工草隸。姚元標工書知名。韓毅以工書顯。蕭慨善草隸。源楷善草隸。劉逖工草書。冀儁善隸書。泉元禮頗閑草隸。蕭撝善草隸。薛慎善草書。柳（宏）〔弘〕工草隸。虞世基善草隸。虞綽工草隸。盧昌衡工草行書。房彥謙善草隸。閻毗草隸尤善。竇慶工草隸。楊素工草隸。竇璡工草隸。凡此各正史本傳，無一語及于師法二王者。此外《書斷》《書史》《書勢》《筆陣圖》等書之言，皆未足深據。其間惟梁王裒本屬南派，裒入北周，貴游翕然學裒書，趙文淵亦改習裒書，然竟無成。至于碑榜，王裒亦推先文淵，可見南北判然，兩不相涉。《述書賦》注稱唐高祖書師王裒，得其妙，故有梁朝風格。據此可見南派入北，惟有王裒。高祖近在關中，及習其書，太宗更篤好之，遂居南派，淵源所在，具可考已。南北朝經學，本有質實、輕浮之别，南北朝史家亦每以夷、虜互相詬詈，書派攸分，何獨不然？宋、元、明書家多爲閣帖所囿，且若《禊序》之外，更無書法，豈不陋哉！元筆札最劣，見道已遲，惟從金石、正史得觀兩派分合，别爲碑跋一卷，以便稽覽。所望穎敏之士，振拔流俗，究心北派，守歐、褚之舊規，尋魏、齊之墜業，庶幾漢、魏古法不爲俗書所掩，不亦禕〔一〕歟！

北碑南帖論

古石刻紀帝王功德，或爲卿士銘德位，以佐史學，是以古人書法，未有不托金石以傳者。秦石刻曰『金石刻』，明白是也。前後漢隸碑盛興，書家輩出，東漢山川、廟墓無不刊石勒銘，最有矩法。降及西晉、北朝，中原漢碑林立，學者慕之，轉相摩習。唐人修《晉書》、南、北史傳，于名家書法，或曰『善隸書』，或曰『善隸草』，或曰『善正書』『善楷書』『善行草』，而皆以善隸書爲尊，

〔一〕禕，底本誤作『禕』，據文意改。

當年風尚，若曰不善隸，是不成書家矣。故唐太宗心折王羲之，尤在《蘭亭敍》等帖，而御撰《羲之傳》，惟曰『善隸書，爲古今之冠』而已，絶無一語及于正書、行草，蓋太宗亦不能不沿史家書法，以爲品題。《晉書》具在，可以覆案，而羲之隸書，世間未見也。隸字書丹于石最難，北魏、周、齊、隋、唐變隸爲眞，漸失其本。而其書碑也，必有波磔，雜以隸意，古人遺法猶多存者，重隸故也。隋、唐人碑，畫末出鋒，猶存隸體者，指不勝屈。褚遂良，唐初人，宜多正書，乃今所存褚蹟，則隸體爲多，間習南朝體，書《聖教序》即嫌飄逸。蓋登善深知古法，非隸書不足以被豐碑而鑿貞石也。宮殿之榜，亦宜篆隸，是以北朝書家，史傳稱之每曰『長于碑榜』。今榜不可見，而瓦當碑頭及《天發神讖碑》可以類推。晉室南渡，以《宣示表》諸蹟爲江東書法之祖。然衣帶所攜者，帖也。帖者始于卷帛之署書，見《説文》。後世凡一縑半紙珍藏墨蹟，皆歸之帖。今閣帖如鍾、王、郗、謝諸書，皆帖也，非碑也。且以南朝勅禁刻碑之事，是以碑碣絶少，見《昭明文選》。惟帖是尚，字全變爲眞行草書，無復隸古遺意。即以焦山《瘞鶴銘》與萊州鄭道昭《山門字》相校，體似相近，然妍態多而古法少矣。閣帖晉人尺牘，非釋文不識，苟非世族相習成風，當時啓事，彼此何以能識？東晉民間墓甎，多出陶匠之手，而字跡尚與篆隸相近，與《蘭亭》迥殊，非持風流者所能變也。王獻之特精行楷，不習篆隸，謝安欲獻之書太極殿榜，而獻之斥韋仲將事以拒之，此自藏其短也。夫魏之君臣失禮者，在橙懸仲將耳，若使殿榜未懸，陳之廣厦細旃之上，勅文臣大書之，何不中禮之有？豈君上殿廷不及竹扇籠鵝耶？虞世南《孔子廟堂碑》本是南朝王派，故其所書碑碣不多；若歐、褚則全從隸法而來，磨崖巨石，照耀區夏，洵[一]得蔡邕、索靖之傳矣。北朝碑字，破體太多，特因字襍分隸，兵戈之間，無人講習，遂致六書混淆，鄉壁虛造。然江東俗字，亦復不少，二王帖如「稧」「智」「軆」「**稟**」等字，非破體耶？唐初破體未盡，如虞、歐碑中「咲」、「**彭**」虞《廟堂碑》、「准」歐《虞恭公碑》、「煞」歐《皇甫君碑》等字，非破體耶？唐太宗幼習王帖，于碑版本非所長，是以御書《晉祠銘》，貞觀二十年，今在太原府。筆意縱横自如，以帖意施之巨碑者，自此等始。此後李邕碑版，名重一時，然所書《雲麾》諸碑，雖字法半出北朝，而以行書書碑，終非古法。故開元間修孔子廟，諸碑爲李邕撰文者，邕必請張庭珪以八分書書之，邕亦謂非隸不足以敬碑也。唐之殷氏仲容、顔氏眞卿並以碑版、隸楷世傳家學，王行滿、韓擇木、徐浩、柳公權等，亦各名家，皆由沿習北法，始能自立。是故短牋長卷，意態揮灑，則帖擅其長；界格方嚴，法書深刻，則碑據其勝。宋蔡襄能得北法，元趙孟頫楷書摹擬李邕，明董其昌楷書托蹟歐陽，蓋端書正畫之時，非此則筆力無立卓之地，自然入于北派也。要之，漢、唐碑版之法盛，而鐘鼎文字微；宋、元鐘鼎之學興，而字帖之風盛。若其商榷古今，步趨流派，擬議金石，名家復起，其誰與歸？

[一] 洵，底本作「詢」，據甲戌續刊本改。

顔魯公争坐位帖跋

唐人書法，多出於隋，隋人書法，多出於北魏、北齊。不觀魏、齊碑石，不見歐、褚之所從來。自宋人閣帖盛行，世不知有北朝書法矣。即如魯公楷法，亦從歐、褚北派而來，其源皆出於北朝，而非南朝二王派也。《争坐位稿》如鎔金出冶，隨地流走，元氣渾然，不復以姿媚爲念。夫不復以姿媚爲念者，其品乃高，所以此帖爲行書之極致。試觀北魏《張猛龍碑》，後有行書數行，可識魯公書法所由來矣。《蘭亭》一帖，固爲千古風流。此後美質日增，惟求姸妙，甚至如魯公此等書，亦欲强入南派，昧所從來，是使李固搔頭，魏徵嫵媚，殊無學識矣。

王右軍蘭亭詩序帖二跋

王右軍《蘭亭修禊詩序》書於東晉永和九年，原本已入昭陵，當時見者已罕。其元本本無鈎刻存世者，今定武、神龍[一]諸本，皆歐陽率更、褚河南臨搨本耳。夫臨搨之與元本，必不能盡同者

［一］『神龍』二字，底本作『龍神』，據甲戌續刊本改。

也。觀於歐、褚之不能互相同，即知歐、褚之必不能全同於右軍矣。眞定武本，余惟見商邱陳氏所藏一卷，餘皆一翻再三翻之本。眞定武本雖歐陽學右軍之書，終有歐陽筆法在内，猶神龍本之有河南筆法也。執定武而以爲右軍書法必全如是，未足深據也。昭陵原本，誰見之耶？況此外頴上、張金界奴、騫異僧押縫等百數十本不同耶？『領』字或從『山』，『崇』字或作『㟽』，更大不同耶？要之，右軍書之存於今者，皆展轉鉤摹，非止一次，懷仁所集，淳化所摹，皆未免以後人筆法羼入右軍法内矣。然其圓潤妍渾，不多圭角，則大致皆同，與北朝帶隸體之正字原碑，但下眞迹一等者不同也。世人震於右軍之名，囿於《蘭亭》之説，而不考其始末，是豈知晉、唐流派乎？《蘭亭》帖之所以佳者，歐本則與《度化寺碑》筆法相近，褚本則與褚書《聖教序》筆法相近，皆以大業北灋爲骨，江左南灋爲皮，剛柔得宜，健妍合度，故爲致佳。若原本全是右軍之法，則不知更何景象矣。

永和八年秋，殷浩北伐無功，再舉進屯泗口，羲之移浩書曰：『區區江左，力争武功，非所當作，莫若退保長江，引咎責躬，與民更始，以救倒懸。若猶以前事爲未工，復求之於分外，宇宙雖廣，自容何所？』浩不能從，遂有九年秋七月之敗。《蘭亭敍》作於浩屯泗口之後、敗走譙城之前，其憂國之心，含於文字之内，非徒悲陳迹也。

摹刻天發神讖碑跋

三國吴《天發神讖碑》，舊在江寧。嘉慶十年，燬於火，人間拓本皆可寶貴。元家有舊拓本，合之繁昌鮑氏舊拓本，共得二百二十一字。十四年春，屬長洲吴國寶樵刻，以昭絶學。按：此碑張勃《吴録》以爲皇象所書，張懷瓘《書斷》以爲官至侍中，八分亞于蔡邕。《梁書》《南史·皇侃傳》並云青州刺史，惜《吴志》不爲立傳。此碑始末，見于王司寇《金石萃編》等書，其字體乃合篆隸而取方折之勢，疑即八分書也。八分書起于隸字之後，而其筆法篆多于隸，是中郎所造以存古法，惜人不能學之也。北朝碑額往往有酷似此者，魏、齊諸碑出于漢、魏、三國，隋、唐以後，歐、褚諸體實魏、齊諸碑之苗裔，而《神讖》之體亦開其先，學者罕究其原流矣。皇象，字休明，廣陵人。因刻石置之北湖家塾泰華雙碑之後，以存古鄉賢之矩矱焉。

復程竹盦編修邦憲書

秋初接奉還雲，知夏間奉畣一函已經入覽，藉知林居清適，怡志文翰爲慰。索書楹帖，隨後奉寄。來函書法益進，篤志歐、褚，喜與鄙見相合。竊謂書法自唐以前，多是北朝舊法，其新法南派，多分別于貞觀、永徽之間。隋《龍藏寺碑》乃丁道護等家法，歐、褚所從來，至今可見者也。歐之《皇甫碑》《醴泉銘》，乃其本色也，《化度寺碑》乃其參用永興南法者也。虞之《夫子廟堂碑》，非盡虞之本色，乃亦參用率更北法者也。是以《廟堂》原石，頗有與《化度》原石相近之處。今二摹本全入圓熟，與《閣帖》棗木模棱者同矣。貞觀以後，御書碑如《晉祠》《紀功頌》《昇仙太子》之類，皆是王羲之眞傳，與集王《聖教》同行一轍，即如石淙詩中方勁之筆，皆繫北派，迥不相涉。終唐之世，民間劣俗甎石今存舊跡，無不與北齊、周、隋相似，無似《閣帖》者，無似羲、獻者，蓋民間實未能沿習南派也。王著摹勒《閣帖》，全將唐人雙鉤響搨之本畫一，改爲渾圓模棱之形，北法從此更衰矣。《閣帖》中標題一行曰『晉某官某人書』，皆王著之筆，何以王、郄、謝、庾諸賢與王著之筆無不相近，可見著之改變，多不足據矣。昭陵《禊序》，誰見原本？今所傳兩本，一則率更之定武，一則登善之神龍，實皆歐、褚自以己法參入王法之內，觀於兩本之不相同，即知兩本之必不同於繭本矣。若全是原本，恐尚未必如定武動人，此語無人敢道也。大約歐、褚北法從隸而來，其最可見者，爲『乙』字捺脚飛出，內圓外方，全是隸法，無論『一』字畫末出鋒矣。若江左王法，『乙』字則多鉤轉作『乙』，此其分別之迹。此外南遠於隸、北沿於隸之處，踪跡甚多，若不持成見以求之，皆朗然可見。幸今北石尚多存者，再過數百年，更無人見矣。行書如顏氏《争座位》等石，皆是北派，幸未爲後人盡改圓熟，流入妍妙一路。至于《樂毅》《黄庭》《道德》

等帖，世稱爲逸少眞迹者，其來處皆不可究詰，有識者所不應道也。董文敏骨力得力於歐，張文敏得力於顔，皆以北派工夫爲骨，所以能卓然自立。乃二公一生不知南北之分，矢口惟二王是尊，豈所謂可使由之，不使知之，隱然爲隋、唐人所籠罩耶？生筆札極劣，議論武斷，屬在至契，敢以奉商，何如？

晉永和泰元甎字拓本跋

此甎新出于湖州古冢中，近在蘭亭前後十數年。此種字體，乃東晉時民間通用之體，墓人爲壙，匠人寫坯，尚皆如此。可見爾時民間尚有篆隸遺意，何嘗似羲、獻之體？所以唐初人皆名世俗通行之字爲『隸書』也。羲、獻之體，乃世族風流，譬之麈尾、如意，惟王、謝子弟握之，非民間所有。但執二王以概東晉之書，蓋爲《閣帖》所愚蔽者也。況眞羲、獻亦未必全似《閣帖》也。不獨此也，宋元嘉字甎亦尚近于隸，與今《閣帖》内字跡無一相近者。然則唐人收藏珍秘，宋人展轉勾摹，可盡據乎？

元和元年七月

晉泰元九年十日庚子

宋元嘉六年己巳

隋大業當陽縣玉泉山寺銕鑊字跋

丁丑春，余過當陽玉泉寺，得見隋銕鑊字，搨之，凡四十有四字，每字方徑二寸許，其文曰：『隋大業十一年，歲次乙亥，十一月十八日，當陽縣治下李慧達建造鑊一口，用鐵今秤二千斤，永充玉泉道場供養。』考此鑊乃彼時民間所造，民間所寫，其寫字之人，亦惟是當時俗人，其字亦當時通行之體耳，非摹古隸者也。而筆法半出于隸，全是北周、北齊遺法，可知隋、唐之間，字體通行皆肖乎此。而趙宋各法帖所稱鍾、王者，其時世遠在此等字前，何以反與後世楷字無殊耶？二王書猶可云江左與中原所尚不同，若鍾書則更在漢、魏之間，其僞也不爽然可想見乎？

隋大業十一年歲次乙

亥十一月十八日當陽

縣治下李慧達建造鏤
一口用鐵今秤二千斤
永充玉泉道場供養

摹刻揚州古木蘭院井底蘭亭帖跋

金華《蘭亭》，乃明正統間兩淮運司何士英從揚州取去者。相傳以爲汴京睿思紹彭遺石，思陵南渡，失于揚州者，殊未必然。然明時掘自揚州古木蘭院井中則甚確，是必唐刻之摹本也。嘉慶己巳長夏，命海鹽吴厚生在杭州摹勒一石，歸置揚州北門外古木蘭院中，聊還故蹟云爾。

揅經室三集卷二

文言說

古人無筆硯紙墨之便，往往鑄金刻石，始傳久遠。其著之簡策者，亦有漆書刀削之勞，非如今人下筆千言，言事甚易也。許氏《説文》：『直言曰言，論難曰語。』《左傳》曰：『言之無文，行之不遠。』此何也？古人以簡策傳事者少，以口舌傳事者多，以目治事者少，以口耳治事者多。故同爲一言，轉相告語，必有愆誤，《説文》『言』从口从辛。辛，愆也。是必寡其詞，協其音，以文其言，使人易於記誦，無能增改，且無方言俗語雜於其間，始能達意，始能行遠，此孔子於《易》所以著《文言》之篇也。古人歌詩、箴銘、諺語，凡有韻之文，皆此道也。《爾雅·釋訓》主於訓蒙，『子子孫孫』以下，用韻者三十二條，亦此道也。孔子於乾、坤之言，自名曰『文』，此千古文章之祖也。爲文章者，不務協音以成韻，修詞以達遠，使人易誦易記，而惟以單行之語，縱横恣肆，動輒千言萬字，不知此乃古人所謂直言之言，論難之語，非言之有文者也，非孔子之所謂文也。《文言》數百字，幾於句句用韻，孔子於此發明乾、坤之藴，詮釋四德之名，幾費修詞之意，冀達意外之言，《説文》曰：「詞，意内言外也。」蓋詞亦言也，非文也。《文言》曰：「修辭立其誠。」《説文》曰：「修，飾也。」詞之飾者乃得爲文，不得以詞即文也。要使遠近易誦，古今易傳，公卿學士皆能記誦，以通天地萬物，以警國家身心，不但多用韻，抑且多用偶。即如「樂行」「憂違」，偶也；「長人」「合禮」，偶也；「和義」「幹事」，偶也；「庸言」「庸行」，偶也；「閑邪」「善世」，偶也；「進德」「修業」，偶也；「知至」「知終」，偶也；「上位」「下位」，偶也；「同聲」「同氣」，偶也；「水溼」「火燥」，偶也；「雲龍」「風虎」，偶也；「本天」「本地」，偶也；「无位」「无民」，偶也；「勿用」「在田」，偶也；「潛藏」「文明」，偶也；「道革」「位德」，偶也；「偕極」「天則」，偶也；「隱見」「行成」，偶也；「學聚」「問辨」，偶也；「寬居」「仁行」，偶也；「合德」「合明」「合序」「合吉凶」，偶也；「先天」「後天」，偶也；「存亡」「得喪」，偶也；「餘慶」「餘殃」，偶也；「直内」「方外」，偶也；「通理」「居體」，偶也。凡偶，皆文也。於物，兩色相偶而交錯之，乃得名曰「文」，文即象其形也。《考工記》曰：「青與赤[一]，謂之文。赤與白，謂之章。」《説文》曰：「文，錯畫也。象交文。」然則千古之文，莫大於孔子之言《易》。孔子以用韻、比偶之法，錯綜其言，而自名曰「文」，何後人之必欲反孔子之道，而自命曰「文」，且尊之曰「古」也？

[一] 赤，底本作「白」，據《周禮・考工記》改。

數説

古人簡策繁重，以口耳相傳者多，以目相傳者少，是以有韻有文之言，行之始遠。不第此也，且以數記言，使百官萬民易誦易記，《洪範》《周官》，尤其最著者也。《論語》二十篇，名之曰『語』，即所謂『論難曰語』，語非文矣。然語雖非文，而以數記言者，如『一言』『三省』『三友』『三樂』『三戒』『三畏』『三愆』『三疾』『三變』『四教』『絶四』『四惡』『五美』『六言』『六蔽』『九思』之類，則亦皆口授、耳受、心記之古法也。秦漢間，伏生《尚書》、公羊《春秋》，傳經説經，尚復全以口授，數傳之後，始著竹帛，復何疑於簡策之少，記誦之多哉？古人簡策，在國有之，私家已少，何況民間？是以一師有竹帛，而百弟子口傳之，非如今人印本經書，家家可備也。

名説

古人於天地萬物，皆有以名之，故《説文》曰：『名，自命也。从口，从夕。夕者，冥也，冥不相見，故以口自名。』然則古人命名之義，任口耳者多，任目者少，更可見矣。名也者，所以從目所不及者，而以口耳傳之者也。《易》六十四卦、《詩》三百篇、《書》百篇，苟非有名，何以記誦？名著而數生焉，數交而文見焉。古人銘詞，有韻有文，而名之曰『銘』。銘者，名也，即此義也。《釋名》曰：『銘，名也。』《禮記·祭統》曰：『銘者，自名也。』

書梁昭明太子文選序後

昭明所選，名之曰『文』。蓋必文而後選也，非文則不選也。經也，子也，史也，皆不可專名之爲『文』也。故昭明《文選序》後三段特明其不選之故，必沈思翰藻，始名之爲『文』，始以入選也。或曰：昭明必以沈思翰藻爲文，於古有徵乎？曰：事當求其始。凡以言語著之簡策不必以文爲本者，皆經也，子也，史也。言必有文專名之曰『文』者，自孔子《易·文言》始。《傳》曰：『言之無文，行之不遠。』故古人言貴有文。孔子《文言》，實爲萬世文章之祖。此篇奇偶相生，音韻相和，如青白之成文，如《咸》《韶》之合節，非清言質説者比也，非振筆縱書者比也，非佶屈澁語者比也。是故昭明以爲經也、子也、史也，非可專名之爲『文』也。專名爲『文』，必沈思翰藻而後可也。自齊、梁以後，溺于聲律，彦和《雕龍》，漸開四六之體，至唐而四六更卑。然文體不可謂之不卑，而文統不得謂之不正。自唐、宋韓、蘇諸大家以奇偶相生之文爲八代之衰而矯之，于是昭明所不選者，反皆爲諸家所取。故其所著者，非經即子，非子即史，求其合于昭明《序》所謂文者，鮮矣。

合于班孟堅《兩都賦序》所謂文章者，更鮮矣。其不合之處，蓋分于奇偶之間。經、子、史多奇而少偶，故唐宋八家不尚偶。《文選》多偶而少奇，故昭明不尚奇。如必以比偶非文之古者而卑之，則孔子自名其言曰『文』者，一篇之中，偶句凡四十有八，韻語凡三十有五，豈可以爲非文之正體而卑之乎？況班孟堅《兩都賦序》及諸漢文，其體皆奇偶相生者乎？《兩都賦序》『白麟』『神雀』二比，『言語』『公卿』二比，即開明人八比之先路。明人號唐宋八家爲古文者，爲其别于《四書》文也，爲其别于駢偶文也。然《四書》文之體，皆以比偶成文。《明史·選舉志》曰：『四子書命題，代古人語氣，體用排偶，謂之八股。』不比不行，是明人終日在偶中而不自覺也。且洪武、永樂時，《四書》文甚短，兩比四句即宋四六之流派。（宏）〔弘〕治、正德以後，氣機始暢，篇幅始長，筆近八家，便于摹取，是以茅坤等知其後而昧于前也。是《四書》排偶之文，眞乃上接唐、宋四六爲一脈，爲文之正統也。然則今人所作之古文，當名之爲何？曰：凡説經講學，皆經派也；傳志記事，皆史派也；立意爲宗，皆子派也。惟沈思翰藻，乃可名之爲文也。非文者尚不可名爲文，況名之曰古文乎？或問曰：子之所言，偏執己見，謬託古籍，此篇書後自居何等？曰：言之無文，子派雜家而已。

與友人論古文書

讀足下之文，精微峻潔，具有淵源，甚善甚善。顧蒙來問，謹陳陋識焉。元謂古人于籀史奇字始稱『古文』，至于屬辭成篇，則曰『文章』。故班孟堅曰：『武、宣之世，崇禮官，考文章。』又曰：『雍容揄揚，著于後嗣。大漢之文章，炳焉與三代同風。』是故兩漢文章著於班、范，體制和正，氣息淵雅，不爲激音，不爲客氣。若云後代之文有能盛于兩漢者，雖愚者亦知其不能矣。近代古文名家，徒爲科名時藝之累，於古人之文有益時藝者，始競趨之。元嘗取以置之兩漢書中誦之，擬之，淄澠不能同其味，宫徵不能壹其聲，體氣各殊，弗可强已。若謂前人拙樸，不及後人，反覆思之，亦未敢以爲然也。夫勢窮者必變，情弊者務新，文家矯厲，每求相勝，其間轉變，實在昌黎。昌黎之文，矯《文選》之流弊而已。昭明《選序》，體例甚明，後人讀之，苦不加意。《選序》之法，于經、子、史三家不加甄録，爲其以立意紀事爲本，非沈思翰藻之比也。今之爲古文者，以彼所棄爲我所取，立意之外，惟有紀事，是乃子、史正流，終與文章有別，千年墜緒，無人敢言，偶一論之，聞者掩耳。非聰穎特達、深思好問如足下者，元未嘗少爲指畫也。嗚呼！修塗具在，源委遠分，古人可作，誰與歸歟？惟足下審之。

雙岐秀麥圖跋

昔嘉慶九年，余撫浙，嘉興秋稻大熟，有一莖九穗者，梁山舟侍講、諸鄉官皆有詩畫紀之。二十年，余撫江西，麥大熟，多雙岐者。奉新劉丈蒙谷爲畫此圖。此二事，屬官皆請奏獻，余皆以聖天子方崇實政，不尚瑞符却之。姑記其事于圖耳。

江鄉籌運圖跋

嘉慶十八年春，余督四千餘船運粟四百萬石于江、淮間，因作此圖。入夏以後，過邳州，入山東，一路饑民數萬，洶洶相聚，似有奸徒煽于其間。余乃陽分其民爲縴夫，帮若干夫，船若干夫，使運丁食以粗糲，實陰散其勢以安之也。夏秋之間，秋田漸熟，饑民歸于田。九月，漕船南歸，會山東、河南、直隸邪教作亂，將梗運道。漕標兵遠不濟急，余乃令船出壯丁五名，副壯丁三名，授以兵械，齊以號令，令五帮前後連環，互相保護而行。此時各運丁家口及京中官商家口在運河者甚多，皆恃此保護，首尾相顧，整肅過濟寧南下焉。濟寧、東昌等處，城門晝閉，官民乘城固守，盡撤浮橋渡船，而邪徒猶時時渡河而東，中夜驚吪，賴壯丁響應，一呼而集者千餘人，是以不致敗亂。凡夏初不慣爲縴夫之饑民咸令入縴者，至此則凡不合縴步縴聲者，不令一人入縴，以防亂也。二十年冬，雪窗清暇，偶展圖卷，迴憶兩年前事，猶警于心，因識卷末以示兒輩。

糧船量米捷法説

漕運總督管八省之糧，應過淮盤算者共五千船，船十餘艙，艙載米數十石至百餘石不相等，以尺量艙之寬、長、深，而得米數。漕之書吏舊法，名曰『三乘四因』。書吏持珠盤，據營將所報尺寸而算之，曰：某船多米幾何？某船少米幾何？求其所以多、所以少之故，總漕返躬自問，未盡明也。漕務有尺以備造船、勾水諸事之用，舊以此尺寬一丈、長一尺、深二寸五分合漕斛米一石，故量者先須得船艙寬、長、深三者丈、尺、寸、分之數，而再乘之，再四因之，爲石、斗、升、合之數，是以珠算甚繁，而總漕不耐之矣。《漕運全書》内，亦但載『總漕親率善算之人細核』一語，其如何算法，亦未言也。今余以部頒鋳斛，較準一石米立爲六面相同之立方形，即命其一面之寬、長爲一尺，是以平方之一面分十條爲十尺，每尺一升也，又分一條爲十寸，每寸一合，連十合爲一條，得一升，排十條爲一面平方，一層得一斗，再疊平方一尺一斗者十層，即得立方形爲一石。此理易明，人所共曉也。即用此尺以量船艙，得其寬、長二數，初乘之，得丈、尺、寸、分之數，再以初乘之數與深者之數乘之，得丈、尺、寸、分之數，是此再乘所得之丈、尺、寸、分之數，即米之石、斗、升、合之數，故較舊法捷省一半，簡便易曉也。且珠盤指撥，隨手變滅，不足以爲案據。今用鋪地錦乘法，畫界填數，但用紙筆，不用珠盤，則筆筆具存，勿能改變。且吾儒習書數，終以筆墨爲便，與珠盤性不相近也。茲載立方尺形於後，并繪鋪地錦法以明其理。鋪地錦法載方中通《度數衍[一]》內。靜玩半時，即可通曉。若總漕有實知其多、實知其少之據，則營衛軍吏皆不敢欺矣。且即令吏人習用珠盤者算之，而總漕用此筆算抽察之，亦無不可。假如吏人珠算舊尺十船須用十刻工夫者，此尺珠算五六刻即可得數，是吏人亦樂此便捷也。不第船也，即持此尺量倉穀，亦便捷焉。用是刻石嵌壁，與同志者商之。

總督淮揚等處地方提督漕運海防軍務糧餉阮元。

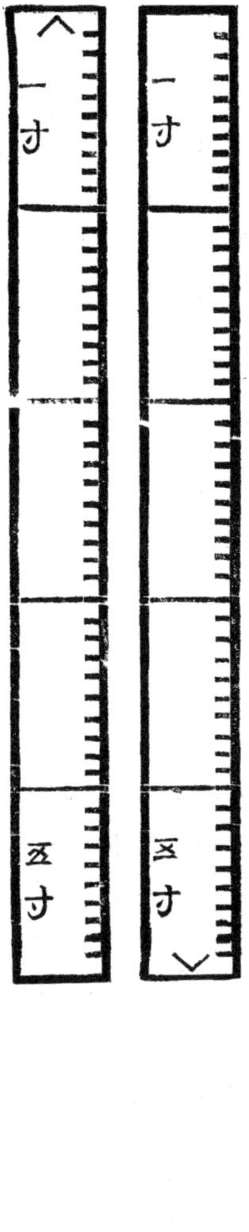

右爲立方一石之一尺，舊尺約當此尺七寸六分弱

[一] 按：方中通此書之名，實爲《數度衍》，收入《四庫全書》中。

格式

第　號艙

冊　裝米　百　十　石　斗　升　合

寬　㊀丈㊀尺㊅寸㊇分　左右爲寬

長　㊁尺㊃寸㊄分　前後爲長

深　㊂尺㊆寸㊈分　直量爲深

初乘

長

初乘

得

得	初乘				
○萬	進○	㊁尺	㊃寸	㊄分	寬
○千	進○	二	四	五	㊀丈
㊁百	進○	二	四	五	㊀尺
㊇十	進㊀	一/二	二/四	三	㊅寸
㊅丈	進㊁	一/六	三/二	四	㊇分
		○進	○進		
		尺㊀	寸㊅	分○	

再乘

初乘該得

再乘

得

得	再乘								
即千石	○萬	進○	㊁百	㊇十	㊅丈	㊀尺	㊅寸	分	深
即百石	㊀千	進○	六	二/四	一/八	三	一/八		㊂尺
即十石	○百	進㊀	一/四	五/六	四/二	七	四/二		㊆寸
即石	㊇十	進㊂	一/八	七/二	五/四	九	五/四		㊈分
			㊀進	㊁進	㊀進	○進	○進		
			丈四	尺五	寸四	分六	厘四		
			斗即	升即	合即	勺即	抄即		

共該得一百○十八石四斗五升四合六勺四抄

法：將假設之寬、長尺寸填寫空〇之内，先從長數末行五分一行與寬數一一六八相乘，呼曰一五如五，填五于斜格下，再呼曰一五如五，又填五于斜格下，三呼曰五六得三十，填三于斜格上，四呼曰五八得四十，填四于斜格上，是五分一位乘畢矣。又從四寸一行與一一六八相乘，呼曰一四如四，再呼曰一四如四，三呼曰四六得二十四，四呼曰四八得三十二，是四寸一位乘畢矣。又從二尺一行與一一六八相乘，呼曰一二如二，再呼曰一二如二，三呼曰二六得一十二，四呼曰二八得一十六，是二尺一位乘畢矣。然後將斜格順而側觀之，第一斜格得四、二之數，合之爲六，乃填六于本位焉。第二斜格得五、三、四、三、六之數，合之爲二十一，乃填一于本位，進二十之數于上位，填二于上位焉。第三斜格得五、四、二、二、一之數，合下位所進之二數爲一十六，乃填六于本位，進一十之數于上位焉。第四斜格得四、二、一之數，合下位所進之一數，爲八，乃填于本位，無所進焉。第五斜格止得二數，乃填二于本位焉。是此所紀之二八六一六即是二百八十六丈一尺六寸，爲初乘之數也。

再乘法：將初乘所得之二八六一六横排上方，以深三尺七寸九分直寫于左[一]方，如初乘之法，次第呼乘畢，再將斜格順而側觀之，復次第填之于各位，是此所紀之一零八四五四六四即再乘

[一]『左』當爲『右』字。

所得之實數，且此所得之一數，即百石，八數即八石，四五四六四即四斗五升四合六勺四抄。不似舊法，仍須以此數再合石、斗、升、合，加一倍遲緐也。

影橋記

浙江學使者駐于杭署，在吴山螺峯之下。宅西有園，園有池，池中定香亭與岸相距，由石橋三折乃達，余名之曰『影橋』，蓋衆影所聚也。池中風漪涣然，是有池影。亭倒映于池，是有亭影。亭與橋皆紅闌，是有闌影。岸邊豆蔓、牽牛子離離然，是有籬影。其樹則有女貞、枇杷、桐、柳、榆、穀[一]，其花則有梅、桂、桃、荷、木芙蓉，其草則有竹、蘭、女蘿，是皆有影。每當曉日散采，夕月浮黄，輕雲在天，繁星落水，霞圍古垣，雪糝幽石，而影皆在橋。魚躍于下，鳥度于上，蝶乘風于亭午，螢弄光于清夜，而影亦在橋。至若把卷晞髮，挈榼攜鐙，度橋而來者，其影無盡，皆可以人之影繫之。故余以『影』名橋，爲衆影所聚也。而橋之自有影于池也，不與焉。

[一] 穀，底本誤作『穀』，據文意改。

再到亭碑陰記

余於乾隆六十年自山左學政移任浙江，至則使院多頹敗，大堂梁柱久爲蟲蝕。嘉慶元年，余鳩工易而新之。冬，市中火延及鼓樓、門廨，復葺之。二年夏，二堂西聽忽傾，復葺之，題其東小室曰『澹凝精舍』。共費白金將二千兩。宅内多老桂，共十株，補種梅、桂、桃、柳百餘株，遭凍僵者强半。西園荷池濬之，花盛開，歲至千枝。池上石橋，余以爲衆影所聚，名之曰『影橋』，撰文爲記。池中小亭舊無名，余用放翁詩意，名曰『定香』，命諸生譔賦，青田端木國瑚賦獨出冠。時池東有屋三楹，舊名『再到亭』，余校刻書籍、碑版皆在此。有碑仆瓦礫中，余立之亭下，刊數語於碑陰，以記近年之事。若夫内外居屋多破漏，願後來者繼葺之也。

定香亭筆談序

余督學浙江時，隨筆疏記近事，名曰《定香亭筆談》。殘篇破紙，未經校定。戊午冬，任滿還京，錢唐陳生雲伯偕余入都，手寫一帙，置行篋中。己未冬，雲伯從余撫浙，旋南，孝豐施孝廉應心復轉寫去，付之梓人。其中漏畧尚多，爰出舊稿，屬吴澹川、陳曼生、錢金粟、陳雲伯諸君重訂正之。諸君以其中詩文不妨詳載，遂連篇附録於各條之後。余不能違諸君之意，因訂而刊之，並識其緣起如此。

杭州靈隱書藏記

《周官》諸府掌官契以治藏，《史記》老子爲周守藏室之史，藏書曰『藏』，古矣。古人韻緩，不煩改字，『收藏』之與『藏室』，無二音也。漢以後，曰『觀』，曰『閣』，曰『庫』，而不名『藏』。隋、唐釋典大備，乃有《開元釋藏》之目，釋、道之名『藏』，蓋亦摭儒家之古名也。明侯官曹學佺謂釋、道有藏，儒何獨無？欲聚書鼎立。其意甚善，而數典未詳。嘉慶十四年，杭州刻朱文正公、翁覃溪先生、法時帆先生諸集將成，覃溪先生寓書于紫陽院長石琢堂狀元曰：『《復初齋集》刻成，爲我置一部於靈隱。』仲春十九日，元與顧星橋、陳桂堂兩院長暨琢堂狀元、郭頻伽、何夢華上舍、劉春橋、顧簡塘、趙晉齋文學，同過靈隱食蔬筍，語及藏《復初齋集》事。諸君子復申其議曰：『史遷之書，藏之名山，副在京師，白少傅分藏其集於東林諸寺，孫洙得《古文苑》於佛龕，皆因寬閒遠僻之地，可傳久也。今《復初齋》一集尚未成箱篋，盍使凡願以其所著、所刊、所寫、所藏之書藏靈隱者，皆裒之。其爲藏也大矣。』元曰：『諾。』乃於大悲佛閣後造木廚，以唐人『鷲嶺鬱岧嶤』詩字編爲號，選雲林寺玉峯、偶然二僧簿録管鑰之，別訂條例，使可永守。復刻一銅章，徧印其書，而大書其閣扁曰『靈隱書藏』。蓋緣始於《復初》諸集，而成諸君子立藏之議也。遂記之。

條例

一、送書入藏者，寺僧轉給一收到字票。

一、書不分部，惟以次第分號，收滿『鷲』字號廚，再收『嶺』字號廚。

一、印鈐書面暨書首葉，每本皆然。

一、每書或寫書腦，或挂綿紙籤，以便查檢。

一、守藏僧二人，由鹽運司月給香鐙銀六兩，其送書來者或給以錢，則積之以爲修書增廚之用，不給勿索。

一、書既入藏，不許復出。縱有繙閱之人，但在閣中，毋出閣門。寺僧有鬻借霉亂者，外人有攜竊塗損者，皆究之。

一、印内及簿内部字之上分經、史、子、集填注之，疑者缺之。

一、唐人詩内複『對』『天』二字，將來編爲『後對』『後天』二字。

一、守[一]藏僧如出缺，由方丈秉公舉明静謹細知文字之僧充補之。

[一] 守，底本誤刻作『字』，據前文改。

焦山書藏記

嘉慶十四年，元在杭州立書藏於靈隱寺，且爲之記。蓋謂漢以後藏書之地曰『觀』、曰『閣』，而不名『藏』。藏者，本於《周禮》宰夫所治，《史記》老子所守。至於《開元釋藏》，乃釋家取儒家所未用之字，以示異也。又因史遷之書藏之名山，白少傅藏集於東林諸寺，孫洙得《古文苑》於佛龕，閒僻之地，能傳久遠，故仿之也。繼欲再置焦山書藏，未克成。十八年春，元轉漕於揚子江口，焦山詩僧借菴巨超、翠屏洲詩人王君柳村豫來瓜洲，舟次論詩之暇，及藏書事，遂議於焦山亦立書藏，以《瘞鶴銘》『相此胎禽』等七十四字編號，屬借庵簿録管鑰之，復刻銅章，書樓扁，訂條例，一如靈隱。觀察丁公百川淮爲治此藏事而蕆之。此藏立，則凡願以其所著、所刊、所寫、所藏之書藏此藏者，皆裒之。且即以元昔所捐置焦山之宋、元鎮江二《志》爲『相』字第一、二號，以誌緣起。千百年後，當與靈隱並存矣。

條例

一、送書入藏者，寺僧轉給一收到字票。

一、書不分部，惟以次第分號。收滿『相』字號廚，再收『此』字號廚。

一、印鈐書面暨書首葉。每本皆然。

一、每書或寫書腦，或挂綿紙籤，以便查檢。

一、守藏僧二人，照靈隱書藏例，由鹽運司月給香燈銀十兩，其送書來者或給以錢，則積之以爲修書增廚之用，不給勿索。

一、書既入藏，不許復出。縱有繙閱之人，照天一閣之例，但在樓中，毋出樓門，烟鐙毋許近樓。寺僧有鬻借霉亂者，外人有攜竊塗損者，皆究之。

一、印内及簿内部字之上分經、史、子、集填注之，疑者闕之。

一、守藏僧如出缺，由方丈秉公舉明静謹細知文字之僧充補之。

一、編號以『相、此、胎、禽、華、表、留、唯、髣、髴、事、亦、微、厥、土、惟、寧、後、蕩、洪、流、前、固、重、爽、塏、勢、拚、亭、爰、集、眞、侶、作、銘』三十五字，爲三十五廚，如滿，則再加『歲、得、於、化、朱、方、天、其、未、遂、吾、翔、也、廼、裹、以、(元)〔玄〕、黄、之、幣、藏、乎、山、下、仙、家、石、旌、篆、不、朽、詞、曰、徵、君、丹、楊、外、尉、江、陰、宰』四十二字，爲四十二廚。

江西校刻宋本十三經注疏書後

右《十三經注疏》共四百十六卷。謹案《五代會要》，後唐長興三年，始依石經文字刻九經印板，經書之刻木板，實始於此。逮兩宋，刻本浸多，有宋十行本注疏者，即南宋岳珂《九經三傳沿革例》所載『建本附釋音注疏』也。其書刻于宋南渡之後，由元入明，遞有修補，至明正德中，其板猶存。是以十行本爲諸本最古之册。此後有閩板，乃明嘉靖中用十行本重刻者。有明監板，乃明萬曆中用閩本重刻者。有汲古閣毛氏板，乃明崇禎中用明監本重刻者。輾轉翻刻，訛謬百出。明監板已燬，今各省書坊通行者，惟有汲古閣毛本。此本漫漶不可識讀，近人修補，更多訛舛。元家所藏十行宋本有十一經，雖無《儀禮》《爾雅》，但有蘇州北宋所刻之單疏板本，爲賈公彥、邢昺之原書，此二經更在十行本之前。元舊作《十三經注疏校勘記》，雖不專主十行本、單疏本，而大端實在此二本。嘉慶二十年，元至江西，武寧盧氏宣旬讀余《校勘記》，而有慕于宋本。南昌給事中黄氏中傑，亦苦毛板之朽。因以元所藏十一經至南昌學堂重刻之，且借校蘇州黄氏丕烈所藏單疏二經重刻之。近鹽巡道胡氏稷亦從吴中購得十一經，其中有可補元藏本中所殘缺者，於是宋本注疏可以復行於世，豈獨江西學中所私哉！刻書者最患以臆見改古書，今重刻宋板，凡有明知宋板之誤字，亦不使輕改，但加圈于誤字之旁，而别據《校勘記》，擇其説附載於每卷之末，俾後之學者不疑于古籍之不可據，慎之至也。其經文、注文有與明本不同，恐後人習讀明本而反臆疑宋本之誤，故盧氏亦引《校勘記》載於卷後，慎之至也。竊謂士人讀書當從經學始，經學當從注疏始。空疏之士，高明之徒，讀注疏不終卷而思卧者，是不能潛心揅索，終身不知有聖賢諸儒經傳之學矣。至於注疏諸義，亦有是有非。我朝經學最盛，諸儒論之甚詳，是又在好學深思、實事求是之士，由注疏而推求尋覽之也。二十一年秋，刻板初成，藏其板於南昌學，使士林、書坊皆可就而印之。學中因書成請序於元，元謂聖賢之經，如日月經天，江河行地，安敢以小言冠兹卷首？惟記刻書始末於目録之後，復敬録《欽定四庫全書》《十三經注疏》各提要於各注疏之前，俾束身修行之士，知我大清儒學遠軼前代，由此潛心敦品，博學篤行，以求古聖賢經傳之本源，不爲虚浮、孤陋兩途所誤云爾。

福謹案：此書尚未刻校完竣，家大人即奉命移撫河南。校書之人不能如家大人在江西時細心，其中錯字甚多，有監本、毛本不錯而今反錯者，要在善讀書人參觀而得益矣。《校勘記》去取亦不盡善，故家大人頗不以此刻本爲善也。

江西改建貢院號舍碑記

江西貢院在東湖之東，舍屋卑狹，士之試者，檐觸其首，雨淋其膝。屋覆石片，漏者居半。舍中長巷，地惟塗泥，每遇秋雨，旋濘陷足。舍尾厠屋，雨泛日炙，其臭甚遠。東湖納一城之汙，而羣資爲飲，且潦盛之年，其水浸入闈西場舍者，深輒及咫。號舍總數，苐如額而已。敬遇國恩，廣額加録遺才，猝增蘆席棚號千餘座，夜不得卧，雨不能蓋，一人譩出，千人坐驚。凡此皆多士所苦也。嘉慶乙亥，元撫江西，江西紳士願修改之。于是擴買院東牆外地基，展地增舍若干號。東西場舊屋咸徹之，改建高寬且深者。復掘東湖淤土，增培舍基，舍高而湖濬，蓋兩得之。舍屋之椽，盡覆以瓦。舍巷接石爲路，舍尾改造厠室，以穴遠流其穢于屋之外，加甃甕井三十有二，以供汲飲。闈內縱横甬道，皆易其石。棘牆外東、南、西三面之路，亦培湖土高之，且加石焉。自今伊始，庶幾多士得居爽塏，專心于文，恬坐卧而遠疾癘，此其所樂也。是工也，用白金數萬，爲省內外紳士所輸，而在省紳士實鳩之。非衆義之積，曷克舉事？非有所倡、有所勤，曷克蕆事？經始于二十年十月，越二十一年七月成。元與學使者王少宰鼎暨僚屬、紳士樂觀而共落之。四顧焕然，氣象聿新，不其韙[一]歟！今而後，文學道誼科名之盛，當更有翊乎聖運者。爰諾紳士之請，記其事之本末，且備書鳩工捐金名氏而被之于碑。

改建廣東鄉試闈舍碑記

各行省鄉試號舍，初創即定其尺寸，縱有所修，無能改作，士子雖受促，無如何。予爲士，坐江南、順天號舍，皆寬舒。撫浙及江右，見其舍皆湫隘，曾修改之。道光元年，予兼辦廣東巡撫監臨事，見號舍更湫隘，蓋因粤東試闈本在粤秀山應元宫前，國初用闈地封藩，至康熙甲子，乃改闈於

[一] 韙，底本誤作『褘』，據文意改。

老城東南隅。地本不寬，經營者度非文人，不知士子苦，以致宇舍太小，烈日涷雨，殊難耐之。予步周舍前後，命匠人持尺通量之。若北段拆去巡屋，尚有二丈七尺地；南段使官廳遷於南，可展出九丈三尺地。甬道東西，使東舍展向西，西舍展向東，可各得一丈八尺地。撤闈後，問之在籍翰林編修劉公彬華、庶常謝公蘭生、書院監院吴蘭修、李清華等，僉謂士子苦此久矣，若提倡更張之，其事尚易集。予思浙及江右，皆曾修改試闈，今粤闈何不可辦？乃率官屬倡捐俸銀，於是省會紳商繼捐之，廣屬暨外郡紳士又繼捐之。捐雖未集，而紳士議鳩工者，先拆舊舍，界畫其地，以示事在必行。經始於元年冬十二月，二年六月成。稍增舊舍之數，共七千六百二間。計舊舍後牆至前號舍之後牆六尺四寸者，今展深爲八尺六寸。舊舍中有瓦處南北三尺四寸者，今展深爲四尺六寸。舊舍左右牆寬三尺一寸者，今展寬爲三尺四寸。舊舍瓦簷至地高五尺四寸者，今加高爲六尺五寸。舊寫坐兩層板，上長下短，夜不能并而卧，今使板同其長，可安卧。簷之外，長巷舊多泥塗，雨水浸人，今皆鋪以石，理其溝，高低有準，無積水溓泥之患。濬舊井，開新井，共二十四井。號尾之厠，臭延於内，今爲高厠欹槽，流其穢於牆之外。凡甎瓦木石灰土之工，皆堅厚。又舊圍牆加修高堅，以嚴關防。舊謄録所，地甚小，今以對讀所併入謄録所，增建對讀所於隙地中。大門外土地舊有溝，雨潦陷足，今亦甃以甎石。是役也，共用銀四萬幾百有奇。司工者，榜其工用之數，使共見之，以示不誣。工將蒇，請撰文刻石記其事，爰書其大略如此。至於鄉官士商之議事者、捐銀者、司工者，當再立一碑，備列而書刻之。道光二年夏六月。

修隋煬帝陵記

煬帝被弒後，殯於流珠堂，堂在宮中，應是今揚州宋寶祐[一]廢城子城内。繼葬于吴公臺下，臺在雷塘之南，貞觀中，以帝禮改葬於雷塘之北，所謂『雷塘數畝田』也。嘉靖《維揚志·圖》于雷塘之北畫一墓碑，碑刻『隋煬帝陵』四字，距今非久，不應迷失，乃問之城中人，絶無知者。嘉慶十二年，元住墓廬，偶遇北邨老農，問以故址。老農言：『陵今故在，土人名爲「皇墓墩」，由此正北行三里耳。』乃從之行至陵下，陵地約賸四五畝，多薙葬者。陵土高七八尺，周回二三畝許。老農言土下有隧道鐵門，西北向，童時掘土，尚及見之。予乃坐陵下，呼邨民擔土來，委土一石者與一錢，不數日，積土八千石，植松百五十株，而陵乃巋然。復告之太守伊君墨卿，以隸書碑，栞而樹之。

[一] 祐，底本作『佑』，據《宋史》卷四十三及本書三集卷四《蔗査集序》改。

曲江亭記

出揚州鈔關，東南行二十四里，爲佛感洲。或名翠屏洲。洲故揚子江心，所謂廣陵之濤，當在此矣。枚乘《七發》狀廣陵之濤數百言，或以今揚州無大濤，執錢塘江潮以當之，誤矣。伏讀高宗純皇帝《廣陵濤辨》，足以證千古之疑，而黜朱彝尊等之論。且彝尊惟以山陰縣有廣陵王廟爲據，不知宋之諸王封廣陵者三人，今山陰之廟，安知非南渡苗裔所僑建？豈徙江都于山陰耶？江海之變爲桑田者，多矣。瓜洲上下揚塵之地，皆古大江，既不能定江濤之必不變爲桑田，又安能定漢之濤不在此爲大觀也？佛感洲中有紅橋，外通江潮，萬柳蔭翳，不見曦影，春桃夏竹，映帶于茅屋釣磯之閒。秋冬木葉脱，金、焦兩山並立林表。予訪王布衣豫于洲中紅橋之南，乃畫其宅西地數畝，而建亭于竹樹之閒。名『曲江』者，尊高廟之説，思有以敬明此義而誌此古蹟也。嘉慶十二年冬記。

元大德雷塘龍王廟碑記

余家墓廬在雷塘之北，其邨名龍王廟，顧求其廟，無有也。問之老農，曰：『廬前石坊之西王氏墓乃廟故基。明代王氏以廟基爲墓，遷其碑于廬東土神小廟後。』余乃重葺土神廟，出其碑，洗而拓之。碑正書，篆額乃『元大德五年辛丑昭毅大將軍揚州路總管府達魯花赤兼管内勸農事孛蘭奚等重修宋龍王廟之碑』也。雷塘在唐、宋爲巨浸，以其立都雍豫江淮轉運，當入泗、汴瀦水濟漕故也。元用海運而塘水尚存，明漕于燕，不恃塘水，仇鸞等乃洩水開阡陌矣。元讀碑，有感於靈蹟數百年，究不可没，乃以墓廬三楹立座，設龍王象，庶使邨民歲時有所禱祀，以濟旱暵。立其碑于庭之南，而記其畧于碑陰。嗚呼！王氏者，明大宦，毁廟爲墓，傎矣！余四世祖武德將軍，以明末葬于邨之東北，曾祖、祖、考三世祔葬焉。今余獲神碑而復神祀，禮也。碑載：『龍有降雨之靈，宋封昭佑王。元代混一區宇，合淮東宣慰司隸于揚，命中書剥九字。行司事撫治全淮，公元勳世家，碩德重望，式副下剥十一字。己亥、庚子禱雨，皆應。八月，廟落成，殿六楹，門六楹，環堵三十五丈，中塑像，旁繪雨部象。揚州路儒學教授馬允中撰文并書，辛丑四月立碑。』同官者，正議大夫揚州路總管兼管内勸農事移剌慶堅、奉政大夫治中馬居仁、奉政大夫同知□□、推官馬蕭、判官劉、知事劉、經歷張、提控林、監工許。其列銜，孛蘭奚居右之首行，移剌慶堅等以次左之，蓋用元國書右行法也。官制與《元史》皆合，惟孛蘭奚以中書行司事官揚州，于史無徵。《元史》列傳卷十八、卷二十、卷二十二，名孛蘭奚者凡三人，考其官蹟年代，似皆不合。移剌慶堅等，亦皆不見于史。蓋此孛蘭奚爲史所失載之人也。

重修旌忠廟記

揚州舊城旌忠廟祀宋統制魏公俊、王公方。康熙閒，鹽政曹楝亭寅修之，朱檢討撰碑文，載在《曝書亭集》。余謁廟，廟毁甚，象亦壞碎，求檢討碑不可得，豈當時未刻石耶？嘉慶十二年秋，予鳩工重修之，立其象，設其主，與知古好義者同祭而落之。

重修郝太僕祠記

江都郝太僕明末守房山，死流寇之難，卹謚甚備，載在《明史》及《表忠録》者詳矣。祠在蓮花橋南法海寺旁。嗚呼！平山十里，笙歌畫舫，四時不絶，其來祠下拜而弔者，鮮矣。丁卯秋，余重葺之，敬誌數言，以待後人繼葺之也。

秋雨庵埋骸碑記

《禮記》有『掩骼埋胔』之文。宋漏澤園本于漢河平四年之詔，豈惟釋氏骨塔云爾乎？揚州西門外，長邱三里，枯冢纍纍，骨多暴露。城中路死者，亦殣於此，顧瘞之淺，多爲犬所掘，鴉所啄，是可慼也。嘉慶丙寅，余首捐錢，屬秋雨庵僧構屋三楹，拾男女之骨，別而藏之，及其滿屋，乃瘞之。陳君景賢捐庵側園地數畝爲義冢，僧人更築長牆圍之，以限犬蹟。于是城中好善者各出錢助僧成其工。僧曰：無以紀之，是湮人之善，亦不足示己之無私也。請仿漢石題名書錢之例，刻于石，具明白矣。丁卯秋記。

記任昭才

任昭才，鄞人，善泅海。余撫浙治水師時，募用之。昭才入海底能數時之久，行數十里之遠。嘗言海水十餘丈以上，有浪撼人，再下則水不動，湛然而明，冬日甚温，海底之沙，平浄無淤，亦無他異；浙海有珊瑚，但不若南海之堅，在海底視之甚鮮，采之出水，則嫩萎無色；魚不一類，過泅者之旁，不相駭而去；惟大魚能吞人，當避之，大魚之來，其呼吸動及數里之水，水動，知有大魚來矣，宜急避之。余所獲安南大銅砲，重二千餘斤，甚精壯，甚愛重之。兵船載砲嘗遭颶，沈於温州三盤海底，深二十丈，不可起。余命昭才往圖之。昭才用八船分爲二番，一番四船，空其中一番，四船滿載碎石，自引八巨繩入海底，繫沈船之四隅，以四繩末繫四石船爲一番，繫既定，乃掇其石入第二番之空船，是石船變爲空船，浮起者數尺矣。復以二番四繩之末繫二番之石船，繫既定，復撥石入第一番空船，是浮起者又數尺矣。如此數十番，數日之久，船與砲畢升於水面矣。余命昭才入水師，食兵餉，擢爲武弁。以病卒於官。

記蝴蝶礮子

嘉慶五年，余破安南夷寇于浙江台州之松門，獲其軍器。其礮重數千斤者甚多，其銅礮子圓逕四五寸。又有蝴蝶礮子，戰時得之，其子以兩半圓空銅殼合爲圓毬之形，兩殼之中，以銅索二尺連綴不離，蟠其索納入兩殼而合之，鎔鉛灌之，鉛凝而毬堅矣。以毬入礮，礮發毬出，鉛鎔殼開，索連之飛舞而去。凡遇戰船高檣帆索，無不破斷者矣。余仿其式造之，甚良。姑記之以廣武備之異聞。

蝶夢園記

辛未、壬申間，余在京師，賃屋于西城阜成門内之上岡。有通溝自北而南至岡折而東，岡臨溝上，門多古槐。屋後小園不足十畝，而亭館花木之盛，在城中爲佳境矣。松、柏、桑、榆、槐、柳、棠、梨、桃、杏、棗、柰、丁香、荼蘼、藤蘿之屬交柯接蔭，玲峯石井，嶔崎其間，有一軒二亭一臺，花晨月夕，不知門外有緇塵也。余舊藏董思翁自書詩扇，有『名園蝶夢，散綺看花』之句，常懸軒壁，雅與園合。辛未秋，有異蝶來園中，識者知爲太常仙蝶。繼而復見之於瓜爾佳氏園中，客有呼之入匣奉歸余園者，及至園啟之，則空匣也。壬申春，蝶復見於余園，畫者祝曰：『苟近我，我當圖之。』蝶落其袖，審視良久，得其形色，乃從容鼓翅而去。園故無名也，於是始以思翁詩及蝶意名之。秋半，余奉使出都，是園又屬他人。回憶芳叢，眞如夢矣。癸酉春，吴門楊氏補帆爲畫園圖，即以思翁詩翰裝冠卷首，以記春明遊跡焉。

武昌節署東箭亭記

園亭池館，古人恒爲之，然徵歌行炙之侈，無謂也。矯之者，或不窺園，且徹屋伐木，其過不及也，亦相去非遠。予每駐一地，必鋤草蒔花木，以寄消摇之情。武昌節署東南，有圃久廢，不易治，乃擇東北隅十畝之地，築土垣以界之，用廢圃門材，立爲東箭亭。曰東者，所以别於署西馬射之堂也。亭之外，植梅、柳、桃、桂及雜竹樹，又移廢圃之石疊爲小山。暇日或較步射於此，且書卷案牘襍陳於竹窗花檻之間，摘蔬瀹茗，泊如也。勿以華靡損其性，性損者折；勿以枯嗇矯其情，情矯者偏。譬如射者，立乎中道而已。

置湖南九谿衛祠田記

先祖琢庵公以武進士侍衛，乾隆初年出任湖南九谿營遊擊，值逆苗侵擾城步、綏寧，公隨鎮筸鎮總兵劉策名剿苗，身先士卒，十戰皆勝，苗穴平。餘苗八百户乞降于公，公力保于總制張廣泗，皆得不死。又以九谿北山歸軍民，爲樵牧葬地，軍民感德甚深。于公陞任後，建祠堂于九谿衛城，歲時祭祀，歷久不衰。嘉慶初，元寄貲爲修葺計，湖南按察使秦瀛復率屬加修，爲《阮公祠記》，刻于石。二十二年，元奉命來制全楚。秋九月，閲兵至湖南東路衡、永各營，方擬回至西路，來拜祠前，而在衡山奉移制兩廣之命，速由永州入粤，未得到祠瞻拜，于心惄然。爰復留白金二百，屬澧州牧、慈利縣令買田若干畝，留于祠中，以增修祭之用。刻石記之。

揅經室三集卷三

商周銅器説上

形上謂道，形下謂器。商、周二代之道存于今者，有《九經》焉。若器，則罕有存者。所存者，銅器鐘鼎之屬耳。古銅器有銘，銘之文爲古人篆蹟，非經文隸楷、縑楮傳寫之比，且其詞爲古王侯大夫賢者所爲，其重與《九經》同之。北宋後，古銅器始多傳録，鐘、鼎、尊、彝、敦、槃、戈、劍之屬，古詞古文，不可勝識。其見稱于經傳者，若湯之盤，正考父、孔悝之鼎，其器皆不傳于今。然則今之所傳者，使古聖賢見之，安知不載入經傳也？器者所以藏禮，故孔子曰：『唯器與名，不可以假人。』先王之制器也，齊其度量，同其文字，别其尊卑。用之于朝覲燕饗，則見天子之尊，錫命之寵，雖有强國，不敢問鼎之輕重焉。用之于祭祀飲射，則見德功之美，勳賞之名，孝子孝孫，永享其祖考而寶用之焉。且天子、諸侯、卿大夫非有德位保其富貴，則不能制其器，非有問學通其文詞，則不能銘其器。然則器者，先王所以馴天下尊王敬祖之心，教天下習禮博文之學，商祚六百，周祚八百，道與器皆不墜也。且世禄之家，其富貴精力，必有所用，用之于奢僭奇衺者，家國之患也。先王使用其才與力與禮與文于器之中，禮明而文達，位定而王尊，愚慢狂暴、好作亂者鮮矣。故窮而在下，則顔子簞瓢不爲儉；貴而在上，則晉絳鐘鎛不爲奢。此古聖王之大道，亦古聖王之精意也。自井田封建廢，而梓人、鳧氏亦失傳矣。故吾謂欲觀三代以上之道與器，《九經》之外，舍鐘鼎之屬，曷由觀之？

商周銅器説下

三代時，鼎鐘爲最重之器，故有立國以鼎彝爲分器者，武王有《分器》之篇，《書序》：「武王封諸侯，班宗彝，作《分器》。」魯公有彝器之分《左》定四年，分魯公官司彝器，分康叔大吕，分唐叔姑洗，皆鐘也。是也。有諸侯大夫朝享而賜以重器者，周王予虢公以爵，莊二十一年：「鄭伯之享王也，王以后之鞶鑑予之，虢公請器，王予之爵，鄭伯由是惡王。」元案：鞶鑑者，后之器也。《説文》：「鑑，大盆也。」「鞶」與「槃」「盤」皆通借。故《左》定六年「定之盤鑑」，《釋文》又作「鞶」。《易·訟》「鞶帶」，《釋文》或作「槃」。可見「鞶」非本字，鄭伯以其爲婦人之物而惡之耳。杜註解爲帶飾以鑑，此望文生義。夫以小鏡飾于鞶帶之上，經傳無徵，且即令如此，當云「鑑鞶」，今云「鞶鑑」，文義倒置矣。晉侯賜子産以鼎《左》昭七年，晉侯賜子産莒之二方鼎。是也。有以小事大而賂以重器者，齊侯賂晉以地，而先以紀甗，《左》成二年。魯公賄晉卿以壽夢之鼎，《左》襄十九年，公享晉六卿，賄荀偃束錦，加璧、乘馬、先吳壽夢之鼎。鄭賂晉以襄鐘，《左》成十年，鄭子罕賂晉以襄鐘。杜注：『鄭襄公之廟鐘。』齊人賂晉以宗器，《左》襄二十五年，杜注：『宗器，祭祀之器。』陳侯賂鄭以宗器，《左》襄二十五年。燕人賂齊以斝耳，《左》昭七年。徐人賂齊以甲父鼎，《左》昭十六年。鄭伯納晉以鐘鎛《左》襄十一年。亦見《晉語》。是也。有以大伐小而取爲重器者，魯取鄆鐘以爲公盤，《左》襄十二年。齊攻魯以求岑鼎《呂氏春秋》齊攻魯求岑鼎，魯君載他鼎以往，齊侯弗信。又見《説苑》《新序》。是也。有爲述德儆身之銘以爲重器者，《祭統》述孔悝之銘，叔向述讒鼎之銘，《左》昭三年。孟僖子述正考父鼎銘，《左》昭七年。史蘇述商衰之銘《晉語》。是也。有爲自矜之銘以爲重器者，禮至銘殺國子，《左》僖二十五年。季武子銘得齊兵《左》襄十九年。是也。有鑄政令于鼎彝以爲重器者，司約書約劑于宗彝，《周禮·秋官》。晉、鄭鑄刑書于刑鼎《左》昭六年，又二十九年。是也。且有王綱廢墜之時，以天子之社稷而與鼎器共存亡輕重者，武王遷商九鼎于雒，楚子問鼎于周，《左》宣三年。秦興師臨周求九鼎《戰國策》。是也。此周以前之説也。

自漢至唐，罕見古器，偶得古鼎，或至改元稱神瑞，書之史册，儒臣有能辨之者，世驚爲奇。故《説文·序》曰『郡國往往于山川得鼎彝，其銘即前代之古文』是也。今畧數之，則有漢元鼎汾陰得寶鼎，《漢書》，元鼎元年夏五月，得鼎汾水上。四年六月得寶鼎后土祠旁。《漢書·紀》，又《郊祀志》。宣帝時，美陽得鼎獻之，張敞辨之。《郊祀志》，敞釋文曰：『王命尸臣，官此栒邑，賜爾旂鸞、黼黻、琱戈。尸臣拜手稽首曰，敢對揚天子，丕顯休命。』鼎小有欵識，不宜薦于宗廟。元按：此銘乃《漢書》約記張敞之言，非銘全文也。永平六年，王雒出寶鼎。《漢書·明帝紀》，永平二年六月，王雒山出寶鼎，廬江太守獻之，詔陳鼎于廟。永元元年，竇憲上仲山甫鼎。《竇憲傳》，和帝永元元年七月[一]，竇憲伐單于，遺憲古鼎，容五斗，其傍銘曰：『仲山甫鼎，其萬年子子孫孫永寶用。』元按：漢人習隸，罕識籀文，此銘亦約辭，非全銘之體。吴赤烏十二年，寶鼎出臨平湖，又出酃縣。宋元嘉十三年，武昌縣章山出神鼎；二十二年，新陽獲古鼎，有篆書四十二字。泰始五年，南昌獲古鼎，容斛七斗；七年，義陽郡鼎受一斛，皆獻於朝。並見《符瑞志》。唐貞觀二十二年，遂州涪水中獲古鼎，傍有銘刻。開元十年，獲鼎，改河中府之縣名寶鼎縣；十二年，后土祠獲鼎二，大者容四升，小者容一升，色皆青；十三年，萬年人獲寶鼎五，獻之四，鼎皆有銘；銘曰：『垂作尊鼎，萬福無疆，子孫寶用。』元按：此銘文亦不全。二十一年，眉州獻寶鼎，重七百斤，有篆書。天寶元年，平涼獲古鐃鼎，獻之。元和二年，詔以湖南所獻古鼎付有司，重一百十二斤。咸平三年，乾州獻古銅鼎，狀方，四足，上有古文二十一字。直昭文館句中正與杜鎬詳其文曰：『維六月初吉，史信父作鬵甗，斯萬年子子孫孫永寶用。』以上皆見正史及會要。此自漢至唐之説也。

北宋以後，高原古冢搜獲甚多，始不以古器爲神奇祥瑞。而或以玩賞，加之學者考古釋文日

［一］『七月』二字，底本誤作『九年』，今據《後漢書·竇憲傳》改。

益精核，故《考古圖》列宋人收藏者，河南文潞公、廬江李伯時等三十餘家。士大夫家有其器，人識其文，閱三四千年而道大顯矣。

古之器，余不得而見，余今所見之器，安知後之人能見否也？且又安知後千百年新出之器，爲今所未見者，不更多也？是宜以周以前、唐以前、北宋以後三者分别論之。

積古齋鐘鼎彝器款識序

鐘鼎彝器，三代之所寶貴，故分器、贈器，皆以是爲先，直與土地並重，且或以爲重賂，其造作之精，文字之古，非後人所能及。古器金錫之至精者，其氣不外洩，無青緑。其有青緑者，金之不精，外洩于土者也。古器銘字多者，或至數百字，縱不抵《尚書》百篇，而有過于汲冢者遠甚。漢代以得鼎爲祥，因之改元，因之立祀。六朝、唐人不多見，學者不甚重之。迨北宋後，古器始多出，復爲世重，勒爲成書。南宋、元、明以來，流傳不少。至我朝《西清古鑑》，美備極矣。且海内好古之士，學識之精，能辨古器有遠過于張敞、鄭衆者，而古器之出于土田榛莽間者，亦不可勝數。余心好古文奇字，每摩挲一器，搨釋一銘，俯仰之間，輒心往于數千年前。以爲此器之作，此文之鑄，尚在周公、孔子未生以前，何論秦漢乎？由簡策而卷軸，其竹帛已灰燼矣，此乃巋然獨存乎世。人得西嶽一碑、定武片紙，即珍如鴻寶，何況三代法物乎？世人得世綵書函、麻沙宋板，即藏爲祕册，何況商周文字乎？友人之與余同好者，則有江侍御德量、朱右甫爲弼、孫觀察星衍、趙銀臺秉沖、翁比部樹培、秦太史恩復、宋學博葆醇、錢博士坫、趙晉齋魏、何夢華元錫、江鄭堂藩、張解元廷濟等，各有藏器，各有搨本，余皆聚之，與余所自藏自搨者，集爲《鐘鼎款識》一書，以續薛尚功之後。薛尚功所輯共四百九十三器，余所集器五百五十，數殆過之。夫栞字于板本，不如鑄字于金之堅且久。然自古《左》《國》《史》《漢》所言各器，宋《宣和殿圖》無有存者矣。兩宋呂大防、王俅、薛尚功、王順伯諸書册所收之器，今亦廑有存者矣。然則古器雖甚壽，顧至三四千年出土之後，轉不能久。或經兵燹之墜壞，或爲水土之沈薶，或爲傖賈之毁銷，不可保也。而宋人圖釋各書，反能流傳不絶，且可家守一編。然則聚一時之彝器摹勒爲書，實可使一時之器永傳不朽，即使吉金零落無存，亦可無憾矣。平湖朱氏右甫，酷嗜古金文字，且能辨識疑文，稽考古籍。國邑大夫之名，有可補經傳所未備者；偏旁篆籀之字，有可補《説文》所未及者。余以各搨本屬之編定審釋之。甲子秋，訂成十卷，付之梓人，並記其始末如此。

山左金石志序

山左兼魯、齊、曹、宋諸國地，三代吉金，甲于天下。東漢石刻，江以南得一，已爲鉅寶，而山左有秦石二，西漢石三，東漢則不勝指數。故論金石于山左，誠衆流之在渤海，萬峰之峙泰山也。元以乾隆五十八年秋奉命視學山左，首謁闕里，觀乾隆欽頒周器及鼎幣戈尺諸古金，又摩挲兩漢石刻，移亭長府門卒二石人于矍相圃；次登岱，觀唐摩崖碑，得從臣銜名及宋趙德甫諸題名；次過濟寧學，觀戟門諸碑及黄小松司馬易所得漢祠石象，歸而始有勒成一書之志。

五十九年，畢秋帆先生奉命巡撫山東。先是，先生撫陝西、河南時，曾修關中、中州金石二志。元欲以山左之志屬之先生，先生曰：『吾老矣，且政繁，精力不及此。願學使者爲之也。』元曰：『諾。』先生遂檢關中、中州二志付元，且爲商定條例暨搜訪諸事。元于學署池上署『積古齋』，列志乘圖籍，案而求之，得諸拓本千三百餘件，較之關中、中州，多至三倍，實始爲修書之舉。而秋帆先生復奉命總督兩湖，繼且綜湖南北軍務矣。元在山左，卷牘之暇，即事考覽，引仁和朱朗齋文藻、錢塘何夢華元錫、偃師武虚谷億、益都段赤亭松苓爲助。兖、濟之間，黄小松司馬搜輯先已賅備，肥城展生員文脈家有聶劍光鈫《泰山金石志》藁本，赤亭亦有《益都金石志》稾，並録之，得副墨。其未見著録者，分遣拓工四出，跋涉千里，岱麓、沂鎮、靈岩、五峰諸山，赤亭或舂糧而行，架岩涸水，出之椎脱，捆載以歸，雖曰山左古蹟之多，亦求者之勤有以致之也。曲阜顔運生崇槼、桂未谷馥、錢塘江秬香鳳彝、吴江陸直之繩、鉅野李退亭伊晉、濟寧李鐵橋東琪等，皆雅志好古，藏獲頗富。各郡守、州牧、縣令、學博、生徒之以拓本見投欲編入録者，亦日以聚。舊家藏弆之目録，如曲阜孔農部尚任、滋陽牛空山運震等，亦可得而稽。金之爲物，遷移無定，皆就乾隆五十八年至六十年在山左者爲斷，故孫淵如觀察蒞兖、沂、曹、濟，其所藏鐘鼎即以入録。石之爲物，罕有遷徙，皆就目驗者爲斷，其石刻拓本并毁如嶧山秦刻者，亦不入録。至于舊録有名、今搜羅未到，及舊未著録、新出于榛莽泥土中者，惟望後人續而録之，以補今時之缺略焉。六十年冬，草稾斯定，元復奉命視學兩浙，舟車餘閒，重爲釐訂，更屬仁和趙晉齋魏校勘，凡二十四卷，所可以資經史篆隸證據者甚多。若夫匡謬正譌，尚有望于博雅君子。

是時，秋帆先生方督師轉餉，戮逆撫降，寒暑勞勩，嬰疾已深，雖有伏波據鞌之志，實致武侯食少之虞，竟以七月三日卒於辰州。元以是書本與先生商訂分纂，先生蒞楚，雖羽檄紛馳，而郵筒往復，指證頗多。先生爲元詞館前輩，與元父交素深，先生又元妻弟衍聖公孔冶山慶鎔之外舅也，學術情誼，肫然相同。元今寫付板削，裒然成卷袟，而先生竟未及一顧也。噫，是可悲已！

王復齋鐘鼎款識跋

此册款識五十九種，爲王順伯復齋所輯。内畢良史牋識十五器，皆秦熺之物。此外朱敦儒一器，牋識數行，以詞意推之，亦似熺筆，蓋敦儒子爲熺所用，《宋史》本傳所譏詆犢畏逐而節不終者。此外，周師旦鼎、楚公鐘、虢姜鼎爲一德格天閣中之物。其餘數十種，乃劉炎、張詔、洪邃等人所藏，皆非秦氏之物。王復齋所輯裝成册而釋之者也。《兩浙名賢録》云：『復齋，名厚之，字順伯，諸暨人。乾道三年進士，歷官淮西通判，改江東提刑，直顯謨閣，致仕。』洪容齋《四筆》云：『趙明誠《金石録》三十卷，在王順伯家。順伯別有《復齋碑録》，已散佚。』宋陳思《寶刻叢編》引之。又《慶元黨禁》《中興編年》皆載復齋與朱子同列僞學之籍，其人之行誼學術，可以概見。三代法物，自足萬古，不以遇秦氏爲辱，不以歸王氏爲幸。周、孔之書，爲趙忠定、朱子所讀，又何嘗不爲秦檜、韓侂胄所讀哉？嘉慶七年，予得此册于吴門陸氏，加以考釋，摹刻成書，更因諸跋所未及者，略識之。

釋宋戴公戈文

戈之内有字二行，首行一字曰『〓』，次行八字曰『〓〓〓〓〓〓〓〓』。下半剥蝕。今釋其文曰：『朝王商戴公歸之造□。』何以謂『〓』爲『朝』也？《詩》『惄如調飢』，《釋文》作『輖』，今作『〓』者，字形相近而刀鑿少誤。『〓』音『周』，『周』『朝』一聲之轉，古字通借。此戈借爲『朝覲』之『朝』，猶《毛詩》借爲『朝夕』之『朝』矣。其右旁作『舟』，古鐘鼎『舟』『周』每同字也。謂『商戴公』爲『宋戴公』者，宋人本其古國而稱商，已辨于《商距末跋》中。《史記》戴公爲微子八世孫，當幽、平之世矣。釋『〓』爲『歸』者，石鼓文作『〓』从『辵』，是其證也。謂『〓』爲『造』者，古戈『造』字多作『〓』形，即『告』字，『造』之省，非『吉』字也。古貨刀有『齊節墨〓』，乃即墨造貨也。『告』字下一字似是『金』旁，其右太剥，不可辨矣。此戈乃戴公朝於平王，歸後所作，至子武公時始加銘追記。作戈時乃朝王之後，故稱謚也。戈造於先，銘勒於後，故文鑿而非鑄，非後人所能僞託矣。

晉眞子飛霜鏡拓本跋

眞子飛霜鏡，逕今尺五寸七分，體圓，外作八瓣菱花形，背白如水銀。左方四竹、三筍，一人披衣坐狨，置琴于膝，前有几，几置短劍二、鑪一，又一物不可辨。右方一鳳立于石，二樹正圓如帚形。下方爲水池，池中一蓮葉，葉上一龜，龜値鏡之中，虛其腹，下即爲鏡之背鈕也。上方有山，雲銜半月形，月中有顧兔形，雲下作田格，格中四正字，曰『眞子飛霜』。眞子者，鼓琴之人。飛霜，其操名也。予審此爲晉鏡。何以知之？以書畫之體知之也。書非篆隸，晉以後體也。畫樹直立，圓形如帚，畫月内加兔，此晉人法也。予見唐人摹顧愷之《洛神賦圖》，樹形與此同。且畫『太陽升朝霞』句，日中有陽烏，同此形矣。眞子飛霜，于書無所考見。予以意推之，或即晉戴逵耶？《晉書·逵傳》云：『逵能鼓琴，工書畫，其餘巧藝，靡不畢綜。師事術士范宣于豫章。』《宋書·戴仲若傳》云：『漢始有佛像，形制未工，戴逵特善其事。』據此二史，則善鼓琴、善畫、善鑄銅、師術士，逵一人實兼綜之，眞子將毋即逵也？錢博士坫云：『古人製器，原欲以流傳後世，使其人不作此鏡，則湮没無聞矣。故好事好名之徒，今亦不如古。』據博士此言，眞子若非戴逵，微此鏡，則眞子無傳矣。爲逵鏡可寶，非逵鏡尤可寶也。

秦琅邪臺石刻十三行拓本跋

元至山東，求秦石刻，如嶧山、成山，皆久佚。泰山石刻，於乾隆戊午歲燬於火，惟得舊拓本。之罘石刻，墮入海鄉，福山官士訪之，終不可得。惟琅邪臺秦二世石刻，巋然獨存，是神物也。甲寅春至青州時，檄諸城學官物色之，以拓本來，遂知之甚悉。琅邪臺在諸城縣治東南百六十里，臺三成，成高三丈許，最上正平，周二百步有奇，東、南、西三面環海，迤北爲登臺沙道。臺上舊有海神祠、禮日亭，皆傾圮，祠垣内西南隅，秦碑在焉。色沉黝，質甚粗，而堅若銕。以工部營造尺計之，石高丈五尺，下寬六尺，中寬五尺，上半寬三尺，頂寬二尺三寸，南北厚二尺五寸。今字在西面，碑中偏西裂寸許，前知縣事泰州宫懋讓鎔銕束之，得以不頹。前知縣事傖父某，于碑南面磨平迸裂痕，刻『長天一色』四隸字，自署名而隱其姓。蓋同一有事於此，而學與不學分矣。

碑之秦始皇頌詩及從臣姓名久剥去，今所存者，二世從官名及詔書十三行八十六字。其首行『五夫夫』、二行『五夫夫楊樛』，皆二世所刻從官名。《史記》所言『二世元年春，東行郡縣，李斯從，盡刻始皇所立刻石，石旁著大臣從者名』是也。或指爲始皇從臣姓名之末行，誤矣。自『皇帝曰』以下，與《史記》文句無少異。今計首行『五夫夫』三字，二行『五夫夫楊樛』五字，三行『皇帝曰金石刻盡』七字，四行『始皇帝所爲也今襲』八字，五行『號而金石刻辝不稱』八字，六行『始皇帝其于久遠也』八字，七行『如後世爲之者不稱』八字，八行『成功盛德』四字，九行『丞相臣斯臣去疾御』八字，十行『史夫夫臣德昧死言臣』九字，十一行『請具刻詔書金石刻』八字，十二行『因明白矣臣昧死請』八字，十三行『制曰可』三字。上下各刻一線爲界，下線之下有碎點星星，殆椎鑿使然。自二行第二字至末行第一字有横裂痕，第三行、八行、十行之前皆有直裂至底如雨漏痕，第十二行前裂痕半至第五字而止。綜計每行八字，二行與三行相間少遠，詔書與從臣名不相屬也。三行止七字者，爲四行『始皇』提行地也。後六行、八行、十三行並提行矣。末行三字漫漶特甚，餘皆可指而識也。碑字高，跂足始可及。拓時須天氣晴朗，否則霧重風大，拓不可成。碑上薜荔皆滿，捎去周視之，再無可辨之文矣。别有熙寧中蘇翰林守密令廬江文勛模刻之本，在超然臺上，相距百餘里，與此無涉。都(元)〔玄〕敬《金薤琳琅》所載宋莒公刻本十七字，皆頌詩中語，今亦無存。又，元仲夏登岱頂，見無字碑，碑之高、廣、厚尺度，一如琅邪臺碑，所差不過分寸間。由此可決無字爲秦石之立而未刻者，其刻者反在碧霞宫下耳。

摹刻泰山殘字跋

秦泰山石刻殘篆，乾隆間燬于火，世間搨本漸少。嘉慶十四年，揚州阮氏以舊拓本屬吴門吴國寶摹刻，與重摹漢西嶽華山碑石同置北湖祠塾。

摹刻漢延熹華嶽廟碑跋

漢西嶽華山廟碑，明代已毁。今海内流傳僅有三本，惟此本爲全碑整搨，唐李德裕等題名皆全。嘉慶十四年，揚州阮氏屬吴門吴國寶摹刻，與重摹秦泰山殘字石同置于北湖祠塾。又以歐陽文忠公《集古録跋墨蹟卷》内《華山碑跋》一段摹刻于漢碑缺處。

漢延熹華嶽廟碑整拓本軸子二跋

此漢延熹《西嶽華山廟碑》未翦本，即四明本。明時藏寧波豐學士熙萬卷樓，國朝歸鄞縣全謝山編修祖望，謝山有跋，載《鮚埼亭集》中。後歸范氏天一閣。乾隆間，嘉定錢太學東壁爲范氏編《金石目録》成，范氏以此碑非司馬舊物，酬贈之。嘉慶十年，錢氏質于印氏。十三年戊辰，歸于余。此本全碑單紙，未翦未褾，是以謝山有『二百餘年不缺不爛』之語。篆額左右『唐李衛公』題名爲各本所無。李衛公兩至碑下，與新、舊《唐書》及予所藏嘉定《鎮江志》所引《衛公年譜》《衛公獻替記》皆合。《華山碑》今海内止存三本，此其第二也。其第三本爲明陝西東雲駒兄弟、郭(允)〔胤〕伯、國朝王山史、張力臣、淩如焕、黄文槎諸家所遞藏，今在大興朱竹君學士家。其第一本爲明長垣王文蓀、國朝商邱宋漫堂、陳宗尹所遞藏，有王覺斯、朱竹垞等跋，今歸成親王詒晉齋中。此二本皆翦褾本，而長垣本百字皆全爲勝。余既于十四年摹刻四明本暨秦泰山殘字于揚州北湖墓祠矣，復攜拓本至京師。拓本紙力已敝，急爲裝池成軸。復借鉤長垣百字補于缺處，并記以詩。

嘉慶十五年，《華山碑》既褾成，從桂香東少宰芳處得觀長垣本，摹其碑右所全百字，雙鉤補于此碑缺處。是年冬，竹君學士之子少河錫庚歸自山西，復相約會于南城之龍泉寺，各攜山史、四明二本，校讀竟日，二本蓋同時所拓也。三本皆以庚午年相聚于京師，洵金石佳話也。

金石十事記

客有問於余曰：『子於金石用力何如？』余曰：『數指而計之，有十事焉。余裒山左金石數千種，勒爲《山左金石志》，事之一也。余裒兩浙金石千餘種，勒爲《兩浙金石志》，事之二也。余積吉金拓本五百餘種，勒爲《積古齋鍾鼎款識》，事之三也。揚州周散氏、南宫大盤，東南重寶也，歲丁卯，鹺使者獻於朝，余模鑄二盤，極肖之，一藏府學，一藏文選樓，事之四也。天一閣北宋《石鼓》拓本，凡四百七十二字，余摹刻爲二，一置杭州府學明倫堂，一置揚州府學明倫堂，事之五也。余步至揚州甘泉山，得西漢「中殿第廿八」二石於厲王冢，天下西漢石，止此與曲阜五鳳石共二石耳，事之六也。余遣書佐至諸城琅邪臺，剔秦篆於榛莽中，拓之多得一行，事之七也。漢府門之倅大石人二仆於野，爲樵牧所殘，余連車運致曲阜矍相圃中，並立之，事之八也。余得四明本全拓延熹《華山廟碑》，摹刻之，置之北湖祠塾，事之九也。余又摹刻秦泰山殘篆、吴《天發神讖》二碑，同置北湖祠塾，事之十也。』客曰：『善。此十事，於金石爲有力矣。』余曰：『不敢不勉，尚願增其事焉。』

散氏敦銘拓本跋

此敦朱兵部爲弼釋析父之義甚精。陶太史梁釋散氏與散氏盤同，與散宜氏有別，義亦確。太史又謂此篆瘦刻勁挺，蓋亦有故。余所見鐘鼎文字，揣其制作之法，蓋有四焉。一則刻字于木范爲陰文，以泥抑之成陽文，然後以銅鑄之，成陰文矣。二[一]則調極細泥，以筆書于土范之上，一次書之不高，則俟其燥而再加書之，以成陽文，以銅鑄之，成陰文矣。三則刻土范爲陰文，以銅鑄之，成陽文矣。四則鑄銅成後，鑿爲篆銘，漢時銅印有鑿刻者，用此法亦陰文也。其刻木之法，即《周禮・梓人》之法，飲器之中量與否，梓人任其責。《考工記》『鄉衡而實不盡』，罪在梓人，抑埴範金者但遵梓人所刻以爲之而已。梓人刻字有工拙肥瘦、出鋒不出鋒之別，此《散敦銘》以刀刻木之蹟顯然可見，蓋瘦而出鋒者。

甘泉山獲石記

嘉慶十一年，予在雷塘墓廬，曉視雷塘水白甘泉山來，乃肩輿溯源登其山。山有惠照寺，寺階下四石半薶于土，色甚古，若有文字，以帚振水刷之，其文字之體在篆隸之閒，歸而命工以紙搨之。其一石可辨者，『中殿第廿八』凡五字，又一石『弟百册』三字，其二石尚未能辨，以俟識者。太守汀州伊墨卿同年，善古書，嗜金石，爰以告之。太守即輂置郡齋，審視之，復以搨本示江君鄭堂。

[一] 二，底本作『一』，據甲戌續刊本改。

江君曰：『此漢淮南厲王胥冢上石也。』太守曰：『若爾，則與五鳳二年石同時爲西漢物，可比美魯石矣。當寄蘇齋再辨之。』余按：揚州甘泉山，舊志皆以爲漢厲王冢，旱，鳴鼓攻之，輒致雨。今冢基不可覗，而西峰有靈雨壇舊址，土人亦言山有琉璃王墳。琉璃者，『劉厲』之傳訛也。沈約《宋書·樂志·陳思王樂歌》云：『中殿宜皇子。』然則皇子所居，可稱中殿。魏在漢後，其爲厲王遺蹟，似更可據矣。揚州無古石，唐以上即罕覯。昔惟汪君容甫在寶應得漢射陽畫象石。兹石更古，若應太守惠政雅風而出者。十二年，太守嵌此石于府學壁閒，并屬元記其事，遂書之。

翁覃溪先生蘇齋跋云：『廣陵厲王胥，武帝元狩六年封。宣帝時，坐祝詛自殺。元帝初元二年，復立胥子霸。此文稱「中殿第幾」，則是胥爲王時自造宫殿有此刻文，非冢中石也。漢刻最在前，由篆初變隸，有横直，無波策，若東漢之初永平六年鄐君開石門字，亦未變隸字勢，而遜此古勁遠矣。此刻雖無歲月，然考厲王國除在五鳳四年，此蓋在昭、宣之間，視五鳳二年石字，更在前耳。』

二郎廟蔬圃獲石記

嘉慶丙寅，予過揚州新城準提庵僧舍，經二郎廟蔬圃，見有破古石井闌，似有字痕，洗拓之，乃

『□熙十□三公石□』數字。『熙』字之上，字不完，似是『淳』字，蓋以『熙』爲年號踰十年者，在揚惟『淳熙』耳。『十』字下似是『年』字。爰移置準提庵東廂内，并記之。丁卯秋日。

積古齋記

李義山詩云：『湯盤孔鼎有述作，今無其器存其詞。』義山唐人，尚不見器而重其詞，況今又千年，不但存其詞，且有其器耶？所以予於鐘鼎古器有淡好也。與吾同好者，有平湖朱子右甫。右甫得一器，必摩挲考證之，頗於經史多所刱獲。予政事之暇，藉此羅列，以爲清娱，且以償案牘之勞。兒子常生，好兒童之篆刻，亦刷拭以侍。壬戌臘日，舉酒酬賓，且屬吴縣周子秬卣繪《積古圖》。是日案頭所積，凡鐘二、鼎三、敦一、簠一、豆一、匜二、彝一、甗一、卣二、尊一、鈃一、角一、爵一、觶三、觚一、洗三、劍一、戈六、瞿一、弩機二、削一、鏡二十、鐙二及刀布、印符之屬。同積者有五鳳、黄龍、天册、興寧、咸和、永吉、天册、蜀師八甎。謂之『積古』者，元督學山左時，高宗純皇帝賜御筆《筆誤識過文》一卷，此文紀筆誤試題『稽古論』爲『積古論』引過一事，元奏摺謝恩，奉批答云：『文佳，非徒頌即規。』臣愚豈能于聖德規頌萬一，而『積古』一言，反有淡愜私衷者，因名纂山左金石之齋曰『積古齋』，所以紀恩述事也。兹之名圖，猶此志也。

杭州揚州重摹天一閣北宋石鼓文跋

天下樂石，以周石鼓文爲最古。石鼓脱本以浙東天一閣所藏北宋本爲最古。海鹽張氏燕昌曾雙勾刻石，尚未精善。元於嘉慶二年夏，細審天一閣本，復參以明初諸本，推究字體，摹擬書意，刻爲十石。除重文不計，凡可辨識者，四百七十二字。置之杭州府學明倫堂壁閒，使諸生究心史籀古文者有所師法。十二年，又摹刻十石，置之揚州府學明倫堂壁閒，并拓二本爲册審玩之，以杭州本爲最精，揚州之本少遜也。天一閣本，《鮚埼集》以爲北宋吴興沈仲説家物，而彭城錢逵以薛氏釋音附之者也。錢氏篆文甚工。後歸趙子昂松雪齋。明中葉，歸鄞豐氏，繼歸范氏。蒼然六百餘年，未入燕京時搨本也。元登天一閣見之，但未見錢氏篆耳。曾加題識，屬范氏子孫謹守之。

漢延熹華嶽廟碑跋

漢延熹《西嶽華山廟碑》末有郭香察書一事，或以爲郭香書者，無顯據。或以爲蔡伯喈書者，語見都南濠(元)〔玄〕敬引徐季海浩《古跡記》。季海爲唐時書家，其言必有所本。然自唐以前，無可考證。今姑以《後漢書·蔡邕傳》推之。桓帝時，中常侍徐璜、左悺等五侯擅恣，聞邕善鼓琴，遂白天子，勑陳留太守督促發遣。邕不得已，行到偃師，稱疾而歸，閒居翫古，不交當世。建寧三年，辟司徒橋(元)〔玄〕府，出補河平長，遷議郎。案：五侯擅恣在桓帝延熹二年，是時爲陳留太守者左敏，即左悺之弟，必是悺使敏促邕入都。邕恥以宦官進，故至偃師以病回里，是大迕悺、敏意矣。延熹八年春，悺以罪自殺。度邕此時，始稍稍出遊入關，故八年至華陰爲太守書碑，而郭香適奉京兆尹遣來察書，因此相識，或且交契，以學術相長，故郭香亦通明天文律術也。又《中郎集》中載有《袁逢碑》。延熹八年，又爲楊震之子秉撰碑。秉亦華陰人，八年卒於位。秉之子賜當與伯喈相善。伯喈延熹八年以後蹤蹟，或在(宏)〔弘〕農，或在雒陽，未可知也。迨建寧三年，始應司徒橋(元)〔玄〕之辟，繼爲議郎。靈帝熹平四年，郭香爲太史治術，郎中馮光、陳晃上言天元不正，攻及郭香，詔下三府集議，伯喈首發議，韙郭香四分術爲非妄，光、晃議罪。光和三年，伯喈與楊賜同入金商門論灾異，劾宦者。又嘗與賜之子彪著作東觀。是伯喈與郭香、袁逢、楊賜、楊彪學術交遊之蹤蹟又可見也。初平三年，伯喈卒，年六十一。論灾異時，年四十七。議天元時，年四十四。書碑時，年三十四。稱疾時，年二十八。前賢事蹟，史所不能盡載者，每於文章碑版得之。因讀《華山碑》而擬議中郎蹤蹟如此。然所據者，徐季海言而已，亦未敢定也。

伯喈本傳，光和元年，年四十六，與六十一卒相舛一年，未知孰是。

秦漢六朝唐廿八名印記

余所藏古人名印以百數，子常生以其姓名考之，列史有所見者，自漢至唐，得廿八鈕，余因第而録之，即命常生釋注之。

一曰秦秦嘉璽。作曲矩形，旋轉五字曰：『海上嘉月鉩。』此印形曲甚古，世所罕見。秦嘉立楚王，陳涉之倫也。《史記》卷四十八《陳涉世家》：陳王初立時，陵人秦嘉等皆特起，將兵圍東海守慶于郯。陳王使武平君畔爲將軍，監郯下軍。秦嘉不受命，自立爲大司馬，惡屬武平君，告軍吏曰：『武平君年少，不知兵事，勿聽。』因矯以王命殺武平君畔。及陳王敗死，秦嘉等乃立景駒爲楚王，引兵之方與，欲擊秦軍定陶下，使公孫慶使齊王，欲與并力俱進。齊王曰：『聞陳王戰敗，不知其死生，楚安得不請而立王？』公孫慶曰：『齊不請楚而立王，楚何故請齊而立王？且楚首事，當令于天下。』田儋誅殺公孫慶。《地理志》：泗水有淩縣。考淩在今安東門，地瀕海，故曰『海上』。

二曰李廣。其漢飛將軍耶？《史記》卷一百九《李將軍傳》：廣，隴西成紀人也。廣家世世受射。孝文十四年，廣以良家子擊匈奴爲郎，爲武騎常侍。孝景中，徙爲上谷太守。武帝立，以上郡太守爲未央衛尉，後以衛尉爲將軍，擊匈奴，兵敗，免爲庶人。數歲，召爲右北平太守，居頃之，代石建爲郎中令。元狩四年，從大將軍出擊匈奴，因失道，後大將軍，自剄。

三曰劉勝。勝，景帝子，封中山王者。《史記》卷五十九《五宗世家》：中山靖王勝，以孝景前三年立爲中山王。勝爲人樂酒好内，有子枝屬百二十餘人。立四十二年卒。

四曰劉慶。慶，六安共王，孝武所封。《史記》卷五十九《五宗世家》：膠東康王寄，以孝景中二年用皇子爲膠東王。二十八年卒。孝武立寄長子賢爲膠東王，奉康王嗣，而封慶於故衡山地爲六安王。立三十八年薨。

五亦曰劉慶。河間孝王。《漢書》卷三十三《景十三王傳》：河間獻王德，以孝景前二年立，立二十六年薨。子不害嗣，四年薨。子堪嗣，十二年薨。子授嗣，十七年薨。子孝王慶嗣，四十三年薨。二印爲一人、爲二人，未可定也。

六曰司馬遷。遷，漢太史。《史記》卷一百三十《太史公自序》：太史公談，有子遷，年十歲則誦古文，二十三仕爲郎中，奉使西征。十年而遭李陵之禍，幽于纍紲，乃作《史記》。

七曰張勝。同蘇武使匈奴者。《漢書》卷三十四《蘇武傳》：武與副中郎將張勝至匈奴，勝與虞常謀殺衛律，事覺，被繫而降。

八曰孔霸。褒成君孔次儒也。《漢書》卷五十一《孔光傳》：霸，字次儒，治《尚書》，事夏侯勝。昭帝末年，爲博士。宣帝時，爲太中大夫，以選授皇太子經，遷詹事，高密相。元帝即位，徵霸，以師賜爵關内侯，號褒成君。

九曰楊忠。漢安平侯。《漢書》卷三十六《楊敞傳》：忠，丞相楊敞子。敞薨，忠嗣安平侯。

十曰陳萬年。漢廣陵太守，御史大夫。《漢書》卷三十六《陳萬年傳》：萬年字幼公，沛郡相人也。爲郡吏，察舉至縣令，遷廣陵太守，以高第八爲右扶風，遷大僕，後代于定國爲御史大夫，八歲病卒。

十一曰張山拊。《漢・儒林》：事小夏侯建，爲博士，論石渠。《漢書》卷五十八《儒林傳》：張山拊，字長賓，平陵人也。事小夏侯建，爲博士，論石渠，至少府。

十二曰王禁。漢平陽侯[一]，外戚也。《漢書》卷六十八《元后傳》：王禁，字稚君。少學法律長安，爲廷尉史。生女政君，入掖庭爲家人子，後宣帝選送太子宫，壹幸有身，生成帝于甲館。孝元即位，封禁爲陽平侯，永光二年薨，謚曰頃侯。

十三曰鄭崇。哀帝時丞相。《漢書》卷四十七《鄭崇傳》：崇字子游，本高密大族。少爲郡文學史，至丞相大車屬。哀帝時，爲尚書僕射，數求見諫争。後爲尚書令趙昌奏崇與宗族通，下獄窮治，死獄中。

十四曰王匡。起緑林攻莽者。《漢書》卷六十九《王莽傳》：南郡張霸、江夏羊牧、王匡等起雲杜緑林，號曰下江，兵衆皆萬餘人，後爲嚴尤等所破。

十五曰王憲。自稱漢大將軍，舍東宫，妻莽後宫，乘其輿服，建天子鼓旗者。《漢書》卷六十九《王莽傳》：鄧(煜)〔曄〕以(宏)〔弘〕農掾王憲爲校尉，將數百人北度渭，入左馮翊界，降城略地，至頻陽，所過迎降，會長安旁兵，四會城下，十月戊申朔，破之。庚戌，商人杜吴殺莽，取其綬，校尉公賓就斬莽首，持詣憲，憲自稱漢大將軍，城中兵數十萬，皆屬焉，舍東宫，妻莽後宫，乘其車服。六日癸丑，鄧(煜)〔曄〕入長安，以憲得莽綬不輒上，多挾宫女，建天子鼓旗，收斬之。

[一] 按，『平陽侯』，據下文引《漢書·元后傳》，當作『陽平侯』。

十六曰劉宣。隱不仕莽，後封安衆侯。《後漢書》卷十五《卓茂傳》：劉宣，字子高，安衆侯崇之從弟。知王莽當篡，乃變名姓，抱經書，隱避林藪。建武初，乃出，光武以宣襲封安衆侯。

十七曰李忠。後漢豫章太守。《後漢書》卷十一《李忠傳》：忠字仲都，東萊黄人也。元始中爲郎，王莽時爲新博屬長。更始立，拜都尉官，遂與任光同奉光武爲右大將軍，封武固侯。建武二年，更封中水侯，遷丹陽太守。十四年，三公奏課爲天下第一，遷豫章太守，病去官，十九年卒。

十八曰張根。漢武始侯子，奮之兄。《後漢書》卷三十五《張奮傳》：奮兄根，少被病，父武始侯純薨，光武詔奮嗣爵。

十九曰王廣。建武中石城侯。《後漢書》卷五《王常傳》：建武十二年，常薨，子廣嗣山桑侯。三十年，徙封石城侯。永平十四年，坐與楚事相連，國除。

二十曰徐咸。漁陽太守、功曹。《後漢書》卷七十一《獨行劉茂傳》：元[一]初中，鮮卑數百餘騎寇漁陽，太守張顯率吏士出塞追擊虜，虜伏兵發射中顯，主簿衛福、功曹徐咸遽起之，顯遂墮馬，福以身擁蔽，虜並殺之。

二十一曰張成千秋。江夏太守，張耳後也。《後漢書》卷五十七《黨錮傳》：張儉，山陽高平人，趙王張耳之後也。父成，江夏太守。

[一] 元，底本誤作『兀』，據甲戌續刊本改。

二十二曰竇武。大將軍也。此印模範嚴正，篆跡明切，凛然有生氣焉。《後漢書》卷五十九《竇武傳》：武字遊平，扶風平陵人。安豐戴侯之(元)〔玄〕孫也。延熹八年，長女選入掖庭，桓帝以爲貴人，拜武郎中。其冬，貴人立爲皇后，武遷越騎校尉，封槐里侯。永康元年冬，帝崩，無嗣，武立解瀆亭侯宏，是爲靈帝。拜武爲大將軍。八月，以奏免黄門令鄭彪[一]事，爲長樂五官史朱瑀等所害。

二十三曰李豐。蜀諸葛武侯表爲江州都督。《三國志》卷四十《蜀書·李嚴傳》：建興八年，諸葛亮表嚴子豐爲江州都督，督軍典，豐官至朱提太守。

二十四曰陳武。三國吴偏將軍。《三國志》卷五十五《吴書·陳武傳》：武字子烈，廬江松滋人。孫策在壽春，武往修謁，因從渡江，征討有功，拜别部司馬。及權統事，轉督五校，累有功勞，進位偏將軍。建安二十年，從擊合肥，奮命戰死，權哀之，自臨其葬。

二十五曰劉淵。晉元海大單于。《晉書·載記》卷一《劉元海傳》：淵，新興匈奴人，冒頓之後也。生而左手文有其名，遂以名焉，犯高祖廟諱，故稱其字。太康末，以左部帥拜北部都尉。楊駿輔政，以元海爲建威將軍、五部大都督，封漢光鄉侯。後成都王穎拜元海爲北單于。未幾，劉宣等上大單于之號。永興元年，僭即漢王位，年號元熙。永嘉二年，僭即漢皇帝位，改元永鳳，以永嘉六年死。

〔一〕按：據《後漢書》卷五九《竇武傳》，其人當爲『魏彪』，非『鄭彪』。

二十六曰張偉。北魏征南將軍，小字翠螭者。《魏書》卷七十二《儒林傳》：張偉，字仲業，小名翠螭，太原中都人也。世祖時，與高允等俱被辟命，授中書博士，累遷爲中書侍郎、本國大中正，使酒泉，慰勞沮渠無諱，還，遷散騎侍郎，聘劉義隆，還拜給事中、建威將軍，賜爵成皋子，出爲營州刺史，進爵建安公。卒，贈征南將軍、并州刺史。

二十七曰馮亮。北魏隱嵩高，好佛理者。《魏書》卷七十八《逸士傳》：馮亮，字靈通，南陽人。少博覽諸書，又篤好佛理，隱居嵩高。世宗嘗召以爲羽林監領中書舍人，將令侍講《十地》諸經，固辭不拜。還山數年，與僧徒禮誦爲業，蔬食飲水，有終焉之志。延昌二年冬卒。

二十八曰雞林道經略使印。方二寸，此唐劉仁軌之印也。曷由知爲仁軌印也？雞林道經略使惟仁軌專之，雖官印，可以姓名定之。《新唐書》卷三《高宗本紀》：上元元年二月壬午，劉仁軌爲雞林道行軍大總管，以伐新羅。又卷一百四十五《東夷傳·新羅》：龍朔元年，法敏襲王，以其國爲雞林州大都督府，授法敏都督。咸亨五年，納高麗叛衆，略百濟地守之。帝怒，詔削官爵，以其弟右驍衛員外大將軍臨海郡公仁問爲新羅王，自京師歸國，詔仁軌爲雞林道大總管，衛尉卿李弼右領大將軍，李謹行副之，發兵窮討。上元二年二月，仁軌破其衆于七重城，以靺鞨兵浮海略南境，斬獲甚衆，詔李謹行爲安東鎮撫大使，屯買肖城，此雞林道之名所自昉也。考《百官志》于經略使之置，略而不具。唐時西河、黑水皆有經略使，固唐初官也。自此迄五代，新羅朝貢甚謹，不復有征討之事。唐以後，又不聞有雞林道之名，此印爲唐劉仁軌之印，無疑矣。

嗚呼，古人姓名銅印多矣！其于正史無考者，未必皆絶無可傳之人也。或謂漢人鑄名印千百以殉葬，好名好事，今人亦不如古耶？夫不見于史，而唯以一鈕之銅傳數千年後，亦可悲矣！史法貴嚴，然余謂善善長、惡惡短，能繁毋簡，庶幾《左氏》遺法。若馬、班、范、崔之倫，或亦多所遺略，致其害歟？

與王西沚先生書

往歲奉到賜書，問元所刊鄭司農碑頭垂暈所昉，元已據洪氏《隸續》及目驗今曲阜漢碑舊式爲對矣。既思漢碑之所以有垂暈者何故？其垂暈或左垂或右垂者何故？今似得之，敢以就正于有道。古碑之制有二，一爲中廷麗牲之碑，一爲大夫以上葬窆之碑。《禮記·檀弓》曰：『縣棺而封。』鄭君注云：『不設碑繂，不備禮。』又曰：『公室視豐碑，三家視桓楹。』鄭君又據《周禮》及《喪大記》注云：『豐碑斲大木爲之，形如石碑，于槨前後四角樹之，穿中于間爲鹿盧，下棺以繂繞。天子六繂四碑，前後各重鹿盧也。四植謂之桓。諸侯四繂二碑，碑如桓矣。大夫二繂二碑。士二繂無碑。』孔沖遠疏云：『繂即紼也。以紼之一頭繫棺緘，以一頭繞鹿盧，既訖，而人各背碑負繂末，聽鼓聲以漸卻行而下之。』據此數義，知古人墓碑有穿以貫鹿盧，其繂繞鹿盧橫而斜過碑頭，碑頭爲此暈以限繂，使滑且不致外脱，如今石井欄爲綆所漸靡之形矣。漢碑有穿有暈，必效三代遺制，其暈左垂者右碑也，右垂者左碑也。又《國策》曰：『昔王季歷葬于楚山之尾，欒水齧其墓，見棺之前和。』元謂前和即前桓，『桓』『和』古同聲，其通借之迹多矣。

商銅距末跋

曲阜人掘地得銅器，高寸九分，八觚，觚各闊三分，頂縱七分，橫五分，下口空，縱八分，橫七分。銘字八，小篆，體狹長，用金填之，曰：『愕作距末用釐商國』，『用』字下有小穿，徑一分。『距末』不知何器。沈君心醇据《戰國策》蘇秦説韓王曰：『谿子少府，時力距來，皆射六百步之外。』疑此爲弩飾。孔檢討撝約亦以爲飾弓簫者。此二説皆近之。特此『末』字甚明，斷不得疑爲『來』字之訛。按：《荀子·性惡篇》曰：『繁弱鉅黍，古之良弓也。』又潘安仁《閒居賦》曰：『谿子巨黍，異絭同機。』据此，則《國策》之『來』，《荀子》《文選》又作『黍』矣。楊倞注欲改『黍』從『來』，誤矣。此『末』『來』二字皆誤，當是『黍』字也。何以明之？古人爲銘，必用韻，文逾少而韻逾密。此銘『作』『黍』相韻，『釐』『國』相韻，蓋上聲之『語』與入聲之『鐸』同部，平聲之『之』與入聲之『德』同部也。《左傳》『讒鼎銘』用韻，正同此矣。若是『末』字，則與『國』字、『作』字皆不相韻矣。然則今銘文明是『末』字者，此弓簫未必即是古始造之巨黍，後人仿其名而爲之，故《國策》訛『來』，今銘文『巨』又作『距』，同是金工所誤耳。此器中空，一面有陷，圓而向下，確是弓簫末張弦之處，以今弓末驗之，可知矣。又此器翁覃溪閣學据『商國』二字以爲商器。按：此二字不類商銘，且色澤亦不肖商之古，此蓋周器，宋人物也。宋人每稱宋國爲『商』矣。《春秋左氏傳》哀公九年：『利以伐姜，不利子商。』杜預注：『子商，謂宋。』又二十四年《傳》：『周公及武公娶于薛，孝惠娶于商。』杜預注：『商，宋也。』《禮記·樂記》曰：『宜歌《商》。』鄭康成注曰：『《商》，宋詩也。』皆其證也。

宋搨楚夜雨雷鐘篆銘跋

余藏宋搨《鐘鼎款識》册内有楚公夜雨雷鐘，旁有北宋石國佐公弼[一]所手書標識云：『政和三年，武昌太平湖所進古鐘。』後有紹興四年榮芑跋云：『紹興十四年間，茂世先兄自成都運判除倉外郎，總領淮東軍餉，邵澤民見屬云：「我有雷鐘，藏之久矣，兩得秦會之書見取，度不可留，爲我達之會之。」償以三千緡。鐘高二尺，有畸紐，上坐一裸鬼，蓋雷神也。五色相宣，銘在鐘裏。

[一] 弼，甲戌續刊本無。

今諸處所刊，咸其雲仍，對之可見。』元按：此鐘篆文乃北宋時所搨，自南宋歸秦檜後，此鐘不知所存，即諸家所刊，亦不可見。嘉慶二十二年，攜此册至武昌，與江漢書院院長陳工部詩展賞久之，共歎楚公造鐘在數千年前，沉没于水土之中，宋時得見于世，今又不知存亡，屢留此搨紙，流傳于王復齋、趙松雪、項子京諸家，今歸于元。元至楚，此搨本得庋藏于節樓之中，豈非善事？工部與武昌章觀察廷樑共摹其篆，并楚諸鐘鼎文字搨本，勒石于書院楚先賢祠壁間，題曰『楚中法物』，使諸生有所觀感也。此鐘篆文云：『隹[一]八月甲巳，楚公自作夜雨雷鎛。』楚之八月，亦周六月也。楚中六七月間，每憂雷雨之少。此鎛所鑄裸鬼，即是雷神，雷神之形，見於《論衡》。其文又曰：『夜雨雷。』或楚公當年雩禱所用歟？今年自六月以後，夜雷雨甚多，山田不旱，湖田不潦，穀豐而米賤，亦此鐘數千年復歸其所之嘉會歟？七月十三日曉起，雷雨初霽，殷其未歇，臨窗展册，再題後尾。

[一] 隹，同『唯』，底本誤刻作『佳』，據文意改。

吴蜀師甎考

吾鄉平山堂下濬河，得古甎，文二，曰『蜀師』，其體在篆隷閒，久載于張燕昌《金石契》中，未知爲何代物。近年在吴中，屢見『蜀師』古甎，兼有吴永安三年及晉太康三年七月廿日『蜀師作』者，然則『蜀師』爲吴中作甎之氏可知。按：揚州當三國時，多爲魏據，惟吴五鳳二年，孫峻城廣陵而功未就，見于《吴志》本傳。此年紀與永安、永康相近，然則此甎爲孫峻所作廣陵城甓無疑矣。

南屏司馬温公隷書家人卦考

南屏山隷書《家人卦摩崖碑》，學者以爲司馬温公筆，苦無實證。元考廣西融縣老君洞，亦有司馬温公隷書《家人卦摩崖碑》，爲公曾孫備判融州軍時所刻，且跋云：『先太師温國文正公書，紹興十九年曾孫備倅融刻之。』元親見此拓本，以證南屏石刻爲有據矣。

秦漢官印臨本序

揚州方君槐，精于刻印，以乳石撫秦漢印，無不肖其形神。刻將成，弟而譜之，以類相從，曰王、曰君、曰侯、曰侯夫人、曰將軍、曰將、曰督、曰軍、曰尉、曰司馬、曰軍曲侯、曰大夫、曰太守、曰牧、曰史、曰令、曰丞、曰長、曰從事、曰相、曰宰、曰佐、曰士、曰使者、曰三老、曰祭尊、曰監、曰臧、曰蠻夷王君、曰蠻夷侯、曰蠻夷長，其印以數百計。古人之印，有鑄者，有鑿者，有精工者，有粗略者，各極其妙，今悉以刀法摹得之，可謂形神畢肖矣。秦漢人文字不多見，此印文一袟，可以備秦漢摹印之法，兼以補證《漢書》官制、地理之遺，豈徒篆刻哉？

揅經室三集卷四

重修表忠觀記

錢塘表忠觀，宋熙寧十年趙清獻公請於朝，始建於龍山吴越文穆、忠獻兩王墓側，使錢氏之孫爲道士曰『自然』者，居此以修護之。理宗時，官給田三百畝，以旌舊功。元至元初，遇兵燹，觀、墓俱毁。明正德間，遂爲江尚書兆域。

嘉靖三十九年，總督、都御史胡宗憲，巡按御史周斯盛，布政使胡堯臣，按察使胡松，提學使范惟一，以靈芝廢寺故址遷建新觀，即吴越時故苑，在湧金門外，今所重修之地也。當時有武肅十九世孫德洪，自餘姚來守此觀，飭俎豆，輯譜牒，湖山靈爽，神實憑依，春秋肸蠁，爲最盛焉。崇禎中，都御史熊飛復修輯之。國朝康熙四十四年，聖祖仁皇帝南巡，賜『保障江山』額。雍正四年，世宗憲皇帝敕加封爲『誠應武肅王』。今皇帝六次南巡，屢駐蹕，凡五賜宸章，褒功述事，且命有司以時致祭。蓋自忠懿宋初納土以來，未有食報增榮如今日者也。今武肅裔孫璋、栻等，以廟宇少頹，呈請有司修葺。於是巡撫吉公慶、布政使張公朝縉、鹽運使阿公林保，各出俸錢，命知杭州府李公亨特董修之。增建碑亭左右六間，畫廊三十間，正殿基培高三尺，易塈垣以甎石，重肖五王像設，計費白金三千四百兩有奇，又增給銀六百兩，置鹽運司庫發商榷子母爲歲修之費，蕆事于乾隆六十年。元以是年冬奉命督學浙江，入覲展拜，樂觀厥成。爰以重修落成，命十一府士子賦詩紀事，凡得詩千有餘篇，極一時之盛，擇其佳者付武肅裔孫泳録之。泳從金匱來寓此，庀材樹石，實始終其事，即爲元述此大略，屬爲記，且自以隸古書丹刻石者也。

嘉慶九年重濬杭城水利記

杭州水利，自古重之。今之省城，南北十里，東西五里，爲長方形。西湖居其西，湖水入城有三路：一湧金水門居正西，一湧金旱門環帶溝居西少南，一清波門底流福溝居西南。流福溝自清波門外學士港導水入流福寺，溝入城由街底伏流，出府西青龍庵，經府南面，自東折而北，過府學、運司，東至杜子橋，環帶溝水西來會之。東過紅門局、三橋址，折而北，至定安橋，湧金水門之水西來會之。入滿營城、八字橋，分爲二：一東出滿營，過衆安橋，入小河，至中河；一西過龍翔宫，至丁家橋，折而北，出滿營城，過臬司，西至回龍橋，折而東，由觀橋入小河，過金箔橋，入中河。中河匯各水，南行至新宫橋，其金箔橋之下有藩司、東行宫前之太平溝水來會之。太平溝水亦自三橋址分流而南者也。中河過新宫橋，又至撫院西，分爲二：一出鳳山水門，東行城外，北折至候潮門外之永昌壩；一由通江、過軍二橋出候潮水門，至永昌壩入城。河又至會安壩達東新關，至海寧州。是水凡三折，貫通城内外數十里，南至閘口，北至武林門外，汲濯、舟楫皆賴之。乃數十年來未加濬治，惟湧金水門尚通湖水，其環帶溝微通涓滴，流福溝塞久矣。且運司河三橋址數里高淤，滿營河亦淺阻，每遇大雨水，城内泛濫，司府縣署刺舟而入，居民多卧水中，府縣獄以桔槔出水，獄多瘐囚，下河、中河之水反致淺濁無來源。水利若此，當治乎？不當治乎？

甲子春，予首捐廉俸，官、士、商亦各出資，計銀四千八百餘兩，計開廣學士港十五丈六尺，自學士港、流福溝至三橋址，掘土四千七百九十四方，自三橋址北至滿城，南過藩司、東行宫前之太平溝、金箔橋、通江橋、過軍橋、慶豐關等處，掘土四千六百五十一方。由是清波門首受湖水，清泠泠入流福溝，過運司前，會環帶溝，至三橋址，會湧金水門水入滿營城，暢通無泛濫之苦。藩司前諸山水亦入太平溝，暢流無阻。其西之湧金，西南之清波，正南之興隆，西北之聖塘潤水，石函六閘，設金、木、水、火、土五牐板，視西湖水盛衰增減啟閉，委其事於杭州水利通判專掌之，兩縣主簿、運司經歷分司之，院司府縣督察之，别具文案以備考。自兹以後，每歲十一月濬治一次，毋減工，毋累民。是役也，杭州人候銓同知邱基知水之理，身任其事，經營十閲月，工乃畢。刻碑記之，并刻圖于記文之後，且載捐銀人名于碑陰，置碑于吴山海會寺。是寺也，爲祈謝晴雨長官共集之地，庶幾共覽而知，勿久而廢塞焉。嘉慶十年上元日記。

南宋淳熙貴池尤氏本文選序

元幼爲《文選》學，而壯未能精熟其理，然訛文脱字，時時校及之。昔但得元張伯顔、明晉府諸本，即以爲祕册。嘉慶丁卯，始從昭文吴氏易得南宋尤延之本，爲無上古册矣。按：是册宋孝宗淳熙八年辛丑無錫尤延之在貴池學宫所刻，世謂之『淳熙本』，每半葉十行，每行大字廿一二，小字廿一二三四不一。惜原板間有漫漶，其修板至理宗景定間止，卷二八葉及卷九十九葉書口並有『景定壬戌重刊』木記可見。其中佳處，即以脱文而論，如《東京賦》『上下通情』注，宋本卷三，十五下。毛本脱『言君情通於下臣情達於上故能國家安而君臣歡樂也』廿二字；又『重舌之人九譯』注，宋本卷三，廿八下。毛本脱『韓詩外傳』至『獻白雉于周公』廿三字。《秋興賦》『天晃朗以彌高兮』注，宋本卷十三，六上。毛本脱『杜篤』至『高明』廿字。以上毛初刻本脱，後得宋本改。《思(元)〔玄〕賦》『行頗僻而獲志兮』注，宋本卷十五，三下。毛本脱『蕭該音』至『廣雅曰陂邪也』卅五字。陸士衡《答賈長淵詩》『我求明德』注下，宋本卷廿四，十七上。毛本脱正文『魯侯戾止』八字，注文卅二字。

《七發》『客見太子有悦色』下，宋本卷卌四，九下。毛本脱數百字。諸如此類，不勝枚舉。其中異文，如《蜀都賦》『千廡萬室』，宋本卷四，二十下。晉府本、毛本『室』改『屋』，則與上下文『出』『術』等字不韻矣。《羽獵賦》『羣娭乎其中』，宋本卷八，廿三上。翻張本、晉府本、毛本『娭』改『嬉』，則與《漢書·楊子雲傳》不合矣。《宋書·謝靈運傳論》『莫不寄言上德』注引老子《德經》，宋本卷五十，十四上。翻張本、晉府本、毛本並作『道德經』，不知『德經』二字見陸氏《經典釋文》及《禮記正義》也。《吴都賦》『趫材悍壯』注引『胡非子』，宋本[一]卷五，十五上。毛本『胡』改『韓』，不知『胡非』乃墨子弟子，見漢、隋史志也。《騷》下《山鬼篇》『采三秀兮于山間』，宋本卷卅三，三上。注文『三秀』上，晉府本、毛本增『逸曰』二字，此沿六臣本之舊，崇賢本不當有也。《永明九年策秀才文》『自萌俗澆弛』宋本卷卅六，十上。及《齊故安樂昭王碑文》『緝熙萌庶』，宋本卷五十九，十八下。翻張本、晉府本、毛本『萌』改『氓』，然古書多作『萌』也。亦非他本之所可及。元人張正卿翻刻是書，行款一切頗得其模範，第書中字句同異未能及此，若翻張本及晉府諸刻，改其行款，更同自鄶矣。惜是册缺第四十一、四十二兩卷，近人即以正卿本補入，雖非完書，實亦希世珍也。此册在明曾藏吴縣王氏、長洲文氏、常熟毛氏，本朝則句容笪氏、泰興季氏、昭文潘氏以至吴氏，獨怪册中皆有『汲古

[一] 按：『本』下底本誤衍『五』字，今删。

閣』印，而毛板訛脱甚多，豈㮚板後始獲此本，未及校改耶？元家居揚州舊城文樓巷，即隋曹憲故里，李崇賢所由傳《文選》學而爲《選》注者也。元既構文選樓于家廟旁，繼得此册，藏之樓中，别爲《校勘記》以貽學者。裝訂既成，因序于卷首。

送楊忠愍公墨蹟歸焦山記

楊忠愍公墨蹟一卷，共五幅，一爲《開煤山記》，一為《謫所苦陰雨述懷詩》，一爲《哀商中丞詩》，一爲《元旦有感詩》，一爲《與王繼津書》。此卷本藏謝東墅少宰墉師家，師嗣壽紳庶常恭銘以贈梁山舟侍講同書，侍講不欲全留之，但割存《與王繼津》一書，而返其四，有跋記事，與翁覃溪閣學方綱跋并存卷中。庶常以元撰少宰墓銘，故以此卷贈元，元却之，不許，藏數年，欲歸之焦山，故於卷中鈐以官印，尚未致送也。焦山仰止軒者，明天啟間建，奉忠愍木主，舊在水晶菴，今圮無存。嘉慶丁卯，僧秋屏覺鐙請改立忠愍公主于焦隱菴後屋中，元稍葺新之，重題木扁，且邀翠屏洲詩人王柳邨豫歸之焦山軒中，此夙願也。明嘉靖壬子，忠愍約唐荆川至焦山，詩云：『楊子懷人渡揚子，椒山無意合焦山。』姜如須先生垓《仰止軒》詩云：『六義風流今不滅，十行疏草未全焚。原因報國成忠愍，翻似完身傍隱君。』今卷中詩文并存，仰止軒舊與漢隱菴遠，今軒在菴後，似姜先生詩豫爲今日兆者。二公忠義之氣，與江山共千古。兹與漢定陶鼎同置方丈，固其宜也。

又，元藏宋嘉定、元至順寫本《鎮江府志》二部，乃張木青學士燾所贈，其閒舊聞古蹟甚多，極可寶貴。乃謀之鎮江人，無肯栞之者，今亦附忠愍卷，同付秋屏暨其師借庵巨超兩詩僧世守之。如摹刻墨蹟，鈔寫志書，衹可在山爲之，勿令俗夫持去也。嗟夫！卷帙之藏，昔人比之雲烟過眼，若賢忠之遺蹟，史志之文獻，固未可等量之。惟是子孫少不肖，非飽蟫蠹，即歸鬻失，平泉艸木，能終不與人哉？世家祕閣之藏，不如名山僧寮之寄，較然明矣。兹送卷歸山事，元作記存之揅集中，且當代賢卿名士亦多題詠，載之各集，海内共知爲焦山之物。若他日有不肖僧徒，以此貢之他人之手，陳之几、庋之架，人皆能説所從來而賤之，恐世閒無此傖父也。

焦山仰止軒記

明嘉靖壬子，楊忠愍公與唐荆川先生約同至焦山，忠愍詩有云：『楊子懷人渡揚子，椒山無意合焦山。』天啟閒，郡守于水晶庵後建仰止軒，奉忠愍木主，今已圮矣。漢隱庵者，舊祀漢焦孝然先生，其後軒甚虚敞。余與寺僧覺鐙、丹徒王君豫議以後軒名『仰止軒』，加以修葺，立忠愍木主祀之。又余舊藏忠愍墨蹟五紙共一卷，久爲墨林所重，因鈐以官印，跋而歸之軒中。王君亦以所藏《忠愍文集》板同置軒中，庶幾忠烈之氣與江山共千古矣。同奉主至焦山者，甘泉陳本禮、黄金、余之弟亨、子常生，并題名栞石後。金匱錢泳書。

連理玉樹堂壽詩序

辛未夏，元在京師得表叔江玉華先生書，知由歙來揚州，應其弟吉雲表叔之請〔一〕也。古人偶一相思，千里命駕，況此連牀，奚間風雨，至情至性，骨肉之恩在焉，是可感已。元童時，遊橙里舅祖之庭，舅祖文詞名家，素持禮法，閨門以内，既和且肅，先生以孝謹著于時。吉雲先生爲先生幼弟，先生教之，友愛備至，吉雲先生亦事兄彌悌，至于今蓋三十餘年矣。歲丙寅，先生于歙村老屋建小軒三楹，題曰『知還』，實有戀鄉里、返素朴之志，乃由揚歸居于歙。又恐吉雲先生或失故步，將去揚而志四方也，故題揚州老屋曰『留雲閣』以寓意，于今蓋亦五年矣。中間先生來揚州者再，今且壽七十。吉雲先生總鹺務，不克歸歙省其兄，乃復迎兄至揚，將慰離思，侑壽觴，兄弟之間，怡怡然如此。

〔一〕請，甲戌續刊本作『招』。

先生幼讀書，工詩，善楷法，惠定宇、厲樊榭、沈學子諸先生皆曾館于家。先生習染所及，聞見深遠，履蹈儒術，沈潛書史，不衣華服，不食兼味，遠聲色而淡貨利。又其壯年涉歷江湖，追隨定省，施濟貧困，蔭陟甚廣。垂橐而歸，蕭然寒素，迨去江、淮紛華之區，依祠墓耕讀之地，却埽課子，若將終身，常作招隱詩以示弟，然則先生生平行誼，可以概見矣。昔諸葛武侯有契于淮南子澹泊凝静之旨，擬之先生，豈爲過哉！連理玉樹堂者，揚州康山之麓，有二玉蘭樹，交柯連理而生，元舅祖鶴亭先生所居也。吉雲先生既爲鶴亭方伯後，于先生雖出爲從弟，而情誼彌篤，無異鶴亭、橙里兩先生之相友愛也。連理之木，古人以爲嘉應，故在漢碑中爲圖刻之最古者。《論語》曰：『君子務本。』又謂孝弟乃爲仁之本，本之不立，枝葉尚不能榮，況連理乎？斯樹之生，蓋有所應，爰繪爲圖，以徵戚友之詩。元文詞鄙拙，不足表揚，惟是幼年受知于先生最早，撫之無異子姪，故知先生亦最深，用記顛末，以爲序焉。

晚鐘山房記

杭之浄慈寺，所謂『南屏晚鐘』也。昔江少司馬蘭讀書寺中，寺西南牆外隙地，司馬搆屋數楹，北嚮，外環以廊，中奉佛象。嘉慶八年秋，余過揚州，司馬語余曰：『此屋未圮耶？吾遠祖吴越侍御有德于浙，曷設斯主？』余曰：『六一泉三堂，余已遷主數百矣，是屋也，禮亦宜之。』九年春，司馬治河赴淮北，江君鴻、江君士相以資來葺新之，于屋西建樓一楹，可望西湖，余名其屋曰『晚鐘山房』，樓曰『屏山樓』。于屋之背，立一龕，設吴越侍御史充鎮海軍節度判官江公景房栗主，以皇清誥授中議大夫兩浙江南都轉鹽運使江公承玠、誥授光禄大夫賜布政使銜江公春、誥贈光禄大夫兵部左侍郎江公進、誥授中議大夫候選知府江公昉四主從之。

侍御名景房，字漢臣，吴越常山人。宋太平興國初，吴越納土時，充鎮海軍節度判官，奉版籍歸宋。吴越賦重，畝增三斗有奇，民病之，侍御沈其籍于河，以罪自劾，幸免于誅。後王方贄奏定賦畝一斗，浙東西十三州民受其德。賦減于王，沈籍實始于江，事見元張樞所譔《沈籍記》及《宋史・王珪傳》。以六一泉、遺愛堂之例準之，是主固宜設也。轉運使，侍御二十六代孫也。雍正元年，以户部郎中出知嘉興、台州二府，用朱子舊法，修台州太平水利，擢鹽運使，輸資修海塘，有惠于商士。齊次風侍郎，公所植士，隸書院，稱弟子焉。方伯、贈少司馬、太守，皆侍御二十七代孫。贈公以子蘭貴，贈如其官。今修山房江君鴻者，轉運之孫，太守子，爲方伯後者也。士相者，贈公之孫，少司馬弟之子也。修山房設主既畢，遂書石記之，俾浙人知侍御史之主所由來。他日江氏子孫往來揚、歙者，入山房而拜焉，不亦宜乎？

鄭氏得墓圖跋

吾郡鄭氏，世篤忠義。明東里先生諱之彦，生四子：元嗣、元勳、元化、俠如。元勳即職方公，明季以守城説高傑事被訛言遇害。元化子爲虹守浦城死節，《明史》有傳。俠如後人修《休園志》，于雙忠事畧不少及，并官職亦畧之，殊無識也。職方事實見李清、王心湛、杭世駿所撰三傳，而杭傳爲最詳核。余與職方裔孫新甫孝廉、星北茂才同里相友，茂才寄《得墓圖》屬題。案圖，職方公孫諱嵩者記云：『甲申，職方遇害，諸子皆幼，公執友率其僕舁柩渡江遠葬，遂逸其墓。爰奉父遺命，訪之于江南句容，穿長林而東至鄧家邊潘姓邨，遇一老者，自言尚及見葬事，并能指其處，但在溕山爲虎穴久矣。詰朝，募徒衆操兵仗渡溪踰嶺，遂達墓所，斷碑猶在。時康熙四十九年也。載展遺圖，敬此忠孝。』得墓之事，可補諸傳所未及。又余舊藏職方畫山水一幅，各傳亦未言其善畫也。并舉此畫歸之茂才，以此爲先忠手澤，可寶也。

碧紗籠石刻跋

王敬公之才之遇，豈闍黎所能預識，爲之紗籠，亦至矣，而猶以詩愧之，褊哉！敬公相業，誠有可譏。然其濬揚州大渠，利轉運，以鹽鐵濟軍國之用，亦不爲無功。坡公詩以闍黎爲具眼，亦過激之論也。古木蘭院僧心平屬書『碧紗籠』扁，遂論之如此。

二老重逢圖跋

朱竹垞、鄭寒邨兩先生爲老友。寒邨（元）〔玄〕孫勳持竹垞贈寒邨詩墨蹟索題，余既和詩，且書『二老堂』扁，俾勳奉二先生矣。勳復屬友繪《二老重逢圖》，蓋取竹垞詩『別久重逢轉傾倒』之句爲此。是時嘉慶三年秋七月，勳以薦舉孝廉方正，寓吴山讀書，朱氏（元）〔玄〕孫莱、墨林等亦將來赴省試，相與拜此圖下。舊家世澤，百年未艾，是可慕也。

錢塘嚴氏京邸祖墓圖記

錢塘嚴氏厚民杰之四世、五世兩代祖墓，在今京城永定門外，當明嘉靖時，有宦于京者葬于此也。此後子孫在明有内官京卿、外官布按者，在我朝有官侍郎、總督、倉場者，皆得近祭之。子孫以試事選官入京者，亦皆祭之。嘉慶辛未、壬申間，厚民從余在京師，每朔望必展其墓，親以土崇其封。復恐後人迷失之，乃畫圖多幀，肖其地形，分藏族人之家，且屬元以小記記之，其用心追遠，良云厚矣。墓在永定門外劉家窯之北，南向，有碑。窯在七聖庵之東三里許，庵舊名安樂禪院，近在永定門外里許。墓之東南曰九聖庵，東北曰濮家莊，西北曰李家村。高廟在墓東北二里許，墓後負城，城中月皇臺可望而見也。至于祖墓祖祠之在杭者〔一〕，厚民又積筆耕之資，買田以爲完糧祭埽之用。厚民敬宗孝祖之義，可以風矣。

顧亭林先生肇域志跋

明末諸儒多留心經世之務，顧亭林先生所著有《天下郡國利病書》及《肇域志》，故世之推亭林者，以爲經濟勝於經史。然天下政治隨時措宜，史志縣志可變通而不可拘泥，觀《日知録》所論，已或有矯枉過中之處，若其見於設施，果百利無一弊歟？《四庫書提要》論亭林之學，經史爲長，此至論，未可爲腐儒道。此《肇域志》稿本，未成之書，其志願所規畫者甚大，而《方輿紀要》實已括之。亭林生長離亂，奔走戎馬，閲書數萬卷，手不輟録。觀此帙密行細書，無一筆率畧，始歎古

〔一〕『祖墓祖祠之在杭者』八字，甲戌續刊本作『祖墓之在餘杭錢塘者』九字。

人精力過人，志趣遠大。世之習科條而無學術、守章句而無經世之具者，皆未足與於此也。

浮屠説

佛之教始於後漢，盛於晉、魏。然自西晉以前，則皆稱曰『浮屠』，或稱爲『佛圖』『佛陀』，雖音同字異，而字必相連，在華音爲疊韻，未嘗但割上一字單稱爲『佛』也。《説文》『佛』字訓爲『見不審』。《毛詩》《論語》《曲禮》《學記》《荀子》之『佛』字，皆絶無西域神人之説。《後漢書·楚王英傳》：『喜黄老，學爲浮屠齋戒。詔曰：「楚王尚浮屠之仁祠。」』又《桓帝紀》曰：『桓帝設華蓋，以祠浮屠、老子。』使當日苟單稱爲『佛』，則詔書曷不稱『佛』而稱『浮屠』也？其稱『佛』者，始于《後漢書·西域傳》，明帝夢見金人，羣臣或曰：魏收《魏書》以爲傅毅所對。傅毅本傳無此事。『西方神，名曰佛。』此一節未可深據。蓋蔚宗爲宋人，宋時始有『佛』之稱，蔚宗以晉、宋以後之恒言改漢之舊語也。魏收《魏書·釋老志》曰：『張騫還，始聞天竺有浮屠之教。哀帝時，博士弟子口授浮屠經。明帝寫浮屠遺範，又得佛經《四十二章》，緘于蘭臺石室。桓帝時，襄楷言佛陀、黄老以諫。魏明帝徙宫西佛圖。洛中白馬寺盛飾佛圖。「浮屠」正號曰「佛陀」，「佛陀」與「浮圖」聲相近，皆西方言。其來轉爲二音，華言譯之，則謂「浄覺」。』按：魏收此《志》所言甚明，蓋『佛圖』

二字必相連乃成文，其譯爲『浄覺』也。何字爲『浄』，何字爲『覺』？或必相連，或可倒轉，未可知也。而乃但割其上一字，單稱爲『佛』，訓爲『覺』，是浮屠爲教，本兼『浄』『覺』二義，而今但一義，蓋非其本矣。袁宏曰：『佛者，漢言覺。』竊謂單稱『浮屠』爲『佛』，當始于晉、宋之間，北朝亦當在魏、秦之際，故石勒時尚稱澄爲『佛圖澄』，至鳩摩羅什譯經，始稱爲『佛』，殆中國文士所改，非蘭臺舊經本單稱『佛』也。又《魏書》中『沙門』即『桑門』。『桑門』二字切音爲『僧』。『僧』字不古，亦晉、宋人所造也。

六合縣冶山祇洹寺考

嘉慶十二年，余在揚州，入西山酒城拜外祖林榮禄公墓。冶山者，更在西數十里，遂登之。山多鐵，可拾而鎔也。冶山之勢，自西北棠山來，西、北、東三面皆迴抱而虚其中，有二泉自山中出，匯爲溪，南流注於江。其東南之峰，下方而上鋭，有石脈出其下，起爲岡脊，南延數里爲原田，實爲溪之東岸，一在原上，曰『上陳莊』，別有『下陳莊』，更在其南。莊西向，溪經其前。溪之外有近山，山皆卑，迤邐相接，至西南桂子山而止，實爲溪之西岸。立於莊之前，西望近山之外，復有青色遠山，山形正方如屏，與莊相對，夕陽落山外時，嵐黛更濃矣。冶山泉石縈迴，水木清湛，非郡城所有之境也。山口有祇洹寺，寺屋十數楹，甚荒陋，無舊碑記可讀，然可少憩焉。十四年冬，余重入翰林，檢《永樂大典》，見宋紹熙《儀眞志》載唐開元二十三年六合令房翰《祇洹寺碑文》，凡千餘言。碑稱此寺吴始爲象塔，梁以地若祇洹，遂以爲名，宋國公鎮吴州建寺，隋皇爲晉王時立白樓，隋末焚壞，唐開元重建，且有『座飛萬鶴，門結千龍，影殿香臺，雕甍繡柱。三百間邃宇，十八變雲圖』諸語，然則此寺最古，唐時且甚壯麗矣。又碑云八百，人遂以名村，然則『上陳莊』即稱之爲『祇洹村』也亦可。爰考而記之，以告遊斯山者。

重訂天台山方外志要序

余自束髮受書，誦孫興公《天台山賦》，慨然如聞金石聲。嘉慶丁巳，奉命督學浙江，按部至台，既竣事，遊山中，筍輿數十里，出入泉石雲霞閒，飄然有出塵之思。夜宿方廣寺，寺在石梁之上，飛瀑自枕邊瀉落，如驚風涷雨，終夜有聲。次日，曉發遇雨，飛流百道，動與人足相交午。下天姥山，憩清涼寺，登仙遺俗，非徒太白之夢吟也。嘉慶己未，復以巡撫來浙中，以防海事時往來其閒，然碌碌道途，不遑遊覽，所謂一行作吏，此事遂廢矣。今夏，山中各寺僧以松江陳通判韶所録《方外志》求序於余。台山之有專志，始於元之無名氏，其書世已罕覯，《方外志》則明高明寺僧無盡所撰也。錢希言嘗稱其『學識高出道流，所撰山志，甚有禪藻』云。初，乾隆丁亥，僧化霖請於齊息園先生，删益無盡書爲四册，刻板行於世，然體例既不協一，繁蕪猥雜，疑其爲未定之稾。今通判取而訂之，其用心勤矣。元又命錢塘嚴生杰修訂之。嚴生云：『録藝文過繁，山水寺觀反如附録。宜倣宋范氏成大《吴郡志》例，分隸各門，以合比事屬詞之義。』從之。書成，釋靈在繪圖二十有一。靈在住此山中，所繪或得其眞面目，亦從之列於卷首。

蔗查集序

宋寶祐廢城在今揚州城北，唐宋以來之舊城也。通池已夷，峻隅又頹，興廢之感，當與明遠同之。今揚城亦繁富，遊人舟楫所到，僅在平山一隅，若廢城之古木蘭院諸處，非詩人逸客覓句訪古，無遊蹟矣。木蘭院即唐王播題詩處，今名惠照寺。寺有大銕鑊二，又有古銀杏七八株，緑陰夏滿，黄葉秋零，極閒浄荒寒之趣。已故詩僧誦茗者，舊居寺中，所爲詩清微雋永，警悟脱俗。予曩輯《淮海英靈集》，竟未得誦茗詩入録，是余疎漏之咎也。誦茗弟子圓燦以其師《蔗查集》示余，余乃序其詩集，并栞之以廣其傳。圓燦亦能詩善畫。圓燦務致佳弟子能文字禪者主此古院，庶不墮誦茗之教也。

揅經室三集卷五

紀文達公集序

我朝賢俊蔚興，人文鬱茂，鴻才碩學，肩比踵接。至於貫徹儒籍，旁通百家，修率情性，津逮後學，則河間紀文達公足以當之。夫山川之靈，篤生偉人，恒間世一出。河間獻縣，在漢爲獻王封國，史稱獻王『修學好古，實事求是，所得書皆古文先秦舊書。被服儒術，六藝具舉，對三雍，獻雅樂，答詔策，文約指明，學者宗之』。後二千餘年而公生其地，起家甲科，歷躋清要。高宗純皇帝命輯《四庫全書》，公總其成，凡六經傳注之得失，諸史記載之異同，子集之支分派別，罔不抉奥提綱，溯源徹委，所撰定《總目提要》，多至萬餘種，考古必衷諸是，持論務得其平，光稽古之聖治，傳於無窮，準諸獻王之寫定《周官》《尚書》《禮》《禮記》《孟子》《老子》，厥功尤茂焉。國家舉大典禮，恭進頌册，恭和聖製、御製諸作，皆從心所發，雍容揄揚，有穆如之風。公受兩朝知遇，有所疏奏，皆平徹閒雅，爲對揚軌儀。請試士子《春秋》文，以《左氏傳》立論，輔以《公羊》《穀梁》二傳，而廢胡氏《傳》，尤爲有功經學。他所著撰，體物披文，不襲時俗。所爲詩，直而不伉，婉而不佻，抒寫性靈，醞釀深厚，未嘗規橅前人，罔不與古相合，蓋公鑒於文家得失者深矣。公著述甚富，不自哀集，故多散佚。公之孫香林員外，勤爲搜輯者數年，得詩文集十六卷，梓以行世，屬序於元。元以科名出公門生門下，初入都，公見元所撰書，稱許之，自入詞館，聞公議論益詳。蓋公之學在於辨漢、宋儒術之是非，析詩文流派之正僞，主持風會，非公不能。至於此集，雖非公所自勒，然亦足以覘全量矣。

王文端公文集校本跋

王文端師詩文不自以爲重，蓋公所重，在立朝風節也。公薨後，公子堉時收羅雜稿，寄至江西，屬元編刻之。元乃手編爲《葆淳堂集》若干卷，又訂成《年譜》一卷，付之梓。梓成，元匆匆移河南，爰以板寄閩。是時，公子已出守閩郡矣。板中誤字頗多，同門友李許齋賡芸手挍一過，改補之。此李公手挍本也，故跋之。

淩母王太孺人壽詩序

吾友淩次仲，官寧國教授。明年，太孺人壽八十有一，將稱觴於學齋，以書來屬元爲文，書諸屏。元與次仲交久且深，凡以詩爲壽者，元固宜序其事矣。次仲長元七年，合志同方，誼若兄弟，以故知太孺人最悉。太孺人姓王氏，海州舊族。次仲嘗謂元曰：『昔先君子以依親戚自歙客海州，娶太孺人，某兄弟實生於是焉。某六齡而孤，兄年二十有六，貧不能自給。太孺人鬻簪珥，使就塾師讀書，麤記名姓而已。少長，習賈于市，往往爲人所紿。太孺人曰：「汝爲賈而恥與人爭利，恐難成，宜從事于學。然學非蘄爲博士弟子之謂也，必通經立行，爲古之儒焉。且獨學無友，則孤陋而寡聞，吾有汝兄侍養，汝其游四方，就師友以成之。」』於是次仲乃挾書出游，博通經史，善屬文，尤精《三禮》及推步之學。乾隆辛丑，與元訂交於揚州，問學相長，各期束身修行，少有所表見於世，以無忝所生。未幾，次仲入都，翁覃溪先生奇其才，教以制舉業，勉之應試，遂以己酉、庚戌兩榜成進士。次仲例選知縣，投牒吏部，改教授以奉母。是時天下識與不識，無不重次仲之學行者。嗟乎！次仲生東海僻陋之鄉，非太孺人勖之以游，則鬱鬱與駔儈老矣，烏能顯名於天下哉！

癸丑，元奉命視學山東，詣熱河行在。元與次仲同爲王韓城、朱大興兩公所得士，時次仲寓韓城公直廬，元往别焉，公於座中謂之曰：『吾不能强子改冷官，子願之，甚善。且吾亦嘗爲此，然非耐貧不可也。』今次仲之貧如故，而循陔致養，閉户著書，其志趣爲何如？太孺人怡然安之，其德教又何如也？至於疇昔砥厲之言，尚冀始終無負。他日太孺人登期頤上壽，元當躋堂賦詩，爲諸交游倡焉。

里堂學算記序

數爲六藝之一，而廣其用，則天地之綱紀、羣倫之統系也。天與星辰之高遠，非數無以效其靈；地域之廣輪，非數無以步其極；世事之糾紛繁賾〔一〕，非數無以提其要。通天、地、人之道曰儒，孰謂儒者而可以不知數乎？自漢以來，如許商、劉歆、鄭康成、賈逵、何休、韋昭、杜預、虞喜、劉焯、劉炫之徒，或步天路而有驗於時，或著算術而傳之於後，凡在儒林，類能爲算。後之學者，喜空談而不務實學，薄藝事而不爲，其學始衰。降及明代，寖以益微，閒有一二士大夫留心此事，而言測圓者不知天元，習回回法者不知最高，謬誤相仍，莫能是正，步算之道，或幾乎息矣。我國家稽

〔一〕賾，底本誤作『頤』，據甲戌續刊本改。

古右文，昌明數學，聖祖仁皇帝《御製數理精藴》、高宗純皇帝《欽定儀象考成》諸編，研極理數，綜貫天人，鴻文寶典，日月昭垂，固度越乎軒轅、隸首而上之。以故海内爲學之士，甄明度數、洞曉幾何者後先輩出，專門名家則有若吴江王曻闇錫闡、淄川薛儀甫鳳祚、宣城梅徵君文鼎，儒者兼長則有若吴縣惠學士士奇、婺源江愼修永、休寧戴庶常震，莫不各有譔述，流布人間。蓋我朝算學之盛，實往古所未有也。

江都焦君里堂，與元同居北湖之濱，少同遊，長同學。里堂湛深經學，長於三禮，而於推步數術，尤獨有心得。比輯其所著《加減乘除釋》八卷、《天元一釋》二卷、《釋弧》三卷、《釋橢》一卷，總而録之，名《里堂學算記》。書成而屬元序之。元思天文算學，至今日而大備，而談西學者，輒詆古法爲觕疏不足道，于是中西兩家遂多異同之論。然元嘗稽考算氏之遺文，汎覽歐邏之述作，而知夫中之與西，枝條雖分，而本榦則一也。如地爲圓體，則《曾子十篇》中已言之；七政各有本天，與郄萌日月不附天體之説相合；月食入於地景，與張衡蔽於地之説不別；熊三拔簡平儀説寓渾於平，而崔靈恩已立義以渾蓋爲一矣；的谷四方行測，朔蒙氣反光之差，而姜岌已云地有游氣，蒙蒙四合矣。然則中之與西，不同者其名，而同者其實，乃彊生畛域，安所習而毀所不見，何其陋歟！里堂會通兩家之長，不主一偏之見，於古法穿穴十經，研求三數，而折中乎劉氏徽之注《九章》。西法隨事立説，闡其隱祕，而日月五星之果有小輪，與夫日月五星本天之果爲橢圓與不，則存而不論。昔蔡中郎撰《十意》未竟，上言『欲思惟精意，扶以文義，潤以道術，著成篇章』。今里堂之説算，不屑屑舉夫數，而數之精意無不包，簡而不遺，典而有則，所謂『扶以文義，潤以道術』者，非邪？然則里堂是記，固將以爲儒流之典要，備六藝之篇籍者矣。元少略涉斯學，心鈍不能入深，且以供職中外，斯事遂廢。今見里堂成此書，敬且樂焉。吾鄉通天文算學者，國朝以來，惟泰州陳編修厚耀最精，今里堂之學，似有過之，無不及也。

舊言堂集後序

昔陸士衡觀才士之所作而得其用心，良以用心之地觀之實難。靈均以降，大同以前，昭明觀之，可謂審矣。自兹以降，李唐、趙宋，文體變遷，士衡、昭明，非能逆覩者也。學者身處近代，遥隔前徽，享其所素習，屏其所未知，執以一端，蔽夫衆體，何其陋也！吾師烏程孫松友先生，學博文雄，尤深《選》學，摯虞、劉勰，心志實同。夫且上溯初唐，下沿南宋，百家書集，體裁所分，古人用心，靡不觀覽。是以濡墨灑翰，兼擅衆長，不泥古而弃今，不矜今而廢古。曩撰《四六菣話》二十篇，各窮源委，冠以敘文，學者誦習，得研指趣。今哲嗣復裒刻殘稿，爲《舊言堂集》四卷。諸所擬議，咸具兹篇。又其古今體詩，托跡中唐，衷以風雅，文家能事，亦備於斯。元籍列門生，舊被教澤，凡師心力所詣，略能仰見一二，謹爲後序，以諗文家。

緑天書舍存草序

裴山錢中丞，幼勤于學，工於文，孝于節母。余丙午歲入京師，蚤相友善。己酉，同榜成進士，入翰林，登堂拜母，益相愛重。洎余出使在外，裴山直軍機，相見爲稀。及裴山亦出撫粵、楚，遂不相見矣。中間以詩相酬和者頗多，彼此半逸其稿。庚午、辛未間，天子方重用之，而裴山遽以病卒。天子傷悼，故於飾終之典有加焉。裴山有一女曰德容，程太夫人愼于擇壻，松相國譽余子祜于太夫人，太夫人既見祜，甚愛之，曰：『吾早識雲臺，雲臺與吾子善，且祜致佳。』遂締姻焉。太夫人手一囊付祜之母，曰：『此亡兒之詩，需雲臺訂之。』余受而讀之，始見裴山前後數十年詩筆之全。其詩風格清超，性情縝密，粹然想見其爲人。裴山將母至勤，而不盬于王事，可謂泰山之竹，冉冉孤生，朝陽之桐，萋萋盡力者矣。余既爲作傳，復删存其詩，編爲六卷，刊于廣州，畀其嗣子承志，俾世守之。嗟乎！人生聚散，心跡奚可預計哉！當丙午、丁未間，余與裴山居京師，嘗共乘敝車，以文藝相示，俄爲翰林，曷嘗有一言及于外省官，又曷嘗有一言及于兒女子？乃二十七年而裴山卒，又四年而太夫人卒。嗚呼！一星後曙，古人所哀。微雲抹山，賤子何忝。書成酹酒，悲從中來。

存殁之情，結于涕泗矣。嘉慶歲戊寅十月序于羚羊峽舟中。

孫蓮水春雨樓詩序

上元孫君蓮水之詩，蓋出于隨園而善學隨園者也。蓮水從隨園游，奉其所論所授者以爲詩，而本之以性情，擴之以游歷，以故爲隨園所深賞，有『一代清才』之目。而蓮水亦動必曰：『隨園，吾師也。』不敢少昧所從來。謂蓮水之詩非出于隨園不可。然隨園之才力大矣，門徑廣矣，有醇而肆者，亦有未醇而肆者，使學之者不善益其所肆者而肆焉，以爲出于隨園，而隨園不受也。即不敢肆其詞而遺其醇焉，以爲出于隨園，而隨園亦不受也。吾觀蓮水之爲詩，清麗有則，唐人正軌也。且不苟作，不多作，意必新警，語必遒峭，一字未安，吟想累日，所以性情正而詞氣醇，與其肆于詩之外，無寧有所蓄於詩之中。吾固曰：『此唐人正軌，而善學隨園者也。』乾隆乙卯春，予識蓮水于歷下，同爲蓬萊觀海之遊。嘉慶己未冬，又同爲武林之遊，詩中蹤跡略可見。壬戌夏五，蓮水歸秣陵，訂《春雨樓詩》，爲書數語于卷首。秣陵山水，清麗而壯，予不見之久矣。今春雨樓中，詩境相似，爲掩卷凝思者久之。

福謹案：蓮水，名韶。

華陔草堂書義序

今平湖令尹嘉定李同年許齋，早年以經術名於江南，及從錢辛楣前輩遊，盡得其學，經史文辭，披華擷實，六書九數，靡不綜覽。乾隆丙午秋，朱石君師典試江南，合經策以精博求士，於是平湖以第四人中式，元以第八人中式，相見于春明，性情學術，契若兄弟也。庚戌，石君師總裁會試，會元既定，擬之曰：『此似江南李許齋。』及揭曉，拆封自第六人始，平湖寔第六人，大嗟訝，繼拆第一人，乃歙朱蒼楣文翰，蓋蒼楣亦以經史爲根柢[一]，兼工漢、晉古文，酷似平湖者。吾師之所以取士，吾友之所以受知，皆於書義中具見全量。然則平湖之全量不可以書義盡之，實可於書義見之矣。平湖事母孝，出爲孝豐、德清、平湖三縣令，以潔白養政，聲聞都下。《毛詩序》曰：『《南陔》，孝子相戒以養也。《白華》，孝子之潔白也。』斯文有焉。且讀斯文者，當知寓經疏史志于明人法律之中，爲近時獨闢之徑，未可以尋常程式比也。

[一] 柢，底本誤作『抵』，據甲戌續刊本改。

王柳邨種竹軒詩序

予昔聞翠屏洲王君名久矣。歲丙寅、丁卯間，相遇于揚州，讀所著詩，驚異之，心爲之下。既乃爲翠屏洲之遊，洲在焦山北岸，桃柳數萬株，襍之以竹，人跡罕至，江潮到門，置詩人於此間，安得不異？於是相與選訂本朝詩集于曲江亭上，此《江蘇詩徵》所由昉也。此後，予馳驅南北，別數年，復以癸酉春相會于楊子江上，同訂《詩徵》，已四千餘家。王君復出《柳邨詩選》，屬序之。予軍艘轉運畢，迴舟泊高（明）〔旻〕寺，夜雨瀟瀟，春鐙搖焰，讀是詩至子夜，歎其體裁正，情性眞，才雄氣静，將擬之古人，其靖節耶？明遠耶？正字、摩詰耶？嘉州、蘇州耶？抑子美、太白耶？將毋同。復於晚唐後擬之，無相似者。夫乃歎其洵有異于時俗之所爲也。王君身處蓬茅，名滿海內，布衣而老，必爲傳人。是集亟當刻板，以貽同志。王君子名屋，年尚幼，已工詩，有佳製，曷附録數詩于集後，以誌家學。

邗上集序

元曩輯《淮海英靈集》《揚州圖經》，翻閱各家詩集，于邗上事蹟特詳，未嘗不歎風氣人物，園池觴詠，每藉當時名家别集，疊見側出，掩卷凝想，如將見之。明代、國初不具論，近年馬氏玲瓏山館，材力非甚饒健也，徒以聚書好客，扶助風雅，迄今家貧書散，而故宅瓌瓏一石，猶得歌于松嵐觀察詩集中，餘可知矣。觀察工詩善書，甲子、乙丑間，僑居揚州，勒所得詩爲一卷，曰『邗上集』，體格藴藉如漁陽。在揚州時，相遇之客則有若吴穀人、胡西庚、洪稚存、方子雲、王惕甫、樂蓮裳諸君子，遊讌之地則有若篠園、康山、休園、白沙、翠竹、江村各園亭，相主之人則有若沈既堂、江子屏、楊竹廬、江文叔諸舊家。詩之以邗上而得歟？抑邗上之得人詩也？余故幸邗上不甚陋，尚得屢見于各家之詩，甚且以此專勒集名也。

福案：觀察劉大觀，邱縣人。

惜陰日記序

《漢書》云：『脩學好古，實事求是。』後儒之自遁于虚，而争是非于不可究詰之境也，豈河間獻王竟逆料而知之乎？我朝儒者，束身脩行，好古敏求，不立門户，不涉二氏，似有合于『實事求是』之教。仁和宋氏咸熙，潛修力學，丙辰、丁巳間，助予纂集經詁，在精舍中爲前一輩學者。嘉慶辛未入都，以所著《惜陰日記》相質。其間考訂經史古籍，皆據實以求是，非沈篤澹雅之才，能若是乎？

存素堂詩續集序

時帆先生詩《前集》，元爲之刊於杭州，收入靈隱書藏。《後集》未挍刻，而先生卒。先生子中書桂馨，以稿寄江西屬訂，而桂馨又卒。迴憶二十餘年交誼，傷悼不已。念先生具良史才，主持詩派，衷于雅正，足爲後學之式。平生學問交游，敦篤靡已。元雖勞于積牘，感先生之誼，亟爲挍閱付刻。其《年譜》一卷，乃先生子録寄雜稿敘成者，亦加删定，附于《續集》之首。

福案：時帆，翰林學士法式善。

是程堂集序

予於浙西見文筆三人，曰陳白雲，曰查伯揆，曰屠孟昭。白雲文筆清古拔俗，伯揆則宏麗矣，孟昭學于白雲而友于伯揆，故其風骨文采，出于其閒，年雖少而波瀾老成，三人皆館閣才也。乃白雲以進士授知縣，伯揆不願舉進士，以舉人就知縣，孟昭成進士、入翰林矣，復改知縣。所治之縣，各著循聲。是天將使其循良之政，早及于民，不徒以文學掩壯年歲月也。儀徵，吾邑也，地處大江之濱，北接淮河，繁劇難治。孟昭領此邑，裕如也。邑累于税，孟昭自除之。邑有難獄，孟昭力斷之。邑民貧且惰，孟昭以木棉、蠶桑、耕織爲教，而民化之。邑有鹽梟日益横，孟昭聚武士擒治之。民間頌聲日騰，達聞于遠方。其政成矣，而其文筆復裒然成集。知不以政廢其學，且其所以爲學者，即其所以爲政也。余早識孟昭之才與學于吴山讀書之時。余雖抗顔，然今邑民也，知其循政，親切不誣。兹序其集，在于甲戌。自今以往，政績文學懋勉益上者，當與年俱進，烏得以此百里地、十四卷書衡量之耶？

福案：孟昭，名倬。

徐雪廬白鵠山房集序

昔張楊園先生幼孤貧，受業于其母。母召之曰：『孔、孟祇兩家無父兒也！』是以既長而得蕺山之傳。自古孤根危露，得母節激厲而成其學者多矣！豈非席豐者易淪于草木，貞[一]苦者可

[一] 貞，甲戌續刊本作『自』。

勒于金石哉？武康徐雪廬孝廉，予昔一覽而異其才，既而屢試之，知其幼被賢母苦節之教，是以行誼文筆卓然有成。其詩矢正音而持雅裁，清遠峻潔，不移于俗，駢體文得齊、梁、初唐之遺。交遊既廣，乃莫不知爲賢母之子，克自樹立，無忝所生者。予昔所以試雪廬者在文筆，兹序其集，豈在文筆哉？束廣微《補詩》曰：『白華朱萼，被于幽薄。』予爲雪廬誦之。

福案：雪廬，名熊飛。

郭書屏鶴井集序

余在浙，與守令言民事，無暇言詩文。然守令中有學者，未嘗不知之，鄞縣令郭君可典（文誌）其人也。鄞爲海疆，劇於海寇，郭君拊之，多循聲。郭君閩中進士，予每令其鞫海中閩盜，悉知其鄉語，以故鞫盜甚多，得其情，無酷枉者。余考績卓異，薦之。其先爲海上汎舟之役，近乃奉總督檄采銅於滇。夫渤澥之大，昆池之遥，極其遊矣。所爲詩，爾雅眞摯，實事求是，亦足以紀其所遊，鵬之所摶，鶡之所徙，乃可以擬之，『鶴井』云乎哉？

靈芬館二集詩序

靈均之騷，類性體物，無所不有。唐宋人詩，各成流派，即以爲同出于騷，亦無不可。吾讀《靈芬館詩二集》，而益有悟于此。吴江郭君頻伽，臞而清，如鶴如玉，白一眉，與余相識于定香亭上。其爲詩也，自抒其情與事，而靈氣滿天，奇香撲地，不屑屑求肖于流派，殆涘于騷者乎！或惜其久試未第，惟以文得名，予曰：『不然。新、舊《唐書》列傳夥矣，全唐人詩亦夥矣，予未見繙讀《唐書》之人多于繙讀全唐人詩之人也。然則亦各蘄至于不朽滅而已矣，何惜焉？』郭君廣涉歷，喜交游，山川芳草，所助者實多，所爲古文辭，雅潔奥麗，有古人法度；所填《蘅夢詞》《浮眉樓詞》，清婉穎異，具宋人正音，卓然名家，久爲王蘭泉、吴穀人諸先生所推重。殆亦乞靈于騷而揚其清芬者歟？

福案：頻伽，名麐。

畫舫録序

《揚州畫舫録》十八卷，儀徵李君艾塘所著也。揚州府治在江、淮閒，土沃風淳，會達殷振，翠華南巡，恩澤稠疊，士日以文，民日以富。艾塘于是綜蜀岡、平山堂諸名勝，園亭寺觀、風土人物，仿《水經注》之例，分其地而載之。以上方寺至長春橋爲《草河録》，以便益門爲《新城北録》，以北門爲《舊城北録》，以南門爲《城南録》，小東門爲《小秦淮録》，分虹橋外爲《虹橋》上、下、東、西四録，分蓮花橋外爲《岡東録》《岡西録》《蜀岡録》，共十六卷。別紀《工段營造録》《舫扁録》二卷。凡郡縣志及汪光禄應庚《平山堂志》、程太史夢星《平山堂小志》、趙轉運之璧《平山堂圖志》所未載者，咸紀於此。或有以楊衒之、孟元老之書擬之者。元謂楊、孟追述往事，此録則目覩昇平也。或有疑其采及瑣事俗談者，元謂《長安志》敘及坊市第宅，《平江紀事》兼及仙鬼詼諧俗諺，此史家與小説家所以相通也。且艾塘爲此垂二十年，考索于志乘碑版，咨詢于故老通人，采訪于舟人市賈，其裁製在雅俗之閒，洵爲深合古書體例者。元受讀而服其善，因序其略，俾知吾鄉承國家重熙累洽之恩，始能臻此盛也。

福謹案：李君，名斗。

王竹所詞序

詞人之作小令，以五代十國爲宗。守其派者，有晏氏父子、歐陽公、張先、秦觀、賀鑄、毛滂諸人。慢曲以清眞、白石爲宗，沿其流者，有吴文英、張炎、盧祖皐、高觀國、王沂孫、周密、蔣捷、陳允衡諸人。自元、明以來，傳染《草堂》結習，而《花間集》《樂府雅詞》《絶妙好詞》諸書之遺意，莫或窺尋，無怪乎詞學之不振也。王子竹所涘於詞，三十年前即以之名大江南北，兹復手自删訂，埽去骫骳從俗之作，其所存者，小令則寓穠纖於簡厚，慢曲乃如溪流溯風，波紋自行，而泠光翠色，一望演漾不可盡，蓋於四聲二十八調中，獨得唐宋人精髓。涘於此者，乃知其爲必傳也。

福案：竹所，名初桐，太倉人。

羣雅集序

昔歸愚宗伯訂《别裁集》，謂王新城執嚴滄浪之意，選《唐賢三昧集》，而于少陵鯨魚碧海或未之及，此宗伯獨親風雅之旨。其實新城但丁《三昧集》持此論耳，其裁僞體與宗伯固無岐趣也。近今詩家輩出，選録亦繁，終以宗伯去淫濫以歸雅正爲正宗。與其出奇標異于古人之外，無甯守此近雅者，爲不悖于《三百篇》之旨也。丹徒王君柳邨之論詩也，以宗伯爲歸。近日數大家聲氣炫赫之時，王君獨去之若浼，抱殘守拙，以爲吾恐其言之或非雅也，以故伏處大江金、焦兩山之北渚，而交遊亦幾偏于海内。用是著録《國朝别裁》以後諸家之詩，積成卷袟，名之曰《羣雅集》，即以歸愚宗伯居首，雖爲先輩友人録其著作，而編詩大恉亦即在是。蓋已汎濫于宋、元諸家及明嘉、隆前後之蹊徑門户，而折衷而得所歸焉，又何慮近時門逕之少有出入者乎？王君以未定之草示元，屬元爲序。元將入覲，馬首戒途，匆遽未偏讀，而其大旨已得覽之，乃爲之序。

重刻宋本太平御覽敘

《太平御覽》一書，成于太平興國八年。北宋初，古籍[一]未亡，其所引秦、漢以來之書，多至一千六百九十餘種，考其書傳于今者，十不存二三焉。然則存《御覽》一書，即存秦漢以來佚書千餘種矣，洵宇宙間不可少之古籍也。惜世所行者，自明人刻本外，鮮有善册。吴門黄蕘圃主事，有刊本三百六十六卷，乃前明文淵閣宋刻殘本，又五百廿卷，亦依宋鐫所抄，其餘缺卷，並從各家舊抄過録。予乙丑、丙寅間在雷塘庵，取明黄正色本，屬友人密加讎校，知黄本顛倒脱落，至不可讀，與明活字板相似，其偏旁之譌，更無論矣。且彼本妄據彼時流傳經籍，憑臆擅改，不知古書文義深奥，與後世判然不同，淺學者見爲誤而改之，不知所改者反誤矣。或其間實有宋本脱誤者，但使改動一字，即不能存宋本之眞，不能見重于後世，故余所讎挍者，以全依宋本、不改一字爲主。今此

［一］籍，底本作『藉』，據甲戌續刊本改。以下本篇中徑改，不再出校。

刻本，又皆全依余所校者付梓，且精挍再三，不滋舛脱，足使藝林稱快，後世委心，古籍古人，皆藉是更垂不朽矣。

郝户部山海經箋疏序

《左傳》稱「禹鑄鼎象物，使民知神姦」。禹鼎不可見，今《山海經》或其遺象歟？《漢書·藝文志》列《山海經》于「形法家」，《後漢書·王景傳》「明帝賜景《山海經》《河渠書》以治河」，然則是經爲山川輿地有功世道之古書，非語怪也。且與此經相出入者，則有如《逸周書·王會》《楚辭·天問》《莊子》《爾雅》《神農本草》諸書。司馬子長于《山經》怪物不敢言之，史家立法之嚴，固宜耳。然上古地天尚通，人神相雜，山澤未烈，非此書，末由知已。郭景純注，於訓詁地理未甚精徹，然晉人之言，已爲近古。吴氏《廣注》，徵引雖博，而失之蕪襍。畢氏校本，于山川考校甚精，而訂正文字尚多疎略。今郝氏究心是經，加以箋疏，精而不鑿，博而不濫，粲然畢著，斐然成章。余覽而嘉之，爲之栞板以傳。郝氏名懿行，字蘭皋，山東棲霞人，户部主事，余己未總裁會試，從經義中識拔實學士也。家貧行修，爲學益力，所著尚有《爾雅疏》諸書。蘭皋妻王安人，字瑞玉，亦治經史，與蘭皋共著書于車鹿舂廡之間，所著有《詩經小記》《列女傳注》諸書，于此經疏並多校正之力，亦可尚異之也。

宋本附圖列女傳跋

此圖當分别觀之。余嘗見唐人臨顧愷之《列女傳圖》長卷，其中衣冠人物，與此圖皆同。若衛靈公所坐之低屏，漆室女所倚之木柱，顧圖中皆有之，絶相似，否則，誰能畫柱爲枯株之形也？觀其宫室樹石，如《孟母圖》中書院之類，或有宋人所增，然即此尚可見宋屋之形。至于人物鐙扇之類，定爲晉人之筆無疑，且恐晉人尚本于漢屏風也。

杭州紫陽書院觀瀾樓記

康熙四十二年，浙江鹽法道高公熊徵創建紫陽書院於杭州省城紫陽山下，有詩十二章分詠其地。今之聽事北向者爲樂育堂。堂後高屋三楹，拾級乃登者爲五雲深處。折而東有池，廣一畝，湛然清深，曰春草池。池上水閣南向，今名淩虚者曰南宫舫，東向者曰簪花閣。池南有山如重巘，山之空明處皆南宋人所抉剔，曰别有天，曰尋詩徑，曰巢翠亭，曰螺泉，曰鸜鵒石，曰筆架峰，曰垂釣磯。鸚鵡石側之校經亭，爲元所建。山之最上者曰看潮臺，臺久圮。嘉慶八年，都察院巡鹽使者延公，因書院生徒日多，附課者皆給以膏火之資，席不敷坐，乃建高樓五楹以冠此山，移樂育堂朱子栗主祀於樓下，祀魁星於樓上，藉爲生徒藏修息游之地，本孟子之義，名之曰觀瀾樓。斯樓處山之顛，俯視城市，萬屋鱗次，長江如帶，環曲於外。若其風日流麗，波濤不驚，越山清遠，澄流東下，有足觀者。又若潮汐自海亹騰駕而來，雲馳雷動，震疊心神，發皇耳目，更有足觀者。然則學者觀瀾之術可知矣。觀于海者難爲水，游聖門者難爲言。聖言莫大於孔子，海瀾莫大於浙江。善乎趙岐之言曰：『所覽大者意大，觀小者志小。』朱子之言：『聖道大而有本，學者漸乃能至。』生徒之登斯樓者，莫不志於大道，成章乃達。教生徒以學者，亦將操此術於盈科之流水以觀之矣。使者名延豐，滿洲人，家世甲科，卹商愛士，使浙四年，多惠政。書院院長王君，名宗炎，蕭山進士，深於經術，學行醇厚。生徒三百二十有八人。董斯工者，教官楊秉初、丁治。時五月朔甲午。

諸城劉氏族譜序

《禹貢》曰：『海、岱惟青州。』諸城在漢爲琅邪郡，今屬青州，故乾隆二十一年宰相劉文清公以翰林視學安徽，賜詩有曰『海岱高門第』也。嘉慶十九年，諸城劉氏共修族譜成，以前明（宏）

〔弘〕治由碭山遷諸城之祖爲始祖，迨今三百二十餘年，傳十四代，列表者八百二十一人，誌其祠墓，記其遷徙，井然秩然，何其愼也。劉氏之望，二十有五，漢唐以來，將相名人，不可勝數。今諸城譜謂『碭山以上不可稽』，不妄推世系，又何愼也。《唐書·宰相世系表》以宰相著其姓，今諸城文正、文清兩公非徒爲宰相，且爲賢宰相，天下仰之，族譜不因宰相而修，而賢相更足立族譜之望。嗚呼！此聖翰所以特許爲『海岱高門第』也。烏有先帝已推高門第，而猶不本老泉《族譜序》意，亢宗睦族、奠系分房者乎？是譜之修，非止世家之乘，且裨國史之表，誠不可緩于今日矣。元爲文正公門生門下之士，文清公亦爲館師，今大司農又同榜進士也。大司農以譜屬元爲序，元不敢辭，敬書大義，僭附卷末云爾。

岱頂重獲秦刻石殘字跋

泰山秦李斯石刻，僅存二十九字。乾隆初年，碧霞宫火，石失，世間拓本最可寶貴。故余以舊拓本合漢延熹《華山碑》，同摹刻于揚州北湖也。嘉慶二十年，前任泰安縣常熟蔣君因培在岱頂玉女池水中搜得殘石二，尚存『斯臣去疾昧死臣請矣臣』十字。新搨清朗如故，洵爲快事，後之攬者，當有感焉。

葵考

葵爲百菜之主，古人恒食之。《詩·豳風》《周禮·醢人》《儀禮》諸篇，《春秋左氏傳》及秦漢書傳皆恒見之。《尔雅》于恒食之菜不釋其名，爲其人人皆知也。故不釋韭、蔥之名，而但曰『藿山韭』『茖山蔥』。《尔雅》不釋『葵』，其曰『菟葵』『芹葵』『戎葵』『蔠葵』，皆葵類，非正葵，亦韭、蔥之例也。六朝人尚恒食葵，故《齊民要術》載種葵術甚詳，鮑照《葵賦》亦有『豚耳鴨掌』之喻。唐宋以後，食者漸少。今人直不食此菜，亦無知此菜者矣。然則今爲何菜耶？曰：古人之葵，即今人所種金錢紫花之葵，俗名『錢兒淑氣』即『蜀葵』二字，吴人轉聲。者，以花爲玩，不以葉充食也。今之葵花有四種：一向日葵，高丈許，夏日開黄花，大徑尺；一蜀葵，高四五尺，四五月開各色，花大如杯。此二葵之葉皆粗澀有毛，不滑，不可食，惟金錢紫花葵及秋葵葉可食，而金錢紫花葵尤肥厚而滑，乃爲古之正葵。此花高不過二尺許，花紫色，單瓣，大如錢，葉雖有五歧而多駢，誠有如鮑明遠所謂『鴨掌』者，異于秋葵之葉大多歧不駢如鶴爪也。《齊民要術》稱葵菜花紫，今金錢葵花皆紫，無二色，不似蜀葵具各色、秋葵色淡黄也。《左傳》云：『葵猶能衛其足。』杜預注云：『葵傾葉向日，以蔽其根。』曹植《表》云：『若葵藿之傾葉，太陽雖不爲之迴光，然向之者誠也。』《玉篇》云：『葵葉向日，不令照其根。』此皆言葵之葉能衛其根，即葛藟庇本根之義，非言其花向日自轉也。藿爲豆葉，豆之花亦豈向日而轉哉？予嘗鋤地半畝，種金錢紫花之葵，翦其葉以油烹食之，滑而肥，味甚美。南中地暖，春夏秋冬皆可采食，大畧須地肥，而葉嫩大如錢，乃甘滑。《儀禮·士虞禮》稱之曰『滑』者以此。又余嘗登泰山，其懸崖窮谷、曲磴幽石之間，無處無金錢紫花之葵，皆山中自生，非人所種，山中人采其葉烹食之，但瘦耳。然則世人雖久不食之，而名山古地，尚有留存者矣。《説文》云：『藿，豆之少也。』余嘗種豆，采其葉苗食之，味亦美。葵葉之味，與藿正相似，益可知古人葵、藿並舉之義。秋葵葉嫩，時亦可食，但此與葵性相近，終非正葵。葵之花開于夏，此則至秋始開，其葉不能四時常可種食耳。

化州橘記

按志：橘紅出化州者佳。化州四鄉多橘，以城内者爲佳。城内多橘矣，以及聞州衙譙鼓者爲致佳。及聞鼓之橘多矣，以衙内蘇澤堂前者爲致佳。蘇澤堂前秖兩樹矣，尤推賴氏園中老樹一株爲致佳。老樹久枯，其根下生新樹，今數十年，高丈許，故復稱老樹。賴氏守此，世爲業，買者就樹摘之，以示其眞。花多實少之年，一枚享千錢，雖官不能攫之。園中近老樹者數十株亦佳，然惟老樹皮紅，有白毛戟手，香烈而味辛，識者入手能辯之。夫蘇澤堂橘，官物也，徵之者多，則州牧不暇給。長官若買之，則官不受價，否則攫而已。予于庚辰十一月過州，知賴園之橘可買也。命僕人入園訪老樹，賴叟曰：『老橘賣已盡，惟零丁數枚矣。』即以數千錢摘之。賴叟其古橘中人歟？或云化城多蒙石，蘇澤堂當石上，而賴園老樹根下蒙石之力或更巨，物性所秉，或亦然歟？

自鳴鐘説

自鳴鐘來自西洋，其制出于古之刻漏。《小學紺珠》載薛季宣云：『晷漏有四，曰銅壺，曰香篆，曰圭表，曰輥彈。』元謂『輥彈』即自鳴鐘之制，宋以前本有之，失其傳耳。西洋之制器也，其精者曰『重學』。重學者，以重輕爲學術，凡奇器皆出乎此，而其佐重學以為用者曰輪、曰螺，是以自鳴鐘之理則重學也，其用則輪也，螺也。古漏壺盛水，因漏滴水，水乃漸減，遂以爲輪之轉運，是水由重而漸減爲輕也。自鳴鐘以鐵爲卷，置銅鼓之中，捩之使屈其力，力由屈求伸，亦由重而漸減爲輕也。鐘凡二鼓，一鼓以記時，一鼓以擊鐘。記時之箭外纏綆，以奪弟二塔輪之力。塔輪者，形如卧塔，所以受綆也。塔輪奪弟三中心輪之力，記時之鍼，管乎中輪。中心輪奪弟四直輪之力，直輪奪弟五齒輪之力。若齒輪無物以節之，使齒聲其數以漸退，則各輪之力不勝鼓中鐵卷之力，耆然立解，其綆頃刻已盡，而其卷亦驟伸矣。故有懸鎚往來搖動，藉以節之，與齒輪之齒相應，齒輪漸退，則四、三、二輪亦遞退，綆漸解而卷漸伸也。擊鐘之筩外纏綆，以奪弟二塔輪之力，塔輪奪弟三擊輪之力。擊輪者，外管擊齒，内樹杙以動鐘鎚。弟三擊輪奪弟四鳥頭輪之力，弟四鳥頭輪奪弟五小輪之力，弟五小輪奪弟六風輪之力，若無風輪，使其力少重而滯于轉，則其擊鐘也甚速無節矣。擊鐘之鼓，其機亦管乎時輪，時至則擊齒卸，而鼓中鐵卷之力伸矣。伸少者擊少，伸多者擊多，擊畢則齒礙而關其力，以待後時。或以二鉛錘代鐵卷之力，則無兩鼓，其爲重學也益明。兩鼓各輪皆合于二銅版，其合也，皆螺釘之力，其轉也，皆輪之力。究其塔輪與鐵卷，亦皆螺旋也。綜其理，皆由重以減輕，故曰『重學』也。此制乃古刻漏之遺，非西洋所能刱也。

清遠峽記

踰庾嶺而南至清遠縣，凡南雄、韶州、連州之水，皆匯流過清遠峽，始至三水縣南趨于海。此峽兩山相對，水出其間，峽北有飛來寺，立寺門，與隔岸人可呼而相與語，甚狹也。然而三郡千里之水，舍此無由入海。觀其曲折夾束貫行之勢，亦奇矣。若水舍此而别有所由，則此間計惟數十畝平田耳。指寺前叱犢之地，謂爲古揚帆之地，誰其韙之？凡水分流有二者，最易留其一，塞其一。此峽之上，古無分流，故千古不塞也。又安知古亦有二流，已塞其一，而留此一也？三江者，

《禹貢》所著也。南江在今蕪湖以上,《漢書·地理志》《水經注》皆有分江水,豈誑後人耶?今塞耳。或人疑池州、寧國之間皆山,無古江之故道,此未多歷地形也。余歷地所見,如清遠峽最狹者有二焉,一則浙江桐廬縣之七里瀧,一則廣東高要縣之羚羊峽。此二山行水之地形,皆與清遠等,而羚羊峽過廣西一省之水爲尤巨,豈可足未藹于衆山之中,而遽斷其爲無是哉?

新建南海縣桑園圍石工碑記

南海縣之西南有西樵山焉,勢高而基厚,連綴甘竹、飛鵝各小阜,盤礴數十里,西北兩江之水所共抱而洩海者也。此山古必居海潮中,數千年兩江泥沙附山而渟,漸渟漸廣,山之距水亦漸遠,于是始有田。田患大水之浸,于是北宋以後,始圍以隄,始有『桑園圍』之名。田之未圍隄也,大水浸之,則泥沙加積焉,一年積二三分厚之泥沙,百年即高一二尺厚之田地。自有隄而田無水患,地亦不復加高。然而順德、香山、新會下游之海變爲田者,愈久愈多。下游之田既多,則上游兩江浩瀚之水難速洩。以難速洩之水,抱不復加高之田,水高田低,且以不堅之隄捍之,烏能不險而潰哉?國朝以來,屢經修築,以衛民生。溯宋、元、明,事載前碑誌,不具述。余于嘉慶二十二年冬初莅粵,是年夏,水決三丫基,民命、田稼,所傷實多。察知歲修資少,乃籌庫資發商生息,歲得銀四千六百兩以濟之，然終不能無大患。南海人伍元蘭、伍元芝兄弟並官刑部郎，捐銀六萬兩，新會人盧文錦前官工部郎，捐銀四萬兩，請于險處皆建石隄以障之。其險者如三丫基、禾叉基、天后廟、大洛口、吉贊横基諸處，隄上用條石疊之，隄坡、隄根用磈石護之，共疊石一千六百餘丈，護石二千三百餘丈。始斯役者，南海令仲振履。終斯役者，南海令吉安。躬斯役而勞心力者，佐貳顧金臺、李德潤，舉人潘澄江、何毓齡等。

二十五年，工成，用銀七萬五千兩，餘銀還之三部郎，三部郎不願復受，請以濟三水縣隄及公事之用。夫桑園圍内數十里如一小邑，隄若潰，則順德、龍山諸地兼受其衝，伍與盧無田廬在其中，乃捐銀至十萬之多，志在保障，可謂好義而樂善者矣。是役也，工鉅用多，不可不奏而行。二十四年，元會同撫部奏，奉旨允行。道光元年，以工竣奏，且請照禮部建坊例，獎伍、盧以坊，題欽定『樂善好施』四字，奉旨又允行。余閲水師出虎門，歸過順德，歷斯圍各險處勘其工，謁海神廟致禱焉。且誡圍中各堡紳士耆老等，自兹後歲逢大水，土隄之薄者厚之，低者崇之，漏者塞之，石隄之壞者增之脩之，磈石之卸者增之壘之。官士請樹碑以記其事，書此付之，庶幾此一方永臻安定焉。

恩平茶阬硯石記

嶺南恩平縣南廿餘里，溪盡處入山，又廿餘里，有巖曰『茶坑』，産異石。嘉慶初，山民始掘之，持至端州，端州硯工見之，曰：『此非吾端石，何佳乃爾？』于是端州工始采爲研，以冒端州石。端州老坑石幾盡，阬閉不復采，今采者，新阬耳。新阬有魚腦、青花、火捺、鸜鵒眼諸色，與老阬同。恩平石無魚腦、青花，而石中有黄龍、火捺、緑眼，又多緑脈，或縱横相交，此則端巖所少矣。端州新阬潤而滑，不發墨，恩平石雖不及老阬，而發墨勝于新阬。端州之石割于洞，故石外無皮，製硯者必削其磽确，使中規矩。恩平石則天成橢、扁、三角等形，積萬小石，戴土成大巖凷，凷碎泐不相連屬，采之者如拆壁掘地而得甎，或重數十觔，或重數十兩。石外有皮色裹之，或黄如霜葉，或紅如榴皮，如燕支，或緑如蕉葉，如苔錢，如荇帶，如蛛絲，或皺如松皮，或斑如虎皮，或青緑如古彝器。剖之，其中或有黄龍紋如氣水之流，或有緑紋如繩線之結，或青緑數層相疊，種種形色，與端巖大異。而硯工必盡去其異者以冒端巖，故二十年其名未顯。余近知此石佳，惜其久冒端巖，而不自立名也。爰命硯工買石，留其形色而琢爲硯，且記之。

福謹案：泐，《説文》解爲『水之理』，非石裂也。而《考工記》曰『石有時以泐』，則『泐』字似有裂意。今觀各坑石，一大塊之中復有文理，順其理擊之即裂。研工指之曰：『此水線也。凡石皆有水線，石久即裂，裂必從水線之理。』由此可證《考工》《説文》互明之義。

蘇文忠公詩編注集成序

余從韓桂舲大司寇獲識仁和王君文誥於嶺南。王君學識淹通，深於史，所撰《蘇文忠公詩編注集成》尤精博，匪特聚百家爲大成，更可訂元修《宋史》之舛陋。余於接席間，歷扣王君致力於蘇詩之處，王君曰：『蘇詩編年注，不始於施德初與顧禧也。當元豐間，坡公遷黄，彭城陳師仲爲編述密、徐二郡所作古律以寄，事載《東坡集》中。今王龜齡《集注·姓氏録》「彭城陳師道」後載有「陳希仲」，以其注内「劉共父」或稱「洪父」，「張敬夫」亦稱「欽夫」例之，是「希仲」註即「師仲」也。其後坡公北歸，有《前後集編年註》，則趙次公、宋援、李德載、程縯四家也，李敬齋載在《古今黈》，謂之「四註本」。繼有林子仁者，復附益之，改「四註」爲「五註」。考子仁於政和中賜號高隱處士，而自政和上溯建中靖國，僅一十七載，註已兩刊。德洪親見黄魯直，而謂坡公海外詩中朝士大夫編集已盡，可爲崇、觀時刊行四註、五註之證。是編年註出於北宋者也。

次公同時有趙夔者，嘗知榮州，納交於叔黨，別創爲分類註，垂三十年而刊於紹興之初，自鳴一家。復有師民瞻、任居實、孫倬、李堯祖四家，接踵於後，其爲體例，一本於夔，而取編年、五註並納入之，是爲八註、十註。《庚溪詩話》載乾道初梁叔子入對，阜陵謂「近有趙夔等註軾詩甚詳」。而龜齡《集註·序》則云：「舊得八註、十註。」考夔序，其詩分五十類，自爲單行，與編年、五註各不相牟，乃刊定後，閱三十五年而阜陵目爲「趙夔等註」，此即夔註、五註並入八註、十註之證，夔序仍以分類弁首，故云「趙夔等」也。龜齡《集註》實由八註、十註推廣。今編年、五註猶有存者，檢對龜齡《集註》，其入選者十有六七，亦惟此十家註獨賅備，與龜齡增輯諸家繁簡懸殊，此是十家分合，具可考也。龜齡在隆興朝力持國是，阜陵方倚爲用，其不及《集註》者，龜齡亦僅有此八註、十註而已。迨至乾道，漸知諸將不足用，於是一力請外，專以及民爲務，而其排纂亦在此時。以阜陵不及《集註》考之，是書成後六年矣。呂伯恭廣夔註爲七十八類，龜齡實主呂本，故《集註》亦七十八類，載入《姓氏録》「伯恭」名下，而夔之分類亡。今其序猶存，而與《集註》分類不符，由於此也。龜齡《序》又云：「自八註而十，自十註而百，均之百人。」此又八註、十註積累至百之證。計其所均之人，列門牆預後進者，爲黄魯直、陳無己、秦少儀、潘邠老、王直方、劉無言、曾公衮、晁沖之、韓子蒼、李商老、潘仲達、蘇養直、釋祖可；出魯直西江派者，爲謝無逸、洪朋、高子勉、楊信祖、夏均父、何人表、洪芻、饒德操、李希聲、謝幼槃、徐師川、洪炎、汪信民、釋巽中；流入播遷號耆舊者，爲王性之、汪彦章、林敏中、吕居仁、王長源、江端本、元不伐、林子來，通計北宋註，可知者四十七家。南渡，傳聞學者爲劉子翬、黄通老、陳體仁、汪聖錫、龔實之、胡邦衡、劉共父、張南軒、吕伯恭、甄雲卿；登朝籍及閒放者，爲張孝祥、汪養源、吴明可、馮圓仲、芮國器、胡元任、鹿伯可、陳少章、王壽朋、葉飛卿、丁鎮叔、孫彦忠、項用中、葉思文、喻叔奇、王百朋、張器先、傅薦可，通計南宋註，可知者三十一家。此編年累改爲分類，匯爲《集註》之大略也。

施德初登張孝祥榜，龜齡出五載，始入爲著作佐郎，其與顧禧爲《編年註》，應在淳、紹之時。據陸游原序，概論作詩事實，而下云「德初絶識博學」，係指題下施註紀事，又謂「助以顧禧該洽」，係指句下顧註徵典。紀事引本集、欒城史傳，不載出處，徵典引經、史、子、集、外藏，悉載出處，顯屬二手。卷端施氏、顧氏以次標列，亦可與序參證。卷中疵議趙夔、程縯等註，輒曰「舊註」，而於次公間一標名，其編年依仿五[一]註，亦見施、顧所因。又凡原引經史正義已盡則避去，佐以別載，此緣施、顧不時繙檢五註、十註，是以相爲表裏，所在符合，其體段概可知矣。施宿爲餘姚令，乞序於游，至嘉定付刊，已較《集註》後出三十五年。凡刊五十五年，至景定而曼漶。鄭羽爲淮東倉，汰其字大小七萬一千五百七十七，計一百七十九版。自此流入元、明，無復表見。而《集註》有元刊者，則已增入劉須溪註。須溪在宋爲國博，終於元季，書雖元刊，内有補列數家，當即須溪所爲，其去宋刊，固不遠也。國朝康熙間，宋牧仲得施、顧殘本，邵子湘取肆本分類補綴，因以編年爲施

[一] 五，甲戌續刊本作『伍』。

註，而目肆本分類爲王註，沿説至今。肆本省七十八類爲三十類，在前明已有之，而不詳所自，或言此出吳興茅本，而新安朱本復省爲二十九類，然迥非龜齡《集註》之面目。此後查夏重得影鈔施殘本，翁君覃溪得牧仲施刊本，馮君星實兼得宋刊編年五註後集及元刊龜齡《集註》，夏重補施，星實王、施並補，參覈得失，皆能赴其力之所至。然於各註遞爲乘除而貫串一氣，卒無有言其義者。此編年註出於南宋，近又兼并分類之大略也。』

余復讀王君之書，知其涉歷諸家，精校博考，然後能集諸家之成，而發其所未及。王君蓋謂變法、改法之不明，則由於史陋；朔黨、洛黨之不辨，則由於史諱；紀時、紀事之不當，則由於註誣；改編、補編之不確，則由於註淆。此皆於兩公本事未嫺貫於心，而徒馳騖於外，故其岐舛脱闕，治之愈棼。爰創立總案，以統各詩，復訂正誌傳，以統各案，而補所不備於《蘇海識餘》中，於是擊空踐實，而裁爲具體，意向畢達。其前之以王補施也，先因肆本轇轕，莫測誰某，論者無徵。五註、《集註》出，馮君星實猶以南渡後争尚蘇學㚟解人衆爲言，蓋相沿王註悉出南宋之舊説耳。王君乃嚴趙、吕之類别，窮施、顧之編年，上追豐、祐，下逮貞元，發明北註、南註先後變易成於風會，且其旁搜遠紹，氣類源流，通感分合，本末明晰，泰然大同，是皆確有所據，足補前註之未達矣。坡公立朝犯難，語言文字志節不磨，得王君發之，始無所遺，誠括衆美而舉其全矣。余適覯是書之成，復問而知其心得之要，著於簡端，俾海内讀是書者，由是而擴蘇公詩之意，洵盛事也。

學海堂文筆策問

問：六朝至唐皆有『長於文』『長於筆』之稱，如顏延之云『竣得臣筆，測得臣文』是也。何者爲文？何者爲筆？何以宋以後不復分別此體？

男福謹擬對曰：自明人以唐宋八家爲古文，於是世之人惟知有唐宋古文之稱，竊考之唐以前所稱，似不如此也。唐人每以文與筆並舉，又每以詩與筆並舉，是筆與詩、文似有別也。由唐溯晉，則南北朝文筆之稱多見於史，分别更顯矣，况《金樓子》《文心雕龍》諸書極分明哉。謹綜六朝、唐人之所謂文、所謂筆，與宋、明之説不同而見於書史者，不分年代，類列之，以明其體矣。

《漢書・樓護傳》：『長安號曰「谷子雲筆札」。』

《晉書・蔡謨傳》：『文筆議論，有集行於世。』

《宋書・傅亮傳》：『高祖登庸之始，文筆皆是記室參軍滕演。北征廣固，悉委長史王誕。自此後至於受命，表策文誥，皆亮辭也。』

《南史・顏延之傳》：『宋文帝問延之諸子才能，延之曰：「竣得臣筆，測得臣文。」』

《北史・魏高祖紀》：『帝好爲文章，詩賦銘頌，有大文筆，馬上口授，及其成也，不改一字。』

《魏書・温子昇傳》：『熙平初，中尉、東平王匡召辭人以充御史，同時射策者八百餘人，子昇與盧仲宣、孫搴等二十四人爲高第。於時預選者，争相引決，匡使子昇當之，皆受屈而去。搴謂人曰：「朝來靡旗亂轍者，皆子昇逐北。」遂補御史，時年二十二。臺中文筆，皆子昇爲之。』

《北史·温子昇傳》：『張皐寫子昇文筆傳于江外。』

《北齊書·李廣傳》：『廣曾薦畢義雲於崔暹，廣卒後，義雲集其文筆十卷，託魏收爲之敍。』

《陳書·陸琰傳》：『其所製文筆，多不存本，後主求其遺文，撰成二卷。』

《劉師知傳》：『師知好學，有當世才，博涉書傳，工文筆。』

《徐伯陽傳》：『伯陽年十五，以文筆稱。』

按：文、筆之分稱，此最顯然有别。

梁元帝《金樓子·立言篇》云：『古人之學者有二，今人之學者有四。夫子門徒，轉相師受，通聖人之經者，謂之儒。屈原、宋玉、枚乘、長卿之徒，止於辭賦，則謂之文。今之儒，博窮子史，但能識其事，不能通其理者，謂之學。至如不便爲詩如閻纂，善爲章奏如伯松，若此之流，汎謂之筆。吟咏風謡、流連哀思者，謂之文。而學者率多不便屬辭，守其章句，遲於通變，質於心用，學者不能定禮樂之是非，辯經教之宗旨，徒能揚榷前言，抵掌多識，然而挹源知流，亦足可貴。筆退則非謂成篇，進則不云取義，神其巧惠，筆端而已。至如文者，惟須綺縠紛披，宫徵靡曼，脣吻遒會，情靈摇蕩。而古之文筆，今之文筆，其源又異。至如彖、繫、風、雅，名、墨、農、刑，虎炳豹鬱，彬彬君子，卜談四始，李言七畧，源流已詳，今亦置而弗辨。潘安仁清綺若是，而評者止稱情切，故知爲文之難也。曹子建、陸士衡皆文士也，觀其辭致側密，事語堅明，意匠有序，遺言無失，雖不以儒者命家，此亦悉通其義也。徧觀文士，畧盡知之。至于謝（元）〔玄〕暉始見貧小，然而天才命世，過足以補尤。任彦升甲部闕如，才長筆翰，善緝流畧，遂有「龍門」之名，斯亦一時之盛。夫今之俗，搢紳稚齒，閭巷小生，學以浮動爲貴，用百家則多尚輕側，涉經記則不通大旨，苟取成章，貴在悦目，龍首豕足，隨時之義，牛頭馬髀，彊相附會，等張君之弧，徒觀外澤，亦如南陽之里，難就窮檢矣。』

按：福讀此篇，與梁昭明《文選序》相證無異，呈家大人。家大人甚喜，曰：『此足以明六朝文筆之分，足以證昭明《序》經、子、史與文之分，而余平日著筆不敢名曰「文」之情益合矣。』

劉勰《文心雕龍·總術》篇：『今之常言，有文有筆，以爲無韻者筆也，有韻者文也。』

按：文筆之義，此最分明。蓋文取乎沈思翰藻，吟咏哀思，故以有情辭聲韻者爲文。筆从聿，亦名不聿。聿，述也。故直言無文采者爲筆。《史記》『《春秋》筆則筆』，是筆爲據事而書之證。

《南史·孔珪傳》：『高帝取爲記室參軍，與江淹對掌辭筆。』

《陳書·岑之敬傳》：『之敬始以經業進，而博涉文史，雅有辭筆。』

按：辭亦文類。《周易》繫辭，漢儒皆謂繫辭爲『卦爻辭』，至今從之。《繫辭》上、下篇云：『聖人設卦觀象，繫辭焉以明吉凶。』又云：『聖人有以見天下之動，而觀其會通，以行其典禮，繫辭焉以斷其吉凶，是以謂之爻。』又云：『繫辭焉而命之，動在其中矣。』又云：『繫辭焉以盡其言。』據此諸文，則明指卦爻辭謂之『繫辭』。孔子之上、下二篇，乃繫辭之傳，不得直謂之『繫辭』也。今本無『傳』字，《釋文》：王肅本原有『傳』字。其謂之繫辭者，繫，屬也。繫辭即屬辭，猶世所稱屬文焉爾。然則辭與文同乎？曰：『否。』孟子曰：『說《詩》者，不以文害辭。』趙岐注云：『文，《詩》之文章，所引以興事也。辭，詩人所歌詠之辭。』是文者，音韻鏗鏘，藻采振發之稱，辭特其句之近于文而異乎直言者耳。又按：辭本是『詞』字。《說文》：『詞，意内而言外也。从言，从司。』《釋名》曰：『詞，嗣也。令撰善言相續嗣也。』然則『詞』之从司，即有繫續之意。『詞』爲本字，『辭』乃假借也。唐以前每稱善屬文，此古義也。宋後此稱少矣。孔子十翼，《繫辭傳》《文言》皆多用偶語，而《文言》幾于句句用韻，《繫辭》雖是傳體，而韻亦非少。《繫辭傳》上、下篇用偶者三百二十六，用韻者一百一十，與家大人所舉《文言》中偶句韻語之義相合。此文與辭區別之證，亦文辭與言語區別之證也。楚國之辭稱『楚辭』，皆有韻。《楚辭》乃《詩》之流，《詩》三百篇乃言語有文辭之至者也。

王充《論衡》：『古之帝王建鴻德者，須鴻筆之臣褒頌紀載，乃彰萬世。』

按：此筆即記事之屬。

《梁書·任昉傳》：『昉尤長載筆，才思無窮。』

按：《南史》本傳作『尤長爲筆』。《沈約傳》云：『彦昇工於筆。』考《禮記》『史載筆』，任彦昇長于碑版，亦記事之屬，故曰筆。

《唐書·蔣偕傳》：『三世踵修國史，世稱良筆。』

按：此筆亦記事之屬。

《陳書·徐陵傳》：『世祖、高宗之世，國家有大手筆，必命陵草之。』

《陸瓊傳》：『瓊素有令名，深爲世祖所賞。及討周迪、陳寶應等，都官符及諸大手筆，並敕付瓊。』

按：此筆謂詔制碑版文字，故唐張説善碑誌，稱『燕許大手筆』。

《梁書·劉潛傳》：『潛字孝儀，秘書監孝綽弟也。幼孤，兄弟相勵勤學，並工屬文。孝綽常曰：「三筆六詩。」三即孝儀，六孝威也。』

按：詩亦有韻者，故與筆對舉，明筆爲無韻者也。上曰『工屬文』，下曰『筆』、曰『詩』，蓋詩即有韻之文，與散體稱筆有別。

《南齊書·晉安王子懋傳》：『文章詩筆，乃是佳事。』

按：此文章是有辭有韻之文，詩又有韻之文之一體，故以『文章』『詩筆』並舉。

《梁書·庾肩吾傳》：『簡文與湘東王論文曰：「陽春高而不和，妙聲絶而不尋，竟不精討錙銖，覈量文質，有異巧心，終愧妍手。是以握瑜懷玉之士，瞻鄭邦而知退；章甫翠履之人，望閩鄉而歎息。詩既若此，筆又如之。」』

《北史·蕭圓肅傳》：『圓肅撰時人詩筆，爲《文海》四十卷。』

劉禹錫《中山集·祭韓侍郎文》：『子長在筆，予長在論。持矛舉楯，卒不能困。』

趙璘《因話録》：『韓文公與孟東野友善，韓公文至高，孟長于五言，時號「孟詩韓筆」。』金元好問詩云：『杜詩韓筆愁來讀，似倩麻姑癢處搔。』本于此。

杜甫《寄賈司馬嚴使君詩》：『賈筆論孤憤，嚴[一]詩賦幾篇。』

按：此皆以詩與筆並舉。

《南齊書·高逸傳》：『歡口不辨，善於著筆。』

按：此筆爲無藻韻之著作之名。

[一] 嚴，底本作『韓』，據本詩詩題及《杜工部集》卷十改。

晉陸機《文賦》：『詩緣情而綺靡，賦體物而瀏亮。碑披文以相質，誄纏綿而悽愴。銘博約而温潤，箴頓挫而清壯。頌優遊以彬蔚，論精微而朗暢。奏平徹以閑雅，説去聲煒曄而譎誑。』

按：此賦賦及十體之文，不及傳、志，蓋史爲著作，不名爲文。凡類于傳、志者，不得稱文。是以狀文之情，分文之派，晉承建安，已開其先；昭明、金樓，實守其法。

家大人開學海堂于廣州，與杭州之詁經精舍相同，以文筆策問課士，教福先擬對，爰考之如右。家大人以爲此可與《書文選序後》相發明也，命附刻于《三集》之末。

揅經室四集

文二卷　詩十一卷

揅經室四集卷一

御試擬張衡天象賦以『奉三無以齊七政』爲韻，大考翰詹一等第一名。

惟圓象之昭回，建北極以環拱。擬磨旋以西行，儼笠冒而中擁。陽乘健以爲剛，氣斡機而非重。分五宫以各正，圍列宿而高聳。既承天以時行，亦後天而時奉。

昔虞廷之治象，命羲和以互參。仰璿璣以分測，廓四儀而内涵。惟《周髀》與宣夜，合渾天而爲三。溯洛下之善製，亦鮮于之極諳。地平準而天樞倚，黄道中而赤道南。惟中陸之相距，廿四度以相含。割渾圓爲象限，分弧角於輿堪。歸隸首之實算，斥鄒衍之虚談。

原夫日周天步，月麗天衢。日一度而若退，月十三度而愈紆。分十二以合朔，乃會躔以同符。冬起牽牛之次，夏極東井之區。秋遇壽星之位，春在降婁之隅。惟九行之出入，亦四道之殊途。考日至之圭景，尺五寸而不逾。分高卑於遠邇，測里差之各殊。《月令》遲于《小正》，夏時合于唐虞。驗中星之遞徙，又知歲差之不可無。

至若別五星于五天，錯經緯於日晷。金一年而周天，丑未終而寅戌始。水周天以同金，井絡終而降婁起。歲周年以十二，爲衆星之綱紀。四仲則三宿已遷，孟季則二宿非遹。火二年而一周，入太微而分紫。土周歲以廿八，將彌月而度乃徙。旋七政以同天，能左右之曰以。

列宿廿八，正自重黎。指以招摇，正以攝提。惟角亢之七宿，升蒼龍而上躋。正天門與衡柱，有角首之杓攜。虛女殷乎北位，爲子丑之端倪。鶉火殷乎南紀，當三台而光齊。胃昴畢之七宿，合首尾於參奎。占伐旗與溝瀆，象白虎於其西。

分野占星，斗耀惟七。機青樞冀分其區，魁雍衡荆異其術。四輔連乎理樞，陰德近乎太乙。內階映文昌之宫，衛尉對丞弼之秩。帝座御而華蓋高，閣道啟而勾陳出。王良却而造父馳，柱史明而開陽吉。斜漢絡乎天半，夏案户而光實。其隸垣外而居南極者，亦縷數之不能悉。

事天以敬，治象以正。三光宣精，四時爲柄。圓而動者施其德，高且明者布其令。奉三無私者惟君，建五有極者惟聖。屏靈曜于緯書，撰《靈憲》以互證。是以黄帝制器以推策，有虞撫衡而齊政。惟有道者萬年，協清寧而衍慶。

御試一目羅賦以題爲韻，散館一等一名。

羅因鳥而始張，鳥以目而罔逸。羅惟取其周遮，目非貴于專壹。椓之初聽夫丁丁，舉焉乃觀其乙乙。多爲之備，得之在少而不在多；密爲之防，獲之在疎而不在密。然而偏于少則綿綿未成，惑于疎則恢恢反失。觀離忘作罟之方，掌禮昧張弧之術。豈織千絲之網，以一統千；如祝一面之羅，解三留一。

原夫爲罻爲罿，曰罬曰罷。或成掩畢之箕，或作翻車之軸。雉何事而離罦，鴻何爲而漸陸？理密文連，絲交花簇。隙漏相承，玲瓏互複。本一緯而一經，乃或衡而或縮。兔有蹄兮不忘，繭爲綸而非獨。至于綱舉目張，網開鳥覆。逸翮莫翔，修翎已蹙。故結羅者必有四維，而得鳥者惟憑一目。此亦如百囊魚罟，非九罭皆罥鮮鱗；七屬犀函，惟一札或當金鏃也。

若乃經連極寡，繩結無多。非連罝之組織，異數罟之搓抄。人惟一孔之智，制非四寸之過。空成方而彷彿，繯爲橢其若何。若兩緭虛設于綱侯，莫加采鵠；若單緯初施于機軸，未擲金梭。結比繩樞，竟一櫺之徒具；張如絙瑟，何一弦之可歌。蓋集目成羅，惟一羅乃收衆目；而分羅得目，非一目可抵全羅。

是以空爲結網之求，繆作臨淵之慕。豈虛張而冀其自投，抑徒設而思其偶遇。編一絲以爲罩，欲求翡翠之毛；鍊寸鐵以成罘，願挂珊瑚之樹。正恐魚緣木上，未識其難；鳥萃蘋中，罕知其誤。我皇上道挈乾綱，網開賢路。綸綍宣而人仰璣衡，條理密而世欽法度。廣搜羅于四海，未嘗或有遺材；析節目于萬幾，安得紀其成數？張鳥羅以有待，豈同文子之書；加一目以何爲，無取正平之賦。

擬潘安仁射雉賦館中作〔一〕

挾良弧以游騁兮，從文翰之原禽。睇飛翬於高隴兮，聽鷕鳴于平林。思逐羽而捷獲兮，嫺雄技以愉心。伊兹禽之英麗，備采藻于修翎。秉離象而耀爤，應璣衡之星精。賦鷂鷩之殊質，審鷮鳪之異聲。性專棲以驕處，雄護界其必争。

爾乃秋草乍衰，枯桑競落。鶩沙暮飛，晨霜猶薄。凛寒色於坰野，燎宿莽于既穫。始奔羣以迅竄，勢將集而更躍。稟肅氣以耿介，勵狡力而虚蹻。

畫地開場，度阡分壤。盤馬獨出，奮臂右攘。始讐殺而求穴，繼蹶衝而直上。闗淵蕭以擬脰，

〔一〕『館中作』三字，甲戌續刊本無。

弦激括而成響。頓驚盼以值鋒，墜錦毛于十丈。

若乃黃泉潛沸，微陽肇回。山明積雪，地伏鳴雷。感震聲而始雊，勾采頸以羣來。交斑臆之離褷，振繡翼之陪鰓。紫間滿操，黃肩巧控。機商偏正，手權輕重。意決一發，疊雙必中。重翮同摧，兩膺並洞。

及其熙熙春陽，陶陶孟夏。麥垂機以迎秋，泉度畎而微瀉。恐宴繄之失禽，瞻晨星而夙駕。

登崇（邱）〔丘〕以周覽，揆懸刀以調翰。雖咿喔〔一〕之驟應，猶猜狷而盤桓。曳黼繪于衮背，峙頳赫之赤冠。步踈趾而彳亍，舒藻翼之爛熻。

顧影聳角，驚聲睞視。斂翮善藏，捽首未起。禾穎駭動，尚露脩尾。俯青疇而低瞰，彀銛鏑以下擬。乍仰臆而戛鳴，已決眥而裂觜。

若夫大夫既娶，未聞笑言。如皐親御，輕馳鶴軒。巨黍鳴兮飛鏃，雉子獲兮摧斑。藉一矢以嘗巧，解三年之錮顏。

又若瑯琊舊族，近徙茂陵。春田設翳，曉壟分堋。筠箱馴翼，茅障隱矰。舉巾誘媒，發音清激。挾兩紛至，或鞾或翟。羣調狎而擾嫺，復怒妬而跳躍。悍屏息以勵鮭，窺寶鐕而命的。

〔一〕喔，底本原爲空白，據甲戌續刊本補。

至如南皮輕騎，江表貴游。輪輿微動，紘蓋平流。矯白羽以振笴，準翠顱以點眸。終撤翳而從諫，又何論夫焚裘。懿彼名翬，雄桀見戕。嶽嶽避株，紛紛采囊。縱入秦而化石，慮歸楚而誤皇。孰若折榦破樊，啄飲壇塲。所以嗅季氏之供具，嘆時哉于山梁。

炙輠賦 以『炙輠中膏其流無盡』爲韻。翰林館課。

爰有稷下辨才，齊中贅客。轉異爲同，變黑成白。邁談天之騶，過雕龍之奭。味非大道膏腴，傾出羣言瀝液。周迴無轖，妙於轉圜；氣餤可淩，甚於親炙。

粤有物焉，命之曰輠。擊堅無傷，形圓非橢。滑膏内盛，堅金外裹。史言貫轂汰輈，不在丁凝；詩詠載脂接軸，何傷轗軻。守以緩火，乃滲漉而徐流；持近洪鑪，亦淋漓而競墮。

若夫便給極捷，滑稽無窮。苟有談而必劇，亦無辨之不雄。何嘗艾艾期期，語燥唇吻之際；試聽幡幡截截，慧流齒牙之中。突梯絜楹，無辭或滯；涕唾流沫，有説皆融。

譬之炙輠，匪欲屯膏。快流轉於輨轄，實沃澤以淳熬。如蘭缸初焚，暗斟鐙炷；似香醪既盎，小滴銀槽。談折子成，駟難及舌；論殊莊叟，輪反爲尻。

其始也，批郤導窾；其繼也，分理析肌。挈瓶之智不盡，恥罍之罄何時。非瓚裏黃流，難吟瑟彼；異壺中冰潔，莫賦温其。脂韋之行可通，豈如不食之鼎；天倪之言日出，乃同無當之巵。方其過稷門，坐徂（邱）〔丘〕。折賓客，抗諸侯，垣車悉納，井轄初投。火守輠而炎炎既熾，脂得火而涎涎始流。出之愈多，如飲二斗而賜餘瀝；揮之不竭，若操一盂而得滿篝。所以世驚非馬，人用虛車。以非爲是，强有爲無。守口如瓶，言何相反；炙手可熱，事究何如？杖亦足以關輪，智嗤武叔；黍何須乎量藪，拙笑輪輿。然而金遭口鑠，不窮者必窮；釜共舌焦，無盡者終盡。雖爲齊人所傳，實爲吾儒所哂。宣王之世，辨客聯鑣；戰國以還，俳優接軫。棘軸豨膏爲滑也，忌子之遇合堪羞；方枘圜鑿能入乎，孟氏之高風不隕。

薔薇賦

艤余舟於漢皋兮，策余馬于荆山。當季春之佳令兮，敷衆芳於林巒。有薔薇之嘉卉兮，施修條于樹端。紛樸樕而蔭翳兮，亦叢灌而交攢。或孤植于石罅，或隱被於柴關。或偃日而如蓋，或園圃而作樊。謝人力之培植，遠樵斧而不刪。茁瓊蘂而葳蕤，綴白華之檀欒。香芬烈以盈路，散春風而未殘。欲折枝以相貽，箴刺手而莫攀。雖奇馨之襲人，羌服媚而靡艱。絶樛木之求思，如漢女之貞閒。鄙無臭于棠梨，斥淹冶于牡丹。色皓皓其白雪，驕陽春而不寒。疑碎剖其卞璞，琢玉英而爲聲。抑神女之弄珠，結百琲之珊珊。昔篳路之初啓，豈斯木之盡刊？何靈均之多頌，惟紉佩于芷蘭。斯楚騷之所遺，爰摛詞而永歎。

赤壁賦

丁丑之春，余從鄴下移節武昌，復以簡兵之行，溯襄、郢、彝陵，操舟師下荆州，乘風東歸，過所謂赤壁者。慨然歎曰：余所經之地，古皆篡竊於曹公。維彼亂世，實生奸雄。攬兹陳迹，不知感慨之何從也。斯壁也，抗洞庭之北，據監利之東。衆山凝碧，絶壁留紅。春江曉開，殘月落弓。戈船偃旗，軍堠静烽。天下治平，舟楫盡通。東吴西蜀，往來憧憧。溯建安之挾令，出南郡以興戎。攘江陵之軍實，秣北馬于渚宫。舍彼精騎，泛此艨艟。波濤之性不習，檣櫓之用未工。斯不待吴廷斫案，已先決其無功。況夫公瑾用智，孔明效忠。公覆贊助，載荻蒙衝。進夏口以西拒，當烏林而礪鋒。憑沙羨以自守，射連艦而進攻。破江天之寒色，縱一炬以横空。起鳴雷於萬鼓，扇巽女于殘冬。付舳艫于譆出，化猿鶴與沙蟲。幾于林烏焚巢，臺雀墜銅。折鼎一足，當塗路窮。笑江波而迴指，乃僅免于華容。余固曰非赤壁而亦敗，矧天假以東風。余今出荆門，回郢中。順江水以安流，乘長風之渢渢。揔盂甄而校武，修隄防而劭農。擬蘇子于黄州，乃情地之不同。毋徒傷于古人之故壘，惟穆然于江上之青峯。

賜御筆熱河考墨刻卷恭謝摺子 乾隆

欽惟我皇上學海探源，地符開遠。德誠法祖，那居駐灤水之陽；功在信天，拓地極崑山以外。道元之標錘石，未如登齊老之峯；茅溝之會湯泉，似僅見蒲昌之海。昔著考而濡流已判，今加識而河曲愈明。臣伏思濡水久訛，河源彌遠。舜禹之世，畧在西荒；漢唐以來，陷于絶國。惟我皇上削平四部落，休養卅餘年。金河百道，何異山莊武列之川；《禹貢》一篇，未似御製河源之考。蓋能通二萬里未通之地，故得決四千年未決之疑。且以漢使之行，久羈西域；明修之志，徒首南音。持節者未必身親，操筆者徒知耳食。豈如今一介之使，逕達眞源；九譯之言，胥歸聰聽。此又因武德之無遠弗届，故拓地而及天池；文學之無所不精，故審音而刊《元史》。《紀畧》既修以後，宇内雖有專書；熱河作考在前，卷中必須題識。貞珉繼勒，初分筆彩于華箋；翠帙頻頒，更仰恩光于墨寶。所有臣感激微忱，謹繕摺恭謝天恩，伏乞睿鑒。謹奏。

賜御筆筆誤識過墨刻卷恭謝摺子 乾隆

欽惟我皇上典考唐虞，道積今古。萬幾咸理，事皆親御丹豪；半字偶殊，文乃特鐫翠墨。昔知過以著論，聖人之言已滿堂；兹識過以摛辭，周武之銘仍在筆。臣竊思天行至健，有過度之餘差；地闢无疆，見殊途之歸轍。見爲誤，實爲無誤之驗；識爲過，豈有或過之時？況乎考道德於百王，時以積而成古；聚典謨於千古，事因積乃可稽。稽之訓同，見《堯典》康成之注；積之爲義，詳荀卿《勸學》之篇。因異而轉以見同，是二而還知爲一。辭文旨遠，知聖論之無不包容；氣盛理明，讀奎章而彌深悦服。所有臣感激微忱，合繕摺恭謝天恩，伏乞睿鑒。謹奉[一]硃批：『非徒頌即規。』[二]

[一] 奉，甲戌續刊本作『奏』。

[二] 『硃批非徒頌即規』七字，甲戌續刊本無。

恩授經筵講官恭謝摺子以下皆嘉慶

本月初四日，翰林院以經筵講官缺請旨，奉御筆圈出臣阮元。竊臣業荒書府，學愧經畬。慕漢宋之儒先，景行未至；求師承於傳注，家法鮮通。自問幼年，本蓬户桑樞之子；敢縈夢想，爲經帷講幄之臣。兹奉恩綸，得叨清秩。榮幸之下，感悚交并。欽惟皇上本孝爲經，闡《開宗》於東魯；體仁出治，補《衍義》於西山。圜雍舉稱制之文，東殿崇説書之禮。以臣淺陋，豈贊高深？臣惟有勉勵儒修，益勤經業。紬書虎觀，敬陳抑戒之威儀；珥筆螭坳，願識邇英之義理。所有臣感激微忱，謹繕摺恭謝天恩，伏乞睿鑒。謹奏。

賜御製邪教説墨刻摺子

竊臣接奉恩賞御製《邪教説》墨刻一分，隨恭設香案，叩頭祇領。伏讀之下，仰見我皇上體天地以立心，統智愚而在宥。欲迪民以正道，用特賁夫宸章。惟此至誠惻怛之懷，見于剴切申明之際。苟不盜兵，皆爲赤子；若徒佞佛，何咎白蓮？督兵者知叛道之必殲，牧民者知正教之當植。所消弭者何限，所保全者寔多。行見武偃西川，烽消南楚。官知廉法，民習敦龐。荷重熙累洽之休，服田疇而食舊德；凛保泰持盈之訓，端趨向以迓新恩。舉太平億兆之衆，生成而教育之，靡不在聖明指示中矣。臣曷勝欽服欣感之至。謹繕摺恭謝天恩，伏乞皇上睿鑒。謹奏。

京察議敍恭謝摺子

竊臣接閲邸抄，恭遇京察大典，欽奉上諭：『浙江巡撫阮元，有守有爲，清儉持躬，着交部議敍。欽此。』臣隨恭設香案，望闕叩頭謝恩訖。伏念臣學淺才庸，備邀恩遇，更蒙簡畀，重寄封疆。任事以來，心長力絀，不克于吏治民生有所補裨，以仰報天恩萬分之一，撫衷循省，慚極汗流。兹以考績届期，荷蒙天語褒嘉，予以甄敍，實屬臣夢想所不到。聞命之下，榮感既切，悚惕彌增。嗣後惟有恪遵聖訓，清儉永持，守爲交勉，倍殫心力，益凛冰淵，以期仰副皇上鼓勵裁成之至意于萬一。爲此恭摺具奏，叩謝天恩，伏乞皇上睿鑒。謹奏。

賜御書福字恭謝摺子

本年正月十六日，賫摺差弁回浙，奉到御賜『福』字，并批諭云：『親書「福」字賜卿，願兩浙士民同霑厚福。欽此。』臣當即出郊跪迎，至署，望闕叩頭祇領訖。伏念臣一介寒微，仰蒙聖主殊眷，簡任封圻，在浙年餘，每思造福于士民，而材性淺薄，時懷愧勉。兹荷宸章親洒，温諭下頒。臣奉到之辰，正值盼雨之候，未幾六花獻瑞，徧積春田，遠近士民，莫不懽忻忭舞，用知至誠動念，立能感召天庥。臣感激之餘，倍深敬凛，惟有永遵聖訓，堅守初心，整飭官方，培養元氣。務俾士安弦誦，民慶盈凝，以期仰答皇上高厚鴻慈于萬一。爲此恭摺叩謝天恩，伏乞皇上睿鑒。謹奏。

福謹案：是摺乃嘉慶六年。是年十二月二十七日，家大人又奉御賜『福』字一幅，福以是日生于節署，故命名『福』字『賜卿』。敬識天語，戴國恩也。

奉勅進經籍纂詁摺子

奏爲恭進《經籍纂詁》仰祈聖鑒事。臣於七月初十日面奉諭旨，命臣將所撰《經籍纂詁》呈進。臣謹裝潢成册，恭呈御覽。欽維我皇上道藴符珍，光垂圖册。辰居念典，論繹羣經；乙夜觀書，詠成全史。兼聖作與明述，焕乎文章；維稽古曰同天，式於詁訓。精一執中之學，誠協言詮；經天緯地爲文，允符德業。固已甄陶神海，并括典謨；猶復詢及芻蕘，不遺葑菲。式仰聖衷之沖穆，巍蕩難名；益徵帝學之高深，涓埃莫贊。臣見同窺管，識等扣槃。曾簪朵殿之毫，夙被洪鈞之鑄。前以督學之日，撰兹《纂詁》之編。育才首在通經，奉聖人之至教；博古務求載籍，誦前哲之雅言。依韻類文，統長言短言而並録；即字審義，合本訓轉訓而俱收。爰集多士以分程，乃勒十函爲一部。屢經校勘，尚有舛譌；亦事補苴，不無罣漏。是以梨鐫甫就，僅留爲家塾之藏；雖復葵嚮維殷，未敢作帝庭之獻。迺蒙召對，猥荷垂詢。諭令進呈，幾餘賜覽。臣跪聆之下，感悚交并，謹奉綈函，敬呈黼座。五經之文爲道本，秉睿裁而期惠於藝林；六籍之義以詁通，舉下學而幸歸於天鑒。臣謹繕摺，并書十套進呈，伏祈皇上睿鑒。謹奏。

賜御製養心殿記墨刻恭謝摺子

竊臣標提塘，賫捧到恩賞御製《養心殿記》墨刻一分。臣當即出郊跪迎，至署，恭設香案，望闕叩頭謝恩祗領訖。欽惟我皇上道統傳心，聖功養正。法宫建極，會皇極之大中；温室修和，涵太和之元氣。固已九重敬德，四表同仁矣。乃猶瞻雲楝而念先謨，見羹牆而衍心法。本堯、舜、禹、湯諸聖而得所養，闡中、正、仁、和四字而單厥心。御朵殿以正紫微，撰記文而頒翠墨。臣惟中者所以定不偏不倚之規，正者所以示無反無側之準。惟本仁以出治，則克己復禮而天下歸；惟致和以化民，斯保泰調元而天命永。奎章在殿，久以列聖之心爲心；天藻摛文，即以一心之養爲養。

善之至矣，無能名焉。抑臣更有進者，是惟皇上心同道同，備中正仁和之德；因之心正筆正，成中正仁和之文。昔韓、柳雄辭，猶有心於排奡；歐、蘇健筆，亦肆力於揣摩。今讀記文六百言，銘詞十六韻。藴廣大精微之志，宣和平雅正之音。不使氣而氣自醇，不矜才而才愈大。蓋上本乎羣經正史，乃下軼乎諸子百家。臣學切觀摩，識開巍焕。共瞻睿製，正文體即正心源；衆拱辰居，養一心以養四海。所有臣欽服欣感下忱，謹繕摺叩謝天恩，伏乞皇上睿鑒。謹奉[一]硃批：『頌不忘規，立言有體。』[二]

賜御製原教三篇墨刻恭謝摺子

竊臣齎摺差弁回淮，捧到恩賞御製《原教》等篇墨刻二册又三卷到。臣當即出郊跪迎，至署，恭設香案，望闕叩頭謝恩祗領恭誦。欽惟我皇上仁符昊眷，誠格天心。當禁垣竊發之時，雷雨顯彰夫助順；逮勍旅徂征之日，欃槍浄掃夫餘氛。固已畿輔奠安，寰區聞喜矣。兹輯九月以來訓諭

[一] 奉，甲戌續刊本作『奏』。

[二] 『硃批頌不忘規立言有體』十字，甲戌續刊本無。

之旨，申警之文。彙勒貞珉，普頒翠帙。臣欽承恩賜，敬繹綸言。原正教以黜邪，則經正民興之道也；行實政以教忠，則知人安民之德也。有堯舜咨儆之思，而盡心竭力，仰答天恩之訓著；有禹湯修省之德，而遇變罪己，酌減慶典之詔頒。至於澄敘官方，修明武備，戒貪墨以厚民業，警叢脞以亮天工。不惜丁凝反覆以求詳，固由疾痛顛連之在抱。臣惟漢唐以後，類多變端。或失馭於强藩，或寄權於重鎮。或饑徭之太甚，或邊釁之多開。揆其致事之由，究因失德之故。今借卦教而造逆，本非失業無所賴之民；突禁地以肆邪，出乎人情不及料之外。聖心之慈祥愷惻，本共白於臣民；聖德之正大光明，亦無慚於史册。皇上乃以返躬之誠，爲昭事之本，哀無罪則推原於教化之未至，訓有位則引咎於人政之未宜。苟有心知，能無感泣；雖至頑鈍，亦當奮興。臣敢不滌慮澡神，竭謀致力。盡當爲之職事，戒積習之因循。冀答高深，稍寬尸素。所有臣凜遵感悚下忱，謹繕摺具奏，叩謝天恩，伏乞皇上睿鑒。謹奏。

賜御書福字恭謝摺子 戊寅

竊臣齎摺差弁回粤，捧到恩賞御書『福』字、鹿肉、麅肉、山雞一分，並奉硃批：『書「福」錫卿，以迓春喜。欽此。』當即恭設香案，望闕叩頭祗領訖。伏念臣渥邀厚植，忝任連圻。鰲陛瞻顏，憶趨承於隔歲；羊城移節，愧報稱於高天。值兹改歲之初，倍切玩時之警。迺荷奎章親御，温諭特頒。既普錫以春禧，復寵分夫珍饌。斂時敷錫，聖主以福臣者福民；宣化承流，微臣敢不以迓恩者迓喜。臣惟有勤思綏靖，推洪福於兩粵東西；敬體柔懷，布天福於重洋内外。冀佐盛隆之治，稍寬尸素之譏。所有感激欣幸下忱，理合恭摺具奏，叩謝天恩，伏乞皇上睿鑒。謹奏。

揅經室四集卷二

重修高密鄭公祠碑

元嘗博綜遺經，仰述往哲，行藏契乎孔、顔，微言紹乎游、夏，則漢大司農高密鄭公其人矣。公當炎祚陵夷，清流沈錮。泊然抱道，邃情墳典。却謝車服，隱德彌修。所學《易》《書》《詩》《禮》《春秋》《論語》《孝經》，箋注百餘萬言。石渠會議，無以逮其詳貫；扶風教授，不足擬其旨趣。又嘗比核算數，甄極毖緯。兩京學術，用集大成；天下師法，久而彌篤，固不以齊魯域焉。今皇帝惇崇儒術，表章經學，纂定《三禮義疏》，多采鄭説。是以海内學人，翕然依響。言性天道，無敢騁其虚悟；禮度書文，靡不通其原本。庶幾孔壁簡策，得以訓言；儒生耳目，未傷瞽聵。被公之教，斯爲至矣。公墓祠在高密縣西北濰水東岸，四牡結轡于鄭公之鄉，高車竝軌于通德之門，是北海太守孔文舉所開建也。元以視學，涖止斯土，展省祠墓，圮陁實甚。宰木不捍于樵采，鶩沙坐見其飛積。趙商漢碑，未傳於著録；承節摹碣，埋蝕于泥土。遂乃倡搢紳之夙願，鳩木石之工材，始于乾隆五十九年冬十月，至六十年秋八月成。掘沙百尺，門防易以東向；植樹四垣，饗堂翼其南榮。聽事啟楹，則長吏齋祀所止息也；茅廬栖畎，則賢裔耕讀便蠲除也。復將擢彼秀異，用請于朝，以奉登俎，世世勿絶。庶使大儒之祀，不致忽諸之歎；治經之士，無歉仰止之懷。居斯鄉者，績學砥行，感憤而起，不益偉與！爰樹樂石，表德刊銘，其辭曰：

秦燄威經，漢學證聖。於鑠鄭公，禮堂寫定。網括衆典，束修懿行。學徒知歸，異説反正。子雍多毀，仲翔善諍。日月豈踰，藐彼敏政。礪阜之旁，濰流湯湯。草銜有帶，沙走無囊。林薄新雉，蔭彼塈牆。廟貌聿崇，祀事孔明。長白之嶺，别啓黌堂。粤惟兹土，司農之鄉。

重修會稽大禹陵廟碑

粤昔五德代興，紀號天中；二典遞禪，立都西北。惟神禹之陟降，皆在江水；治水之終始，皆在會稽。何者？履己西夷，生薏苡于石紐，江之原也；憂民東教，封葛桐于會計，江之委也。若夫《黄帝中經》所載，宛委、覆釜所藏，登臨夢發，金簡玉瑑出焉。灑沈澹災，底定者千八百國，其始通水之理，實在會稽。至于會諸侯、詔羣神、誅後至者而大計其功，飆踽已甚，絞緎猶薄。迄于今，參耕之畝宛然，非古之上壟歟？然則月逾庚子，年加申酉，亦終乎此矣。或謂九州修貢，山川成書，會稽主名，不箸于册。然三江分派，以浙水爲南支；萬里岷流，指山陰爲歸宿。古今遷異，俗儒駭之。是知胼胝勞蹟，必登茅山之巔；成旅中興，實存大越之祀也。《吴越春秋》謂少康封庶子無余於越，春秋祠禹墓於會稽。《漢書·地理志》會稽山有禹井、禹祠，是故陵之有廟，其來已古。我朝列聖相承，纘舊績以平水土。東南江海間，幾勞太僕之駕焉。今嘉慶歲星次庚申，聖天子孝祀配天，望辯維謹，乃修階壇，勤丹雘，用承祀事。巡撫阮元，來拜廟下，以考其成。巖壑盤鬱，江海深阻。維兹廟貌，巍然鎮之。蠲精玉帛，如來百神之朝；馳慕風雲，或降二龍之駕。郁郁乎！蒼水探穴于其初，(元)〔玄〕圭填德於其既，固夏后氏神聖之所發藏，亦吾聖天子之所以稽古帝、報功德也。爰作頌詩，銘諸樂石，其辭曰：

浙爲南江，地臨越絶。青泥藏書，白雲出穴。陵者葬陵，跡留樏樏。農不變徒，樹不改列。厥有原廟，肇祀少康。山川風雨，日月陰陽。階扶窆石，棟抗梅梁。聿新世室，載啓(元)〔玄〕堂。昴星孕珠，岙山輯玉。嶻嵲天容，龍蛇古屋。伯益奉經，庚辰侍轂。封竝蒼梧，廟同嶽麓。龍飛五載，障淮塞河。錢塘楗石，海無驚波。新廟奕奕，南鎮峩峩。神功聖德，今古若何。馬祠遺法，烏田修祀。霧享金鼎，符探玉笥。漸海訖聲，登山刻字。被碑以文，載之贔屭。

重修揚州會館碑銘

京師宣武門外揚州會館，始建於乾隆初年，汪君從晉出白金四千，金君門詔益金而成之者也。其事詳於舊碑。六十年來，頹壞日甚，雖屢有修葺，而莫能新之。和會堂、聯星堂地勢甚卑，鄰水來侵，夏不能居，牆圮柱傾，公車罕至。嘉慶元年，鄭君宗彝官吏部郎，請於其叔鄭君鑑元，得白金四千，鮑君志道、張君緒增、黃君楫又各出白金一千，乃合貲重修之。和會堂、聯星堂暨東、西箱，築基增高三尺許，治其井匽，水有所歸。第三、四兩院，以次修立。復建閣于聯星堂之東，以祀神位焉。先是，屢欲修而未成，今嘉慶四年歲次己未乃集事。讀舊碑，乃知創修者，前己未歲也，殆亦有數存其閒乎？工既成，乃琹石紀名，兼載圖事，俾後之人知今義舉之盛，必將有踵而行者，使舊基無廢，新構益增也。勒以銘曰：

江淮合域，牛斗垂躔。靈秀隩區，人文出焉。觵觵人文，濟濟甲第。魏闕聯班，春明竝騎。斯館肇修，己未之春。輪奐竝美，桑梓同鄰。堂開和會，門接宣武。公車之來，於時處處。歲深垣圮，莫芋莫凝。瓦塵積草，庭潦生萍。又六十年，歲周己未。惟我鄉人，興廢舉墜。乃構其堂，乃高其基。庖湢井廄，具無不宜。嘉樹可譽，甘棠勿拜。藤垂紫綬，藥翻金帶。禮神之閣，峙於其東。

文昌下照，其光熊熊。孟夏之朔，星珠聯瑞。鳩工庇[一]材，適當其會。維我廣陵，運會日昌。元甲天下，解領江鄉。是科文武解元、會元、探花皆出揚州。作此銘詞，以栞樂石。後有繼者，永永無極。

蘭亭秋禊詩序

在昔典午中移，啓江東之雲岫；瑯邪南徙，持吴會之風流。山林之秘競呈，觴詠之情咸盛。雖悟老易之恉，猶切彭觴之悲。豈非神州不復，易興陸沈之歎；中年已往，莫釋哀樂之懷。鍾情既深，發筆斯暢。是以林表孤亭，結山陰之幽契；定武片石，傳永和之逸軌矣。元以嘉慶二年八月上巳按部於越，嘉賓在坐。簿領既徹，游情共馳。再揚曲水之波，展脩秋禊之禮。浴沂溯典，本無間于春風；采蘭賦詩，實有異于溱水。是時清風未戒，白雲午晴。幽谷屢轉，重山争峻。發崇岩之桂氣，起秀麓之松嵐。迴谿接步，緬陳迹于古人；爽籟入懷，屬高情于天表。夫倦心既往者，撫韶景而亦悲；撰志詠歸者，臨蕭節而彌適。況今朝野殷闐，敬修名教。吾輩遊歷，皆在壯年。白駒未縶，動空谷之雕輪；旅雁羣飛，集江湖之素羽。振翰無采，雖愧元長之才；侍晏承恩，曾效

[一] 庇，疑爲『庀』字之誤刻。

廣微之對。良會已洽，清吟紛來。内録賓客戚黨之詩，外納僚屬生徒所詠。凡有作者，皆著于篇。

謝蘇潭詠史詩序

在昔詠史之作，肇於仲宣、太沖。然皆綜覽興衰，論列流品，五言成製，風已古矣。自宣遠矢音於留國，延年託詠於《秋胡》，篇什所陳，乃有專屬。三良致哀，五君興感，異情同調，分合又殊。有唐一代，詠史七言，惟周曇、孫元晏積數十百首。然皆斷句，罕見律篇。未有上下一千六百四載，臚敘五百二十六人，揚清風以作誦，激濁流而成諷，如蘇潭先生之以律詠史者也。先生擢穎詞垣，囊筆史局，講幄内直，方岳西分，政簡益清，才優多暇。嘉慶二年，移治兩浙，以詩示元。元出按婺栝，南極永嘉，山水方滋，芳草未歇，每手兹編，情賞逾美。觀其錯綜紀傳，點竄贊評，鎔儷事於鑪鎚，飾高情以斧藻。聞見殫洽，故所用者宏；衡量均平，故其論可定。古今成敗，燦然畢覩。君子於此，得經世之大端焉。若夫負聲振采，竝擬唐賢。子美之慷慨沈雄，玉谿之縝密工麗。發鼓吹於唐音，抉瀛奎之律髓。七言能事，咸備於斯。又其取材富博，正史之外，雜篇小説，凡數百家。昭明之《選》學在樓，温公之草藁盈屋。安得李善、胡三省之徒，爲此五百章疏證之哉！

四六叢話序

昔《考工》有言：『青與赤[一]謂之文，赤與白謂之章。』良以言必齊偕，事歸鏤繪。天經錯以地緯，陰偶繼以陽奇。故虞廷采色，臣鄰施其璪火；文王壽考，詩人美其追琢。以質雜文，尚曰彬彬；以文被質，乃稱醎醎。文之與質，從可分矣。

懿夫人文大著，肇始《六經》。《典》《墳》《〔邱〕〔丘〕》《索》，無非體要之辭；《禮》《樂》《詩》《書》，悉著立誠之訓。商瞿觀象於《文言》，〔邱〕〔丘〕明振藻於簡策。莫不訓辭爾雅，音韻相諧。至於命成潤色，禮舉多文，仰止尼山，益知宗旨。使其文章正體，質實無華，是犬羊虎豹，反追棘子之談；黼黻青黃，見斥莊生之論矣。周末諸子奮興，百家竝騖。老莊傳清浄之旨，孟荀析善惡之端。商韓刑名，呂劉雜體。若斯之類，派别子家，所謂『以立意爲宗，不以能文爲本』者也。

至於縱横極於戰國，春秋紀於楚漢，馬班創體，陳范希蹤。是爲史家，重於序事，所謂『傳之簡牘，而事異篇章』者也。

夫以子若彼，以史若此，方之篇翰，實有不同。是惟楚國多才，靈均特起，賦繼孫卿之後，詞開

[一] 赤，甲戌續刊本作『白』。

宋玉之先。隱耀溕華，驚采絶豔。故聖經賢傳，六藝於此分途；文苑詞林，萬世咸歸圍範矣。賈生、枚叔，竝轡漢初；相如、子雲，聯鑣西蜀。中興以後，文雅尤多。孟堅、季長之倫，平子、敬通之輩，綜兩京文賦，諸家莫不洞穴經史，鑽研六書，耀采騰文，駢音麗字。故雕蟲繡帨，擬經者雖改修塗；月露風雲，變本者妄執笑柄也。

建安七子，才調輩興。二祖、陳、王，亦儲盛藻。握徑寸之靈珠，享千金於荊玉。至於三張、二陸、太沖、景純之徒，派雖弱於當塗，音尚聞夫正始焉。文通、希範，並具才思；彥升、休文，肇開聲韻。輕重之和，擬諸金石；短長之節，雜以《咸》《韶》。蓋時會使然，故元音盡泄也。

孝穆振采於江南，子山遷聲於河北。昭明勒《選》，六代範此規模；彥和著書，千古傳玆科律。迄於陳隋，極傷靡敝。天監、大業之閒，亦斯文升降之會哉！

唐初四傑，竝駕一時。式江薛之靡音，追庾徐之健筆。若夫燕、許之宏裁，常楊之巨製，《會昌一品》之集，元白《長慶》之編，莫不竝掞龍文，聯登鳳閣。至於宣公翰苑之集，篤摯曲暢，國事賴之，又加一等矣。義山、飛卿，以繁縟相高；柯古、昭諫，以新博領異。駢儷之文，斯稱極致。

趙宋初造，鼎臣、大年，猶沿唐舊；歐、蘇、王、宋，始脱恒蹊。以氣行，則機杼大變；驅成語，則光景一新。然而衣辭錦繡，布帛傷其無華；工謝雕幾，篋業呈其樸蠻。南渡以還，《浮溪》首倡。《野處》《西山》，亦稱名集；《渭南》《北海》，竝號高文。雖新格別成，而古意寖失。元之袁、揭，冕弁一世，則又揚南宋餘波，非復三唐雅調也。

載稽往古，統論斯文。日月以對待曜采，草木以錯比成華。玉十瑴而皆雙，錦百兩而名匹。明堂斧藻，視畫績以成文；階陛笙鏞，聽鏗鋐而應節。自周以來，體格有殊，文章無異。若夫昌黎肇作，皇李從風；歐陽自興，蘇王繼軌。體既變而異今，文乃尊而稱古。綜其議論之作，竝升荀孟之堂；核其敘事之辭，獨步馬班之室。拙目妄譏其紕繆，儉腹徒襲爲空疎。此沿子史之正流，循經傳以分軌也。

考夫魏文《典論》，士衡賦文。摯虞析其流別，任昉溯其原起。莫不謹嚴體製，評騭才華。豈知古調已遥，矯枉或過。莫守彦和之論，易爲眞氏之宗矣。

我師烏程孫司馬，職參書鳳，心擅雕龍。綜覽萬篇，博稽千古。文人之能事，已攬其全；才士之用心，深窺其祕。王銍《選話》，惟紀兩宋；謝伋《談麈》，略有萬言。雖創體裁，未臻美備。況夫學如滄海，必沿委以討原；詞比鄧林，在揣本而達末。百家之雜編別集，盡得遺珠；七閣之祕笈奇書，更吹藜火。凡此評文之語，勒成講藝之書。四駢六儷，觀其會通；七曜五雲，考其沈博。而且體分十八，已括蕭劉；序首二篇，特標《騷》《選》。比青麗白，卿雲增黼黻之輝；刻羽流商，天籟遏笙簧之響。使非胸羅萬卷，安能具此襟期；即令下筆千言，未許臻兹醞釀也。

元才囿陋質，心好麗文。幸得師承，側聞緒論。妄執丹管而西行，願附驥尾而千里。固知盧王出於今時，流江河而不廢；子雲生於後世，懸日月而不刊者矣。

福謹案：司馬孫公，乃太平府同知，名梅，烏程進士，丙午科房師也。

葉氏廬墓詩文卷序

乾隆歲庚戌，元與葉雲素先生繼雯相識于京師，蓋同出朱文正、王文端二公門下也。先生學術深厚，貫通古今，至性過人，篤于實踐。執親之喪，疏食廬墓，其事見於汪稼門制府尺牘中。嘉慶歲辛未，先生子東卿以尺牘詩文卷屬序之。元嘗讀《禮記》曰：『墟墓之間，未施哀於民而民哀。』每歎斯言，以爲肫摯。況親喪斬然，邱隴未乾者乎？墟墓之間，情境非一，《禮記》所謂哀者，風聲月色，雪地霜天，實爲砭骨刺心，直發天性也。夕陽欲暝，樵牧歸散。麻衣不温，孑然獨立。松柏翳其寒色，桑榆收其晚景。少焉風入林表，聲如遠濤，悲從中來，未有不潸焉出涕者矣。或若生魄之月，低至下舂。樹影雜亂，露氣泫濕。徙倚俯仰，四無人聲，時有伏兔竄出淺草。或冀此時，得聞太息，及其終不可見，夜已鄉曙，噭然以號，曷可言已。又若夜雪初曉，積素滿山。獨來墓門，埽數尺地，布藁而坐，微風振于木末，飛霙落于懷袖。寒晨霜重，策杖草逕，皚皚滿履，時攖棘刺。寒節有黯然之色，欒人有怵然之心。一身若朽，百念盡灰，先人邱邱，敝廬丙舍，若將終焉可也。且夫熙攘之跡，馳驅之勞，人世所不能無也。苟爲流俗所染，境致乎炙熱；紛華之地，情靡於從風。迴憶家山阡墓間，風霜雪月，情境若此，未有不澹然慘然，自發其天性者也。以此言哀，哀何如之。嗚呼！彭觴雖達，非齊虆梩之物；閭廬可恬，奚參蒲褐之坐。用我儒修，敷此禮説，二氏之誘，知不溺矣。

歷山銘

乾隆六十年，龍集單閼，七月庚戌朔，起居注日講官、文淵閣直閣事、詹事府詹事、提督山東學政儀徵阮元遊登歷山，勒銘樂石。其詞曰：

登彼翠微，堂基戴石。岱麓分陰，嬀田啓陌。雷雨坐生，峯巒競碧。樓駕三重，崖懸百尺。繞牆虹落，穿閣雲飛。碑頭六代，松要十圍。岑苔籍屐，天花滿衣。磴隨客意，嵐成佛輝。下涌泉源，清交水木。湖平鏡揩，城迴帶曲。野氣沈郉，林煙隱屋。兩岫同秋，千塍共緑。平原似海，曉日開天。燕齊道直，蓬萊影圓。山棲壽佛，臺降飛仙。後之來者，亦百千年。

注曾子研銘

中四悳，通六藝。省言行，謹身世。測天員，窮禮制。聖所傳，賢勿替。

落日餘霞研銘

己未秋日，借邸于京師衍聖公賜第。退直後，少得清暇，因銘研云：

落日就暝，餘霞在天。蟬吟高樹，魚唼涼泉。蕉花垂露，竹葉含煙。羊鐙紈扇，几席清妍。

白圭詩館研銘

白圭之玷猶可磨，斯言之玷不可譌，《詩》「不可爲也」，「爲」讀若「平秩南譌」之「譌」。譌，化也。立行有玷更若何？

水師正威大銅礮銘

赤堇之質，黃金之色。瀆神脩貢，自交趾國。長贏兩尋，規圓繩直。嘉慶五年，天風蕩賊。敓而被焉，全其本德。歸正服逆，允宣厥職。駕海奔雷，萬鈞聲力。值發無虚，當堅必克。守我浙東，制彼遐域。元戎寶之，視兹銘刻。

官齋精舍銘

構兹精舍，三筵之地。銘於坐隅，所以自治。無欲乃澹，先明厥志。毋躁乃静，道遠勉致。坐而共圖，行省之事。以此保民，以此計吏。虚己集益，委懷分寄。賢者守堅，能者耐勚。曰恕與忠，曰仁與義。不計其功，務正其誼。勿近于名，勿放于利。放利民傷，近名政僞。勿安于陋，勿舞其智。舞智必窮，安陋多蔽。勿懦而隨，勿激而肆。操勿迫蹙，寬勿廢墜。廉勿矯俗，居勿求備。土狹齒繁，情漓用匱。惟其太平，更難撫字。否毋諱疾，泰毋侈瑞。令煩愈擾，事豔不緻。闕當速補，過戒終遂。平情持準，難説使器。中不逾情，庸不立異。心鎮常安，神清多識。制行實難，矢口則易。凡兹恒言，學焉未至。静思自箴，靖共爾位。

寶龢鐘銘

臣元受兩朝恩，侍從禁近，備官司徒。惟帝五年，歲在己未，命臣撫浙。臣辭，帝手詔曰：『卿宜力任仔肩，爲朕宣猷贊化。』臣拜受命。撫浙三年，海㒂未徹，風雨未龢，作器能銘，臣何有焉？惟帝八年春二月丁酉初吉，越二十六日壬戌，臣父年七十，受禄于帝，封光禄大夫。敢作寶龢鐘，以應中春莢鐘之律，以蘄眉壽，綰綽多福，以對揚天子丕顯休命。阮氏子子孫孫，其永寶用之。

刻扁鐘銘

惟帝八年春二月丁酉初吉，越二十有六日壬戌，臣父年七十，受禄于帝，封光禄大夫。用作刻扁龢鐘，以應中春莢鐘之律。將命銅史金徒，運其甲子，司其商刻，而自擊之，喤喤雝雝，以蘄眉壽于無疆，以對揚天子丕顯休命。阮氏子子孫孫，其永寶用之。

警鐘銘

時至則鳴，鏘然而警。叫旦戒晨，雖夢亦醒。士雅雞聲，彥國圓枕。趨朝涖政，視此乃寢。

古鉌鐘銘

惟嘉慶八年秋八月，浙江巡撫臣阮元覲帝于欒。帝錫宴三，錫玉如意一，荷囊四，刀一，衣一襲，暨鹿㦸、荔支之屬。臣元敢拜𩒹首，用對敭天子丕顯休命。九月戊午，臣歸浙，紀帝恩，命刊銘古鉌鐘，永寶用之。

揚州隋文選樓銘

揚州隋文選樓巷，多見于宋王象之《輿地紀勝》等書。隋曹憲以《文選》學開之，唐李善等以注《選》繼之，非昭明太子讀書處也。羅願《鄂州集》所謂文選巷、劉氏墨莊，亦其地也。予之宅，爲選巷舊址。嘉慶十年冬，遵先大夫遺志，于家廟西建隋文選樓。樓下爲廟之西塾，樓上祀隋祕書監曹憲，以唐沛王府參軍公孫羅、左拾遺魏模、模子度支郎景倩、崇賢館直學士李善、善子北海太守邕、句容處士許淹配之。嘉慶十二年，服除，乃爲銘曰：

文選樓巷，久著於揚。曹氏剏隋，李氏居唐。祥符以後，厥有墨莊。阮氏居之，廟祀江鄉。建隋選樓，用別于梁。棟充書袟，窗散芸香。刻銘片石，樹我山廧。

南宋尤本文選卷首畫象銘

蕭《選》曹注，學傳揚州。貞觀之後，是有選樓。貴池宋本，栞板始尤。海内罕覯，數帙僅留。雷塘菴主，樓居邗溝。錦緘展校，鬆櫝曬收。繪象卷首，一笠横秋。

西瑯阿侍御摹坡公笠屐圖贊

彼何人斯？既笠且屐。偶然類君，誰主誰客？冒雨團團，衝泥策策。椶隔涼雲，山留遊跡。孰柱其冠，孰文其舄？惟此笠屐，於道大適。儻曰東坡，未異肥瘠。我屐欲蠟，與此同癖。細雨斜風，蒼苔白石。

方維祺太守以我觀我圖贊

《大學》修身，顔子克己。觀我之道，本爲儒理。易觀我生，无咎即吉。豈無進退，道不敢失。

桂林隱山銘 并序

余生辰在正月廿日。近十餘年，所駐之地，每於是日效顧寧人謝客，獨往山寺。嘉慶廿四年，余歲五十有六，駐於桂林。是日策數騎，避客于城西唐李渤所闢之隱山。登降周回，串行六洞，煮茗讀碑，竟日始返。竊以爲此一日之隱也。爰作銘辭，刻於北洞：

士高能隱，山静迺壽。濬之主名，闢此奇秀。一山盡空，六洞互透。不鑿自通，雖探莫究。穴無雨來，岩如天覆。虚腹開潭，垂乳滴溜。寒澈鏡奩，響傳壺漏。引月入峽，吸雲穿竇。磴曲風搏，泉清石漱。仰壁藤垂，摩碑苔繡。蓮憶古香，桂疑秋瘦。招隱巖前，朝陽洞右。涼堂北開，高亭東構。獨出春城，清遊晴晝。曉嵐入懷，夕陽滿袖。一日小隱，千年古岫。何人能復，西湖之舊。隱山，唐在西湖中央，有荷有舟，境地更奇，今爲田矣。

宋硯銘

古人之硯古之式，用以孶經發守墨。凡事求是必以實，如石堅重效於國。

端溪璞石硯銘

荆山之璞，以爲良璧。曷若不鑿之，守其黑于石。

粤溪茶坑天然大硯銘

粤溪之石，泐于往古。苔斑繡岑，松皮溜雨。磨爲巨硯，以鎮書府。書以銘之，雷塘葊主。

茶坑硯山銘

端溪片玉，松煙所浴。石壁留紅，天池瀉緑。澁浪低生，纖雲橫束。畫意詩情，大癡一幅。

端溪老岩研山銘

端溪一卷，因其自然。以爲硯山，古蘚斕斑。

西齋銘

西齋老圃，似野人家。無多籬落，少著桑麻。硯惟墨守，天有緑遮。端巖列翠，讓木分椏。齋前有二木相讓。井泉本爽，階水勿斜。南雄有斜階水。榻横蒲席，窗護葛紗。鸜母啄稻，鹿女踏花。離枝摘荔，引蔓緜瓜。長匏扁豆，素馨紫茄。圍樊觀槿，敧廊煮茶。滌煩習静，存樸黜華。學爲圃者，忘在官衙。

乾隆癸丑仲冬上丁祭曲阜孔廟文

於戲孔子，傳道帝躬。用治斯世，斯道乃隆。堯舜賢遠，文軌大同。帝敬孔子，禮備儀崇。幸魯釋奠，講學臨雍。教被瀛漠，豈惟域中。元奉帝命，視學於東。津逮洙泗，仰止聖宫。凜承時祭，癸丑仲冬。瞻俎習禮，循牆慕恭。宗廟既入，百官景從。壇杏化雨，庭檜古風。簴鳴金石，壁振絲桐。兩楹之間，三獻既終。輶無歎鳳，室拜蹲龍。神志雖肅，精誠詎充。聖道如天，敢希格通。惟聖之裔，子孫其逢。逢，大也。《洪範》斷句與『從』『同』爲韻。惟聖之鄉，多士質忠。以元譾陋，秉鐸何功。聖人佑之，啓秀發蒙。斯文在兹，天下所宗。帝方籲俊，聖惟達聰。

祭天目山神文

天目兩山，作鎮杭湖。出雲降雨，匯于具區。惟吴淞口，入海尾閭。洞天福地，神明所都。雷興電掣，龍起雲敷。開晦霽陰，風爲驅除。宜晴而晴，野無沮洳。宜雨而雨，暵者立蘇。神功聖德，佑民非虚。近年數郡，水旱堪虞。田未豐穫，潦浸田廬。長吏省愆，政刑有渝。未能感召，致鮮嘉符。今致潔蠲，民隱上疏。香醴入山，牲帛載途。拜求靈佑，惠此越吴。蠶桑倍收，麥稻大餘。功佑聖世，恩及農夫。疆吏祈報，謹竭其愚。

揅經室四集詩卷一　琅嬛仙館詩略

己酉

雨後過瀛臺

淡虹殘雨壓飛埃，清籞霏微霽色開。青鳥拂雲歸閬苑，白魚吹浪過蓬萊。神仙此日應同駐，車馬何人不暫回。半嚮金鼇橋上望，水南猶自轉輕雷。

家吾山少司寇葵生屬題裴園編修學浩勺湖草堂圖

雲堞依春浦，長淮瀉古渠。輞川王氏宅，笠澤陸家廬。公本金閨彥，文探玉署儲。量才原有尺，銜命屢登車。彭澤歌歸去，天台賦遂初。湖波通一勺，書卷富三餘。賞雨宜茅屋，看花奉板輿。小山多桂樹，秋水足鱸魚。烟柳才藏塔，風蒲不礙漁。過橋開菡萏，繞舍種篠簩。陸屋東西住，陶樓上下居。燕泥春户敞，螢火夜窗虚。祕笈人争借，遺經我自疏。山東皆法鄭，河北盡師徐。詞賦傳司馬，《春秋》學仲舒。名猶傳蓺苑，地不改經畬。詎意洪河決，旋教别墅淤。居人憂浥溼，之子歎沮洳。舊列門生籍，來麾使者旟。瓣香心暗記，荒草手親鋤。葑沼疏鬟水，蘭堂曳佩琚。文翁新講室，尉氏古門閭。丙歲初經此，申年昔降予。竊唫學使賦，及拜侍郎裾。地剩三篙水，家餘萬軸書。竹林能免俗，把臂意何如。

庶常館聽寒柝

空街夜冷欲三更，閣閣何人相競鳴。静掩蕭齋聞斷續，夢迴虚枕數分明。催殘月影低無色，敲碎霜華落有聲。明日早朝清漏急，車中聽到紫微城。

庚戌

崇效寺法源寺看花晚集楊荔裳揆舍人齋中

匆匆春事月已三，看花幾度來城南。城南韋杜曲復曲，按記兩處尋伽藍。入門嘉樹生衆緑，柳緜榆莢桑可蠶。粥魚茶板寂無響，珠宫琳宇深潭潭。雜花圍殿作香界，一瓣不著飛龍龕。丁香細乳結瑣碎，棠棣弱榦垂毿毿。何如三丈海棠樹，千枝萬蘂相交參。前度看花值紅雨，小苞溼透臙脂含。今朝穠極色反淡，鉛華爛漫春尤酣。祇林奇卉我未識，毋乃此是優鉢曇。惜難十日花下卧，不及蜂蝶時時探。夕陽門外散金影，歸來小巷同停驂。元規有塵拂扇落，但以嘯詠生清談。我雖不解酒中味，一杯目飲知其甘。春鐙垂爐街鼓疊，欲去不去情猶耽。相約更待鼠姑放，借閒再訪枯禪庵。

皇上萬壽恭進宗經徵壽説文册恩賜大緞恭紀一首

敬脩符典贊皇唐，采段承恩出尚方。豈有高詞繪天日，猥蒙華衮被文章。絲綸曉奉金門詔，經緯親歸玉尺量。共拜瀛臺鑾輅下，拂衣已染御爐香。

辛亥

御試賦得眼鏡得「他」字五言八韻。大考一等一名。

引鏡能明眼，玻璃試拭磨。佳名傳靉靆，雅製出歐羅。窺户穿雙月，臨池湛一波。連環圓可解，合璧薄相磋。玉鑑呈豪穎，晶盤辨指螺。風中塵可障，花下霧非訛。眸瞭寧須此，瞳重不恃他。聖人原未御，目力壽徵多。

二月大考紀恩一首

乞假方期省故園，上年冬，請假旋里省親，掌院阿公以大考將近，不允。敢期親擢冠詞垣。元卷本第二，上親擢置一等第一。曾將一册邀宸賞，上年冬，上閱元所進《宗經徵壽説》文册，蒙特賜衣緞。更幸連篇被御論。元大考詩疏中字句，上一覽記之，舉以奬論。備尹青宫堂有範，向來大考，編檢陞任學士，已爲最優，元蒙恩，更擢少詹事。值班西殿室皆温。蒙恩旨在懋勤殿南書房行走。微臣何以殫心力，始答生成曠代恩。

同沈雲椒少宰初南書房散直

紫垣散直半斜陽，殘暑迎秋尚未涼。待得上車風氣透，東華門外晚荷香。

賜貂裘恭紀

垂問衣貂未，頒裘到從官。恩眞同顧復，臣本最清寒。著雪趨金殿，含香下玉欄。歸來面慈父，持共采衣看。

壬子

初秋同孫淵如星衍言皋雲朝標同年遊萬泉寺涼水河後數日招同沈雲椒少宰那東甫彥成同年再遊

鳳城南去鳳泉頭，尋得招提一再遊。潦後苔萍留野岸，雨餘禾黍壯平疇。三叉小逕依村轉，九曲清溪抱寺流。兩日不來風色老，最宜秋亦不禁秋。

蓼花蘆葉自縱橫，車馬何曾此處行。重到游蹤皆一轍，數人心跡總雙清。濯纓臨水歌相和，拄笏看山眼倍明。我本忘情學機事，灌園許聽桔槔聲。

三月垂楊六月荷，半年惜未此經過。門前高樹西風早，橋外野塘秋意多。遠色蕭森歸別業，詩心淡定對頭陀。誰知九陌黃塵外，自有清涼十里河。

望裏清光有所思，湖山非敢憶蓴絲。詩人會處須乘暇，游子歸時未有期。野性消磨天趣少，吟懷荒落夕陽知。晚來倚馬茶亭外，一段高情讀斷碑。

牛欄山

小山徑數里，靈蹟連牛欄。輪蹄歷磊砢，頑石圓如磐。雜樹夾崖口，木葉聲初乾。迤邐入山腹，宛轉拓地寬。人煙成小市，氣聚無風寒。出山攬山勢，卑扈且墮巒。一綫白狼河，入塞清流湍。衝沙走東麓，崖澳相鈎盤。順流望潞河，北漕趨白檀。夕陽自今古，駐馬爲盤桓。

密雲縣迎駕

重邑據形勢，庨㕓接白檀。山分通塞遠，水急刷沙寒。輦道依紅樹，舟梁護碧欄。天顔初日霽，共喜聖躬安。

癸丑

泉宗廟扈駕

維皇濩德澤，甘雨湛郊原。曉晴雲尚漬，夏首緑初繁。東勾柳成谷，西雉稻名村。泉響蛤猶吠，露凉蟬未喧。宫槐交翠蓋，堤草藉龍軒。青疇契宸賞，黄屋瞻崇尊。敷筵坐臨水，賜食共銜恩。清醴度雙闕，于此鏡心源。

御園道中

雲淡星争出，風微月有波。五更殘雨歇，四野嫩凉多。溼氣歸林薄，清香發黍禾。行行天欲曙，休問夜如何。

芭蕉

閑心寥落依草木，手種芭蕉數葉長。讀畫略同抽卷軸，煮茶聊與鬥旗槍。簾櫳微隔緑逾浄，風雨不來心亦涼。何況昨宵聽淅瀝，小窗藤枕復匡牀。

灤陽道中

初陽照千峯，向背分晦顯。雲霞忽建標，嵐碧色已淺。山村起炊煙，輕風任舒卷。沙泉聲自清，露草光猶泫。策馬循迴溪，崖谷迷宛轉。舉首望日輪，東西始可辨。

月夜過趙北口

燕南殘暑淡星河，爲避秋炎月夜過。露草清香蟲語細，水楊疎影馬蹄多。三更蟹舍明簾火，十里虹橋壓鏡波。豈有公孫能避世，太行西去隔滹沱。

兖州道中

平田泉水自成渠，村口秋林日影疏。著我肩輿安穩過，半看黄葉半看書。

發落卷

積案盈箱又幾千，此中容易損華年。明珠有淚抛何處，黄葉無聲落可憐。冷傍青氈猶剩墨，照殘紅燭已銷煙。那堪多少飄零意，爲爾臨風一惘然。

曲阜城東

庫門東去意蒼茫，泗水西流向夕陽。陵上白雲留少皞，地中黄土認空桑。策書字在郊麟死，鐘鼓聲銷海鳥藏。過客未談三古事，莫教先賦魯靈光。魯庫門以大庭氏庫得名，他國無之。

甲寅

萊州試院曉寒

渤澥陽和尚未回，曉聞昕鼓發輕雷。山風入院旆初動，潮氣滿城關未開。昨夜清樽思北海，何人博議似東萊。此時頗讓江南客，官閣春深落古梅。

寒亭

五千年下讀遺經，濰水橋東馬暫停。海右無如此間古，斟尋亭北有寒亭。

登州雜詩十首

幓腄分圖遠，萊牟鑿境通。山高饒怪石，海闊有長風。鹵地魚鹽薄，沙田黍稷豐。我來千里外，小住一城東。

鎖院浹旬久，驚寒衣轉加。地東天早曙，春遠樹遲花。夜雨逢三月，雲濤落萬家。成連渺何處，寒水滿平沙。

三面瀛洲水，舟行繞岸回。風波休轉漕，斥堠必登臺。漁户編船住，番夷納賮來。去年英吉利，受吏過蓬萊。

城闕通帆舶，滄濤壓女牆。旌旗風裏壯，鼓角地中藏。秋汛丹崖險，春耕竹島長。晚潮人散後，飛鳥上樓航。

桑田言本幻，日主祀無名。人到之罘島，雞鳴不夜城。秦碑湮舊迹，漢使失回程。當日求仙處，皆從蜃市行。凡《史記》載秦、漢求仙之處，今皆有蜃市，蓋方士所藉以惑人者。

冠山森傑閣，吐氣接洪濛。曉户宜賓日，低簷可避風。謂避風亭。捲環連碧玉，磨鏡出青銅。何處攜東海，坡公一袖中。

南洋趨楚越，北岸接遼關。小賈輕航海，餘丁出墾山。人家挂絖羽，時節望刀鐶。略有唐風儉，惟留歲晚閒。

山川饒毓秀，風土亦能寒。春女皆稠髮，鄉民愛素冠。比居千户静，近市一街寬。見説民稀訟，清閒是長官。

俗樸難挑達，衣衿相與青。何人同獻賦，有士始横經。古歎才難得，今求地有靈。當年施與宋，風雅總飄零。人歇新耕後，閒情在小邨。雨煙送歸路，花柳發春園。石壁支茅屋，蔬田結枳樊。轉懈行客過，車馬一時喧。

登州聽海濤聲

海雨溼土春初晴，海雲自北趨南行。風來渤澥暮轉急，吹落萬派驚濤聲。初疑驅車來遠道，輪雷欲動遲而輕。後如閉閤伏虛枕，簷前涷雨千條傾。或是汝南馬旋磨，否則試院煎茶鎗。相視不語共歙聽，出户仰首巡南榮。天空晝静日將落，頗有鹵氣來山城。城頭雉列屋鱗次，其中直作波浪鳴。丹崖田戍近三里，長流迴洑聞縱横。日行北陸海底暖，潛陽蒸起龍蛟鯨。讙聲騰沸島嶼振，夕汐淘汰沙石清。洋洋一洗耳底浄，心體虛豁無凡情。人生不俗即仙骨，豈有大藥眞長生。更待夏仲望岱嶽，遠收青色歸雙睛。耳目至此歎觀止，或令聾瞶開聰明。

過黃縣

風軟平田不動塵，柳梯麥甲總宜人。行過百里東萊路，來看黃腄雨後春。

題秦二世琅邪臺石刻

我求秦石刻，若秦之求仙。求仙不可得，石刻終難湮。岱石經火燬，嶧石徒再鐫。之罘墮入海，海水潘爲淵。夐哉琅邪臺，椎築何殷填。黔首三萬户，金石三千年。石高丈五尺，怪鐵鍊精堅。剥落盡三面，小篆留西偏。披蘿復剔蘚，拓紙鳴槌氈。我來讀詔頌，載籍合馬遷。臣斯臣去疾，樛德名並傳。筆力入石理，玉柱勁且圓。點畫説偏旁，益知叔重賢。所惜頌與詩，變化隨雲煙。傖父磨粗沙，俗字鐫長天。餘此十三行，斯璺誠可憐。特立石鼓後，屹峙五鳳先。海風吹不倒，流徙悲斤欋。蘇公頗好事，模刻城臺前。亦惟八十字，文款本未全。每見宋元碣，殘暴如廢甎。乃以嬴氏物，存者猶巋然。豈有鬼神護，而免列缺鞭。誠因麻石性，余所見秦及西漢碑，皆麻粗石，故久。歲月無磨研。得此足以豪，神發忘食眠。更思寄同好，南北翁孫錢。謂覃溪閣學、淵如比部、辛楣宫詹。

泰山碧霞元君廟

元君唐代宅，帝女巽宫封。向背分齊魯，高明冠岱宗。萬山階下小，雙曜殿前逢。斗柄迴霄極，霞標建日春。銅瓴棲翡翠，藻井倒芙蓉。恍惚堂生樹，精誠牖見松。臨軒增地厚，卷幔發天容。帔接星文動，裳垂水繡穠。洪河衣帶闊，滄海鏡花鎔。挽洗盆疑崋，開關闕並嵩。玉華留宋璽，篆迹失秦峯。木德原宜穀，神功盡在農。棗梨香税歇，鐙火夜梯重。縋鎖登先早，循牆走獨恭。翠微寒氣積，赤綴午光濃。試拜生雲石，應飛降雨龍。私懷雩饋志，敢接向禽蹤。明日云亭路，難聞上界鐘。

瓶中碧蓮

帶得明湖水氣清，牕前兩日碧雲横。粉衣零落青房小，研水簾風一段情。

雨後泛舟登滙波樓

急雨纔過水上樓，門前齊解木蘭舟。垂楊小屋菰蒲岸，不聽涼蟬已覺秋。
湖裏荷花百頃田，溼香如霧緑如天。會須盡剪青蘆葉，頓放花光到客船。
就樹營巢湖上家，罾魚小彴水三叉。南豐祠下無人到，籬落閒開木槿花。
鵲華清翠近城多，十里泉田足稻荷。樓外斜陽秋色早，更從何處覓鷗波。

山左學署八詠

落日城頭晚，東風泉上春。湖光復山色，齊向倚欄人。四照樓。
落落橋上人，泠泠橋下水。顧影獨整冠，清歌懷孺子。濯纓橋。
鳥浴闌花外，魚跳窗影中。滄江卧米叟，畫舫記歐公。小石帆亭。
十丈赤珊瑚，紅泉入鏡湖。輞川圖畫裏，惟解種茱萸。海棠洪。
岱雲一片白，風雨雕玲瓏。落地化爲玉，朗朗對裴公。玉玲瓏。
臺迴煙波闊，檐虚夕照閒。寒鐘静無語，霜氣滿秋山。鐘樓。

西軒石如菌，松杉得甘露。恐有仙人來，采與東坡去。石芝。
吉金與樂石，齊魯甲天下。積之一室中，證釋手親寫。積古齋。

小滄浪亭在鐵公祠旁與學署近隔一湖其後軒元題爲水木明瑟用水經注語也夏秋間每泛舟過之茶竈書牀流連竟日較之春秋行迹頗分勞逸

小港西軒外，扁舟北渚涯。百弓開柳岸，六柱泛蘆簰。獨往常無約，高情或有儕。李公休皂蓋，杜子屢青鞋。橋彴圍栽葦，亭門窄縛柴。軒窗商啓閉，几席合安排。煮茗然雙鼎，攤書占一齋。寫碑金石録，題字水松牌。檻曲看盤鶴，牆陰認篆蝸。舊詩猶在竹，午夢間依槐。起對山鬟擁，閒臨天鏡揩。嵐光遥接案，波影上平階。巖屋小於匣，池魚細似釵。濠梁多古意，泉石湛秋懷。拄笏西風爽，搴簾夕照佳。新涼流玉宇，暮色動銀淮。月露收園籥，輪蹄憶箭靫。江湖浪遊跡，襟抱未全乖。

明鐵太保祠

易謁金陵廟，難攖歷下鋒。兵戈驅石佛，風雨挫眞龍。死願先平保，功甘讓盛庸。明湖舊祠外，秋水薦芙蓉。

秋日同徐太守大榕至龍洞遂遊佛峪還至龍洞穿洞出小憩壽聖院搨元豐順應侯碑

錦屏巖下扣禪關，林汲泉頭看水還。得路卻隨支遁馬，迎人都是范寬山。碑陽帶墨摹官勅，洞裏然燈照佛顔。既欲狂遊須盡興，城中難得一朝閒。

汧上海棠秋日作花

春深行部失花期，不見殘紅下歷陂。葉底西風闌外雨，泥人猶放兩三枝。

靈巖山

山谷通靈氣，伽藍出世情。辟支孤塔影，卓錫古泉聲。松問何年種，碑題過客名。憮然念塵迹，翠壁白雲横。

同人登岱至對松山日暮而返

未及上翠微，暫攬松山勝。嵌巖置修除，緣壁起盤磴。拂衣千仞上，闌危不可凭。峯高多夕陰，天半風初勁。坐我萬松間，蒼翠互相競。白雲横不流，中有新寒凝。林壑媚幽姿，泉石動清聽。已忘世人情，羡彼飛鳥性。

登嶧山

絡繹羣山勢，兹山定一尊。元謂蒙、嶧二山皆以占象得名，《尚書》所謂『曰蒙曰繹』也。《爾雅》曰『屬者繹』，《説文》作『圛』。排天雲作嶂，入地石連根。魯柝邾相近，秦碑魏不存。秦碑爲北魏主所仆。杜少陵云『孤障秦碑在」者，誤也。祇今遊攬處，不必到書門。嶧山秦刻石處名書門。

鄒縣謁孟廟晚宿孟博士第中

霸王代謝百年間，夫子風塵又轍環。若使靈臺開晉國，豈能秦石上鄒山？遺書賴有邠卿校，古廟惟餘博士閒。今夜斷機堂外住，主人鐙火照松關。

早行

戒道雞聲歇，炊煙起孤村。寒林無戀葉，隨鳥下平原。平原多枯草，繁霜被其根。鳥來無所食，還向空巢翻。村中有老農，曉起抱諸孫。傳聞達官過，策杖倚蓬門。屋西積草廩，屋東延朝暾。布衣木棉厚，顏色有餘温。懸知爾室中，尚有升斗存。

揅經室四集詩[一]卷二　琅嬛仙館詩略

乙卯

喜晤焦里堂循姊丈於東昌寄懷里中諸友

光嶽樓前見里堂，執襟一一問江鄉。十年舊雨兼新雨，幾處青楊間白楊。用《南史》何、蕭事。元白州鄰曾共卜，庾周肥瘦各勝常。累君同作風塵客，敢詠冰心寄洛陽。

自禹登山白雲峯東三里至佛峪

兹山何岧嶤，神禹之所登。東行入虛谷，泉石媚清澂。側徑臨深谿，馬足猶兢兢。午嶂屯春

[一] 四集詩，底本誤作『詩四集』，據本書體例改。

陽，陰厓積素冰。石無附土樹，壁有緣隙籐。雲護巖上佛，泉養廚中僧。何當看秋瀑，濩落山三層。巨流曳紳帶，細溜垂綏繩。靈臺出其上，衆勢歸馮凌。我情亦遐舉，振翮隨花鷹。

歷城白雲峯西北至錦屏巖憩壽聖院

靈湫住天龍，談禪闢初地。但見元豐碑，破屋已古意。繞階漱清泠，壓簷積蒼翠。泉急石丸轉，雲過松花墜。前峯不可梯，高鳥懾其翅。誰爲造孤墖，中使金仙睡。後峯如太華，巨靈擘爲二。誰爲駕飛梁，鐫彼摩崖字。古人具精力，恥作尋常事。否則憖如僧，碌碌老荒寺。

壽聖院西南石壁上有龍洞出入里許

神龍抉壁入，破壁復飛去。龍去壁已穿，介然用成路。當門立大佛，乍見心疑怖。石泐面如削，曾向夢中遇。前夕夢石人無面，今所見同。過此入深隧，秉爝遂暗度。俯行尻益高，相呼不相顧。一隙忽生明，目開夜嚮曙。不知出何山，奇險更難步。手中得葛藟，足下生松樹。蜿蜒攫爪痕，是我題名處。

由龍洞巖下西過三龍潭十里至黑峪而返

三龍潭峽口，如防復如堂。千丈屹相對，古色交青黃。其下狹數尺，亂石敺羣羊。短衣雙不借，眼底無康莊。路窮逕仍達，地暢崖復當。水消尚存迹，日午已韜光。陰森料山鬼，蒼莽防奔狼。有客獨結廬，無乃非人鄉。十里暮始返，華岫月微茫。城闕明燔火，春漏聽三商。

復至佛峪

澗草迴新緑，巖松發古春。泉銷三月雪，佛現六朝身。馬足熟知路，僧寮閒可鄰。誰知城裏客，常作入山人。

寒食日長山縣道中雨

風雨近清明，蕭蕭過驛程。烟横林影斷，青遠麥田平。行部三春事，思鄉十載情。雷塘今日路，知復是陰晴。

過臨淄縣齊侯墓

畢竟仍存土一抔，(邱)〔丘〕明晏子兩《春秋》。可憐上古無書籍，何處青山葬爽鳩。

題江寧孫蓮水韶漢上舊遊詩後

扁舟無那漢皐迴，詩向樊川刻意裁。交甫何期珠佩解，牧之曾見紫雲來。恐因極樂能消福，如此多情祇爲才。欲洗胸中愁萬斛，試翻春海到蓬萊。

海棠

星娥海上曉妝時，洗盡鉛華世不知。今日清明花下坐，滿天靈雨落胭脂。

木筆

一樹臨風四照開，白雲晴日麗蓬萊。欲知花頂春多少，更與仙人上玉臺。

萊州蜉蝣島

山根走入海，出海更成山。一碧揩銅鏡，孤青擁鈿鬟。潮生春蟄起，月黑夜珠還。誰復能齊物，蜉蝣天地間。

題海濱獨立圖

山根入海海連天，著我臨崖思渺然。同是蒼茫千古意，不知生後與生前。

登蓬萊閣

下見滄溟上絳霄，城頭一閣獨超超。天能包括鯨波静，日有光華蜃氣銷。島外帆移千里目，坐中人壯午時潮。曾遊山海東經内，酈注江河總寂寥。

過華不注山

兩年山下記行蹤，秀澤單椒磴百重。南渡濟流初起嶽，北離岱麓獨成峯。三周人與車聲遠，九月秋如畫色濃。不是明湖開曉鏡，鄂跗誰照碧芙蓉。

小滄浪亭雅集和馬秋藥前輩履泰

北渚離塵鞅，明湖浸翠微。濠梁宜客性，山水願人歸。樂趣莊逢惠，吟情孟與韋。孤亭復虚榭，徙倚意無違。

每有論文暇，遊懷相與偕。豪華非絳帳，蹤跡共青鞋。軟草平侵路，圓荷半帖階。隨時齊物理，生也亦無涯。

五日濯纓橋小集遲馬秋藥前輩小疾不至以詩來即和原韻

濼泉涌地出，城裏流汗漫。吾家散衙處，汩汩穿葭亂。此境雖荒率，頗受泠士盼。魚依橋影聚，鶴應人聲喚。遲客獨不來，坐久風荷亂。小疾居濼源，詩情隔湖岸。今日當薰浴，未有綵絲絆。求炙及鶚羹，好音在芹泮。我用銅艾虎，持同梁鏡看。是日出梁太平元年五月丙午日鏡並元延祐元年銅艾虎，鎮紙爲玩。諸生各成詩，願就君改判。我有石菖蒲，連絡根不斷。鑿鑿見清水，蓬萊白石彈。節物無好句，坡公應知歎。落日池上飲，賴有顏與段。謂顏運生、段赤亭。展讀所得碑，石墨光燦燦。

小滄浪亭

獨泛滄浪平底船，軒窗面面葉田田。風光誰許平分得，人與池心四照蓮。池中碧蓮一枝，四心分出，因以名之。

小艇穿池不礙花，種花人住艇爲家。教收荷葉三霄露，供我甆甌午後茶。

筆牀書篋向池攤，池上荷花高過欄。揞起烏篷遮午日，一雙銀蒜壓青竿。
北渚紅橋結笠亭，蕉衫紈扇此消停。夕陽若爲人間立，留照湖山半角青。
蟬歇殘聲緑樹間，霞痕山影共闌珊。微風吹動金波色，月在東南箕斗間。
我向滄浪獨立時，五更露氣到清池。城頭落月輕黄色，多少鴛鴦睡不知。

東孫淵如同年時初任兗沂曹道尚未至山東

濟南亭館傍湖開，湖上秋風且漫催。萬朵荷花五名士，一時齊望使君來。五人謂馬秋藥、桂未谷、武虛谷、顔衡齋、朱朗齋。

池中碧蓮一枝四花共蔕花各三心因名曰四照蓮諸客觀者皆有詩

一枝折向水晶盤，十二蓮心共一攢。儘有花光酬坐客，不妨樽酒合圍看。

題何夢華元錫林外得碑圖

孔林牆外夕陽明，永壽碑酬訪古情。我後何君來曲阜，手摩殘字得熹平。癸丑冬，元至曲阜，適黄小松之訪碑人以見漢隸殘石來告，元亟命掘舁至試院，手剔其文，乃熹平二年石也。

獨遊佛峪

山深易覺秋，一雨衆秋足。西風吹涼雲，蕭然出空谷。寒花隱荒蔓，疎葉下林木。久坐依盤陀，泉石交耳目。雖未攜琴樽，情賞轉幽獨。

爲新城王文簡公書立墓道碑

先生墓道在山阿，兩載輶軒伏軾過。司仄聲李吾鄉推大雅，皋陶從古善賡歌。翰林風月誰能似，齊魯聲華近若何。多恐此碑容易泐，未如詩卷不消磨。

渡河

水色開眉宇，緇塵拂箭袍。西風新雁起，落日大河高。斷岍立千尺，歸帆輕一毛。安能用舟楫，全代馬蹄勞。

展母墓

嚴霜隕寸草，饕風撼長樹。哀哉我慈親，竟向此間住。慈親昔愛我，一日欲百顧。欲及我之冠，欲畢我之娶。教我讀古書，教我練世務。哀哉皆未及，竟忍舍我去。五年守里門，幸得依墳墓。十年爲帝臣，未踏雷塘路。年年寒食節，悲酸向誰語。今年奉命歸，許祭叨異數。蹀躞北郊外，一蹙欲十步。哀哉我慈親，長年竟此處。繞隴亂呌號，迷惑竟無據。直欲抉土開，呼母應而寤。回寤終不能，白日黯已暮。簡書矢靡盬，料此難久駐。更悲去家後，寒暑尚三度。北林多雨雪，西風吹霧露。夕陽散樵牧，夜月竄狐兔。而我居官齋，錦稻雜然御。斯志期無忝，安敢計温飫。惟有勞國事，聊以酬悲慕。

敬題御賜惲壽平橅元人萬竿烟雨圖

雨山雲欲流，奔泉出其麓。沙石餘青蒼，潤氣滿林竹。御園依玉泉，龍籜森如束。每因扈蹕遊，得以豁塵目。癸丑銜使命，濟灤濺行轂。城西習遊處，篠簜蓋泉屋。乙卯冬至浙，小住西湖曲。三里五里中，盡是篔簹谷。置臣於此中，天意不令俗。慨然思有斐，何以瞻淇澳。雪餘冰署清，石渠畫共讀。分題得此君，烟雨迮尺幅。灑然襟帶清，穆若鬚眉緑。人間與天上，領取臣皆足。

敬題御賜惲壽平橅黄鶴山樵松崖翠壁圖

南田逸趣勝盧敖，自寫閑身上小舠。壁卧斷溪飛翠影，松含清吹落輕濤。綸竿舊狎烟波老，翰墨今懸祕閣高。臣愧不如柯敬仲，漫叨恩賜獎微勞。

丙辰

嘉慶元年正月人日射鵠子於浙江學署之西園即事聯句

虛庭開春首，西棽胡廷森。修竹挂日脚。朋戠盍素心，子白張若采。耦進踐清約。揚觶酒已具，庚泉林道源。射鵠興可託。鵠鼓音微轉，中之程贊和。『射鵠』二字，今北音讀如『時鼓』。時射韻非錯。對棚借梅列，定甫江安。量步破苔薄。西十北十符，里堂焦循。左个右个作。護韝籍之茅，伯元阮元。當箭懸以幕。加福委髯奴，西棽。設侯用文鞹。尺壁肉倍好，子白。大泉輪滿郭。五花疊陣圓，庚泉。兩儀換丸躍。星緯各成天，中之。月望不留魄。紅點嵌星星，定甫。白堊圍皭皭。囫圇雜（元）〔玄〕黃，里堂。紛披範青艧。揸者竹象爻，伯元。絙之歷爲索。敦弓我既張，西棽。鳴鏑匠復削。志傳《爾雅》名，子白。臍射道成惡。渾沌破七竅，庚泉。相攘出六鑿。講譜法深穩，中之。時湘圃封君年六十三，射法最精細。編須人矍鑠。胡西棽先生年七十八，鬚長盧弦拂，編辮乃射。佽決看誰先，定甫。袒衣云盍各。燥濕擬重輕，里堂。陰晴變今昨。恃力挽取强，伯元。敢遠立反卻。心摹飛衛神，西棽。笑勝投壺樂。竽將一一吹，子白。淵遂深深拓。是謫者叱者，庚泉。亦翩若矯若。吻厲鶩飢鷹，中之。翰飛聽匪鷽。旁人不及瞬，定甫。喝者或曰著。叩鳴善于問，里堂。響應眞如諾。投石散水暈，伯元。擲彈碎花萼。

儼絲貫于針，西棽。若鎖投以鑰。其衷將直取，子白。他心竟能度。虛中窺轂轑，庚泉。無極存匡廓。或挈貳疊雙，中之。或連參斷繳。或四鏃井儀，定甫。或五兩綄落。或觸植顛墮，里堂。或維綱綰綽。揚或隼出塵，伯元。抑或蛇赴壑。止或陷區臾，西棽。斜或拂枝格。拙每成獨笑，子白。巧翻致衆愕。既徹待獲旌，庚泉。乃飲無算爵。功力相箴規，中之。得失互嘲謔。雖藝近乎道，定甫。此禮其猶醵。當風醒薄酲，里堂。臨池度曲彴。餘情看洗馬，伯元。畫者更盤礴。西棽。時封君作《洗馬圖》。

題胡維君虔環山小隱圖

環山學人愛著書，經術密矣生計疎。慨然載書出山去，江湖一舸塗五車。烏乎有山不能居，無山欲買願更虛。君不見，山中老農不識字，一生溷跡樵與漁。

秦小峴觀察瀛招遊西湖晚謁表忠觀適錢裴山同年楷過訪未值有詩見投報以一律

天使浮雲自往還，春晴喜借一舟閒。共舒中禁鐙前目，來看西湖雨後山。元與小峴、裴山在中禁時，五鼓即橐筆相見。吾輩冠裳烟水上，君家祠宇竹松間。好將千首新題句，都就詩人仔細删。新得諸生表忠觀落成詩千餘首。

渡錢塘江呈同舟諸友

虎跑泉頭列騎迴，六和塔下布帆催。纔當春日江心暖，知有風潮海上來。隔岍峰巒青已到，同舟賓客興初開。古人縱愛山陰道，不抵諸公酷愛才。

梁湖道中

屈曲梁湖水，舟行亂過橋。山深皆有路，浪静不通潮。暮色浮松頂，清香動麥苗。謝公吟賞處，蹤迹祇漁樵。

過謝氏東山

雲水東山春放船，謝公褰屐憶當年。蒼生寄托傷温浩，青史功名冠石元。捫蝨有人知唳鶴，圍棋無暇笑投鞭。始凝殘墅今何處，惟聽風泉似管弦。

上虞縣

曲水平穿岍，長林緑壓垣。石橋多似路，山縣小於園。白舫依官渡，紅梯倚戍墩。劇憐溪谷裏，考績尚稱繁。

恭進授受禮成文册得旨云措詞典雅尚爲得體賜蟒袍一件荷包二對恭紀

樞密傳優詔，微臣被寵褒。雙荷聯賜袋，九蟒繡宫袍。德似日難繪，恩如天更高。趨庭雖戲采，戀闕欲簪豪。

會稽山謁大禹陵

會稽巨鎮東南雄，宛委巒嶂摩青空。文命之陵據吕墨，朝衣九拜揚春風。典謨有字遷有紀，豈假弱筆陳豐功。惟思禹德在於儉，無間再歎世折衷。山川主名遍天下，此山不載《禹貢》中。揚州域廣漸海表，刊定未紀夷與戎。東教躬勞遂道死，參耕壟畝封葛桐。陵者葬陵澤葬澤，蒼梧之野將毋同。豈如後人詭且侈，沙（邱）〔丘〕還至咸陽宫。子（元）〔玄〕誕妄太白陋，亂引汲竹疑重瞳。夏家天下子亦聖，曷爲薄葬於越東？試以吾言問二子，無稽之説將立窮。我拜既畢題窆石，白雲滿穴春陽紅。帝之瑞應氣郁郁，神所出入光熊熊。重黎受命地天絶，惟有陵鎮猶相通。

女桑

婀娜春風裏，柔桑已拂稊。曾經纖手種，剛與一肩齊。緑影初勝翦，青園未上梯。閑閑在何處，猶隔小牆西。

曉雨後登吴山

足下峯齊列，雲中日未生。萬家殘夢歇，五月曉寒輕。草木宣山氣，江湖納雨聲。若非登眺遠，空自卧嚴城。

五月二十一日曉登吴山有晴意復泛舟入西湖遂大霽

破曉登吴山，來風力尚微。扁舟入西湖，泠然吹我衣。西北雙峯高，雨氣猶霏霏。東南倚山郭，隱隱明朝暉。颯然長風至，與波相因依。初日忽瀲灩，敗雲自翻飛。柔櫓劃清朗，照見山四圍。江湖卑溼氣，廓然空所歸。歸來日未午，園林地漸晞。撫我壁上琴，燥氣生金徽。

即事

虚亭風氣接清池，銷夏情懷懶正宜。一洴芙蓉三逕竹，兩箱金石半牀詩。修書最樂刊成後，望雨翻驚響到時。更待晚晴看洗馬，蕉林蝙蝠拂簷遲。

七夕

碧霄雲浄露華清，靈匹迎涼渡已成。河絡漸從西角轉，月弓將近半弦明。農桑本是人間事，兒女猶關天上情。茆屋夜深珠户曉，一般秋影看縱横。

修暴[一]書亭成題之

久與垞南訂舊盟，江湖蹤跡鬓星星。六旬歸築三間屋，萬卷修成一部經。繡鴨灘頭秋芋熟，落颿步外古槐青。笛漁早死雙孫老，誰暴遺書向此亭？

題錢可廬明經大昭蕉窗注雅圖

錢君磊磊古丈夫，治經亦復箋蟲魚。解字九千分部居，字字剖出光明珠。更肆精力及其餘，

[一] 暴，甲戌續刊本作『曝』。

稚讓《廣雅》釋且疏。唐宋以後此學麤，有如蹊逕生榛蕪。吴氏棗板猶模餬，坐令文字多齟齬。錢君一一爲杷梳，旁達衆説通經郛。此學吾見王石臞，與君同歸而殊途。蕉窗在屋西北隅，是即錢君之可廬。臨風把卷吾愛吾，輾然一笑何軒渠。畫師吮筆爲寫圖，緑天曾與錢君俱。玲石一卷蕉三株，中有鬚鬌蒼而腴。蕉之爲物《雅》所無，稚讓所學在《漢書》。列傳嘗解馬相如，《埤蒼》傳至曹江都。《選》學欲問曹公徒，江都曹憲有《廣雅音》，李善得曹憲之傳。試注《子虛》之巴苴。芭蕉始見于《上林賦》。《列子》『蕉鹿』之『蕉』讀爲『樵』，即《説文》之『蕉』，非芭蕉也。

桂蘂

叢桂將花又一年，淮南同是早涼天。小山露白人初隱，羣木秋高月未圓。濃意半生含雨後，清陰都在試香前。誰來金粟林中坐，不到聞時是妙禪。

題董文敏摹趙文敏䧿華秋色圖

《䧿華秋色圖》，趙吴興爲周草窗所作也。草窗本濟南歷城人，所居在䧿、華兩山之間。其祖時遷居吴興弁山之陽，故自號『弁陽老人』。同時張句曲雨亦爲此圖。鷗波圖元曾見之，句曲圖不可見，惟見其題句于自書詩册。鷗波圖舊爲董思翁所藏，思翁摹之，不止一本。元今所藏乃思翁癸卯年所摹，帶水長林，浮煙遠岫。草窗、松雪，風韻雙清。吴興山水，本以清遠移人。然濟南據岱嶽之北，七十二泉，隨地涌出，滙爲明湖，澄鮮渟澈，萬荷競發，流出城北，灤洄于華不注前。每當秋林初晴，横雲斷麓，正如此圖畫中矣。元兩年歷下，復到吴興，思翁此幀，常懸行館，單椒秀澤，『尚愛此山看不足』也。

思翁本是江南客，老與吴興鬭風格。一卷分從舊墨林，自染青山上生帛。歷下青山有鵲華，山前原是草窗家。吴興清遠家何處，碧浪秋蘋自作花。道人同住鷗波裏，爲畫齊州好山水。秋色山光尺幅中，西風鄉思千餘里。我曾兩載按齊州，湖裏荷花水上樓。七十二泉流不盡，青煙兩點鵲華秋。鵲華山色眞奇絶，畫意詩情不能説。螺黛濃描京兆眉，劍鋒碧削昆吾鐵。白雲如帶截林鋪，雲外單椒翠影孤。若愁難到雙峯下，試看華亭此幅圖。華亭妙筆朝朝見，壁上雙峯壓吴練。我今攜畫到吴興，惟有秋山大如弁。何事老人居弁陽，蒓鱸想亦感香光。鵶叉展看何時足，又上城南古道場。

金井梧桐歌

老鳳夜啄青琅玕，露華飛溼金井闌。美人倚瑟愁不彈，碧紗如水生夜寒。夜寒缺月下金井，玉繩斜繞銀牀冷。井波無聲澀修綆，秋風摇動梧桐影。館娃酒醒扶頭歸，促管繁箏燭十圍。卻下繡簾遮不住，棲鴉驚向隔林飛。

湖州懷吴蘭茨太守

碧浪湖中書畫船，道場清遠著吟鞭。愛看山色經千遍，爲采蘋花住七年。郡志頗詳名宦事，鄉人新録舊詩篇。口碑畢竟江關在，費鳳雙趺共渺然。墨妙亭『費鳳二碑』久佚，其字見《隸韻》中。

丙辰重九邀同孔幼髯丈廣林陳古華前輩廷慶徐惕菴農部大榕何夢華上舍元錫陳無軒廣文倬登靈隱石筍峯和古華九言詩韻

城中風雨騷屑不我容，相約來登湖上之高峯。江山湖海向我共磊落，安能苦吟寒菊花蒙茸。

前輩豪興較我更十倍，先使研中硬語除纖穠。近來塵疴不藥而自愈，惟覺高秋爽氣來相逢。憶昔策馬秋過華不注，徐君與我健足皆無笻。直穿百丈石壁龍洞出，巖下餘客瑟縮不敢從。又曾登岱題字摩崖下，籃輿出入動與雲霞衝。其時正值九月上弦後，足底羅列萬朵青芙蓉。即今石筍峯前樹奇絶，焉比對松巖外之長松。諸君有未遊者有遊者，終當繼此禽向雙高蹤。歸舟狂興入詩亦入酒，西山峯影競落深盃濃。回看白雲横斷共登處，高樓百尺合卧陳元龍。

陳古華太守同爲桐江之遊至嚴州而返投詩贈别賦此爲報

錢塘江上秋潮生，送我直到桐廬城。七里瀧中秋水落，留我卸颿瀧口泊。列戟危檣二十枝，夜深燈火驚溪壑。過船賓客銜深盃，水雲昏黑詩情頽。天明夢醒入瀧口，兩山直夾蓬窗來。面山阻水絶無路，多恐前舟誤行去。山迴水折路忽通，舵樓已失才行處。吁嗟此水何時通，松雲石壁開鴻濛。客星斂曜卧不起，坐令列宿全其功。出瀧盡行七十里，賴有清風半颿耳。兩行翡翠敞疎巖，十頃玻璃湛平水。此時秋氣壓生紙，謝沈刻意荆關喜。辰州太守尤清狂，出門兩月詩滿囊。三泖鱸魚不下箸，野船偏買纖鱗嘗。野船雖好不可住，别我吴淞江上去。明日乘風我上灘，百里颿分睡初寤。他年記取分帆處，嚴州城外桐溪渡。

和陳古華前輩廷慶桐廬道中韻

桐江水色與雲同，兩岍青山接碧空。山逐江流無斷續，雲分山勢各西東。風颿二百里眞速，日影未申時更紅。況是羣賢共秋色，半歸畫裏半詩中。

新安江東過嚴州建德城外入七里瀧即水經注所言漸江是也別有穀水出衢州西安至蘭谿縣金華諸水又自南來會之東至建德與新安江合流入瀧水經注所誤以漸江穀水爲浙江者也余兩駐嚴州以一律紀之

幾番鼓楫下嚴州，秋雨春風滿驛樓。江合雙流争入峽，山盤千疊竟通舟。天教清氣歸吴越，地走靈軀出女牛。獨有客星來大澤，高臺終古一羊裘。

印泥

玻璃窗暖書盈榻，晶盤玉椀花甆合。刀圭輕撥印泥開，一勺芳脂浸紅蠟。秦家玉鈕漢金龜，五色泥封天上詞。溼抹紅沙翻繆篆，未知佳製剏何時。宋人抹印猶調水，誰鍊丹膏落縑紙？銀綬三年艾吐綿，箭鋒九轉硃飛紫。雲笈眞沙蘇合油，銷凝暑日又經秋。珊瑚枝共明珠碎，琥珀花同桂屑投。象牙縷字輕銅刻，花乳燈光鬬新式。譜上朱文搨兩京，烏絲闌壓燕支色。讀畫鈐詩露寶光，卷中磊落扇頭香。若無研北花南趣，肘後綸金空自黃。

春夜江上聞角聯句

一江花月換邊愁，此鉛山蔣修隅知廉句也。春夜偶談及此，共補成之。頓覺蒼茫滿客舟。林道源庚泉。南國春情多在夢，古人心事重防秋。雲臺。詩中我已驚吹鬢，庚泉。城上誰能獨倚樓？半夜潮生風獵獵，蔣徵蔚蔣山。壯懷銷盡爲清游。庚泉。

孯經室四集詩卷三　琅嬛仙館詩略

丁巳

桐廬九里洲面江背山梅花三萬餘樹侍親登岍徧遊奉命賦詩

梅花三萬樹，春洲長九里。上接戴山松，下照桐江水。目力所不到，花勢殊未已。雪光晴不落，香海浩無底。詩人誇鄧尉，較此百一爾。卸帆登中洲，漸入深林裹。十圍合抱圓，數丈拔地起。拂帽更礙路，眩轉聊徙倚。四顧無所見，惟見萬花蘂。萬花争向人，一笑親顔喜。

金華夜泊

百里春風滿，羣帆莫色横。遠山連野燒，淡月下灘聲。壒影自孤直，津頭將二更。千家尚燈火，遲我婺州城。是日民間千家張燈。

夜至永康縣

四山看野燒，一路入荒榛。石卧頻疑虎，松明遠照人。城關延過客，行李累齊民。爲憶去年好，山陰畫舫春。

栝蒼山雨歌示諸生端木國瑚等

栝蒼之山應天符，粤惟羣仙之所都。軒皇既遠洞天閉，何處尚有仙人閭。我來茭嶺疊足望，但見青峰萬丈矗立東南隅。是時仲春日已炙，陰巖起蟄蛟龍蘇。盤厓百里直到郡，觸石已見雲合膚。一日二日雷車驅，三日四日雨始濡。春城夜聽溜滂沛，北天晝看煙模餬。遥知風門天井響，飛瀑濺起萬斛光明珠。穿林度樾散成霧，滛氣沍結松千株。棠溪管溪流並急，箭發不受山縈紆。陽開陰閉[一]復幾日，此時眞有羣靈趨。仙臺福地不能到，誰來示我經與圖。却喜甌江水新漲，石門山色迎川途。我行寫此示國瑚，有山不吟毋乃爲腐儒。

[一] 閉，甲戌續刊本作『開』。

題方湛厓溥所藏張南華鵬翀雲溪圖即用南華元韻

我聞練水城東南，就中小結南華菴。南華散仙據梧坐，濠梁之樂情所諳。玉峰徵君極好事，直款靜寄軒相探。雲溪之妙不可説，請君拂紙以筆談。溪上白雲四時好，今當初夏猶濃酣。雨晴風軟懶欲卧，横空大雪堆青嵐。忽然低飛壓茅屋，緑榆翠竹相交參。此時賓主靜無語，惟見毛穎揮毿毿。山中白雲贈陶隱，南方草木歸嵇含。雲溪頗擬范攄宅，若作《友議》應成三。南華仙才不久駐，徒令和者悲而慙。姚江學士又化去，卷中有邵二雲學士雙籐書屋題句。雙籐想亦傷藍鬖。方君此卷失復得，水隨帆楫山隨驂。屬我長歌韻成疊，渭城欲唱無何戡。今日扁舟展卷讀，石門波影相吞涵。溪中雲氣不能畫，况有垂瀑飛風潭。是日同遊石門看瀑布。

遊古永嘉石門觀瀑布石門新營在江西，非青田，但李太白即以此屬之謝公。

永嘉謝守弄奇譎，手擘石門山壁裂。侵晨直上青雲梯，一派寒泉迸龍穴。崖頭百丈直如削，逼令泉飛出其缺。當其欲落未落時，衝擊紛披忽三折。坐教破碎飄輕清，不使渾淪成注泄。偶經宿雨更争來，少得迴風便旁掣。横入雲氣派將斷，影漏初陽眼尤瞥。沾衣溼意詫沉陰，撲面清光仰霏屑。何人拍手喝曰奇，若使彼驚少呑咽。到地灑石無喧聲，此石千年洗眞潔。澄潭半頃緑光浄，如著一塵即污褻。老僧新焙春中茶，燒松煮水快一啜。櫻桃蔗漿漫相勝，誰復此時猶内熱。暑天風日諒不到，寒想冰絲半空結。安得誅茅四時住，坐對天紳自怡悦。出山一步一回顧，隔斷青林始忍别。行看雁蕩大龍湫，與此相衡孰奇絶。

自麗水縣放舟至永嘉縣

桃花楊柳背通津，十里溪山捩舵頻。面壁每驚無去路，望烟始識有居人。怒流不怕千回折，窮谷應遲半月春。若使客星逃更遠，此間幽瀨好垂綸。

雲徑歸樵忽有歌，數家小屋倚坡陀。砍松爲圈思擒虎，鑿領成田便種禾。岍下停舟妨亂石，磴前躡屐挽修蘿。不知如此荒寒趣，比似銷金湖若何。

夜眠只合在深溪，月黑巖高望已迷。但見峰頭争上下，偶因斗柄認東西。舟人寄碇先尋夢，山鬼驚燈或暗啼。且掛風帘護紅燭，小瓶春色看棠梨。

東甌國在海山邊，十里江城萬井煙。已見颶風傾蔀屋，誰平鯨浪駕樓船？三盤島嶼參差出，百粤帆檣雜遝連。豈似登州高閣上，碧環千里接遼天。

將由溫州至台州過雁蕩山前一日宿扶容村

一行分兩戒，其南極雁蕩。重壓沙海頭，險扼東甌吭。永嘉山水滋，康樂尤清放。度嶺惟斤竹，緣溪阻修嶂。天地惜靈秀，不易使人刱。及其終難祕，疏鑿任靈匠。已勒大通碑，更示詎那相。坡公遊山分，去聲。平生頗自仗。惟以詩酬圖，未足供趺宕。龍湫百二峰，吾耳久知狀。竊疑形容者，奇幻言或妄。今春渡甌江，百里山海上。瑶嶺據海澨，風潮午初漲。箯輿厲石梁，足底走鹹浪。晚程猶未歇，兹山已入望。情隨嵐氣清，心與飛雲壯。且投村屋宿，行李聊摒擋。吾徒侈清遊，一飯若轉餉。損之又損之，勞費已莫償。惟願明朝晴，風谷動清曠。同行若春雁，斜向峰頭掠。懸知今夜夢，先受山靈貺。

曉同江補僧鏐錢可廬大昭蔣竹塘調張農聞彦曾方湛庢溥何文伯孫錦諸友暨家叔載陽春樂清竺令尹雯彬過四十九盤嶺至能仁寺

曉程將何之？四十九盤嶺。嶺高盤愈仄，曲折若修綆。肩輿未及上，相顧色已警。陵緬或回棧，心怯息尤屏。不登丹嶂高，安見海天永。白雲翳人目，初陽生樹影。度嶺入深谷，倏忽闢靈境。

譬若讀古書，艱轖驟難省。至於入之深，道指乃可領。行行至招提，幽籟泛虚静。中慄既已平，泉石生春冷。

大龍湫歌

山迴路斷溪谷窮，靈湫陰閟龍所宫。眼前無石不卓立，天上有水皆飛空。飛空直落一千尺，鬼神不任疏鑿功。絶壁古色劃爾破，山腹元氣沖然通。有時静注絶不動，春陽下照神和融。有時飛舞漸作態，已知圓嶂生微風。一甌春茗啜已盡，水花未散猶復摇玲瓏。颯然乘飆更揮霍，隨意所向無西東。不向尋常落處落，或五十步百步皆濛濛。豈料仙境在人世，誰作妙戲惟天公。雲煙雨雪銀河虹，玉塵冰縠珠簾櫳。萬象變幻那足比，若涉擬議皆非工。石門飛瀑已奇絶，到此始歎無能同。惟有天柱矗立龍湫中，屹然百丈與此争雌雄。

常雲峰

怪石立孱顔，濃雲常在山。翻疑碧峰走，出没白雲間。雲氣無時盡，此峰終古閒。遥知滄海上，認取掛帆還。

寄雁蕩

我聞雁蕩波連頃，却在最高峰上頭。雲裏龍鱗接煙水，泥中鴻爪識春秋。欲攀危磴千層去，難向深山一日留。果有經行古尊者，擲詩還使逆波流。

過馬鞍嶺

林薄無疎影，川谷莽回互。崖轉得新蹊，已惜忘舊路。延緣入東谷，狹嶺詎可度。盤磴引高情，飛泉入危步。停策如據鞍，雙谷兼盼顧。沉雲散靈風，萬石盡豁露。伽藍遠撲地，蒙茸翳春樹。宿心既申寫，景物相昭遇。徘徊下層巒，嶺脊難久駐。

即景

毛竹青陰日影遲，亂飛鸎鴿拂晴絲。杜鵑花發松花落，正是山田秀麥時。

浄名寺蔬飯

石色峰峰變，溪聲步步斜。椶櫚[一]圍野屋，杉竹隱春花。入寺聽詩板，穿林斸筍芽。鐵盂香稻飯，匙上有雲霞。

試雁蕩山茶

嫩晴時候焙茶天，細展青旗浸沸泉。十里午風添暖渴，一甌春色鬬清圓。最宜蔬筍香廚後，況是松篁翠石前。寄語當年湯玉茗，我來也願種茶田。湯顯祖云：『雁蕩山種茶人多姓阮。』

[一] 櫚，底本作『閭』，據甲戌續刊本改。

登靈峰望五老靈芝諸峰

春陽已西頽，遊者殊未倦。複谷窅以深，羣峰闖然見。參差各離立，戌削盡成片。复峰忽中空，直罅裂如綫。淩厲出林表，蟠逕將升甗。三休始及上，九折石猶旋。當門飛冷泉，入腹抗高殿。虛牝喧聲聚，陰森和候變。奇觀意已驚，靈跡情彌眷。頗知吾去後，定復來期羡。

度謝公嶺望老僧巖

謝公慧業早生天，屐齒曾經到嶺前。峰上丈人猶化石，不知成佛更何年。

遊石梁洞洞深可容千人石梁亘其外

古洞空山腹，飛梁駕洞門。横空規日影，分罅夾雲根。仰險危將墜，探深響易奔。操蛇神若至，應有夜光屯。

石門潭

蕩陰雙閣水，齊向石門東。淺瀨平春浪，澄潭受遠風。晚潮歸海緑，落日滿山紅。回首三重嶺，都藏雲氣中。

出山宿大荆營

堠旗遥見大荆營，麥隴茶田取次平。斤竹澗通新驛路，石門潭抱小方城。沙邊落日籃輿穩，渡口春風畫角清。今日郵籤促塵鞅，他年重與細經行。

小窗

小窗紗影細如煙，窗外蕉林緑滿天。鸜鵒乍鳴茶半熟，醒來方悟挾書眠。

咏鐵拄杖

瘦蛟飛舞蟄龍愁，六尺錚錚敵佩鈎。曾伴古仙登葛嶺，合依衰將住并州。氣寒斷不因人熱，骨重何能繞指柔。若是樂全生日鑄，已隨銅狄較春秋。

與興化顧藕怡仙根遊山即題其詩稿一絶

湖光山色上吟衣，幾日閒遊便欲歸。歸去詩情更何許？清晨登隴看雲飛。

題謝侍御振定金焦夜遊圖

北固風雲静此宵，詩情酒興落金焦。江聲夜滿松寥閣，月色寒深玉帶橋。縹緲一帆孤掠雁，蒼茫雙寺共乘潮。舊遊我亦披圖見，十載鄉心向海摇。

予在山左畜一馬甚駿馳驅齊魯動致千里及至浙出必以舟不施鞍勒者輒浹旬日柔脆以死詩以惜之

腐儒豈是九方歅，負爾昂藏六尺身。空使湖山埋白骨，未從秦楚踏黃塵。懸金難得無雙士，裹革從來有幾人。我本將家羞墮武，敝帷零落下檀輪。

題王蘭泉司寇昶三泖漁莊第七圖

捕魚老屋三泖邊，一圖題詠五十年。英辭妙繪滿湖海，流傳半在吾生前。先生作圖髮初冠，七十手辭白雲案。剡溪特賜賀知章，不是經秋憶張翰。當年七子重三吴，已詠漁莊第一圖。輞水才人猶未第，草堂十志早傳盧。星廬特奏相如賦，從此漁莊不能住。鳳皇池上早朝來，五柞宫前秋獵去。忽與嫖姚西出師，上通井絡下昆池。盾鼻飛磨露布墨，弓衣細織簫鐃詩。每當鐵馬金戈日，却念綠簑青箬時。還朝顏色動天子，岳牧親民南奉使。雲生蠡澤雨成霖，門對滇江心似水。皐陶颺拜復賡歌，從古詩人西部多。久居臺省劉祥道，舊狎煙波張志和。釣艇歸來殊未老，手結香茅向圓泖。東都經訓鄭司農，堂下羅生書帶草。泖中人是畫中人，千首新詞七尺綸。淞水風前蓴葉冷，江南雨裹杏花春。先生來踐西湖約，第七圖詩屬我作。鐵篴吹雲過塔山，楊鐵篴居泖上。小蒸曬網成邨落。曹雲西隱居泖上，作《小蒸圖》。但寫閒盟鷗鷺身，誰知曾畫麒麟閣。我亦家居甓社湖，往來蹤跡惟樵漁。弱冠登朝謁蒲褐，公京邸蒲褐山房，乃歸愚宗伯舊第。似公早歲逢歸愚。暮年若許歸湖曲，學畫漁莊到七圖。

張子白同年攜擘石翁畫至杭州展讀於定香亭上是時池荷怒發盆蘭襲人把酒論詩極一時清興題詩記之

蓮花過雨清宜畫，蘭箭臨風韻似詩。記取丁年秋七夕，定香亭上晚涼時。

七月十一日同人過西湖晚泊湖心亭看月

湖心有客夜停船，白露如煙月滿弦。風裏雲霞無定色，水中星斗落高天。直愁銀漢浮身去，惟見金波著地圓。亭是月中仙樹影，四圍虛湛玉輪全。

座中仙侶認瀛洲，一片清光共舉頭。極浦荷花騰夜氣，出懷詞筆破涼秋。人因地勝方能聚，景是天開恐易收。來有浮雲歸遇雨，三更霽色爲君留。

海寧安瀾園雜詠

修竹影風淪，清意每相媚。秋逕有人來，颯然破空翠。御題『水竹延清』。

老竹露花垂，新竹風梢亂。莫聽琳琅聲，微妙在鼻觀。御題『筠香館』。

薐桂抱幽亭，秋香聚圓谷。懸知昨夜晴，明月三更足。天香隖。

小閣據木末，千花向閣開。不知出花上，花底看人來。羣芳閣。

窗前十畝池，月出定滉瀁。今宵難待月，金波入清想。瀁月軒。

陂陀易留人，頗可釣寒碧。雨餘秋水深，又没一層石。碕石磯。

風來月復到，吟弄當如何。我不識禪理，惟知張志和。烟波風月。

雲生竹趣深，雨歇荷香定。有客放舟來，風蟬動涼聽。竹深荷浄。

虚庭雜花樹，料此宜春宵。笙歌初散後，滿地花影摇。和風皎月。

癯叟説青籐，籐古叟尚幼。朅來八十年，入秋更堅瘦。古籐水榭。

乘輿每登樓，坐見芳林杪。寶思發春華，高情屬雲表。掞藻樓。

石徑滑蒼苔，危欄四面開。何人要脚健，直上此亭來。翠微亭。

八月望後至海寧州登海塘觀潮

錢塘江潮秋最巨，未抵鹽官十之五。我來鹽官塘上立，月初生霸日蹉午。江水忽凝不敢東，海口哆張反西吐。潮不推行直上飛，水不平流自僵竪。海若憑陵日再怒，地中回振千雷鼓。馬銜高坐蛟鼉舞，拔箭倒發錢王弩。須臾直撼塘根去，摇動千人萬人股。如捲黑雲旋風雨，如騁陣馬鬥貔虎。如陰陽炭海底煮，如決瓠子不能禦。三千水擊徙滄溟，十二城隳倒天柱。氣欲平吞於越天，勢將一洗餘杭土。吁嗟乎！地缺難得媧皇補，大功未畢悲神禹。此是東南不足處，豈爲區區文與伍。滄海桑田隔一堤，魚龍黧首相鄰處。我皇功德及環瀛，親築長防俾安堵。全用金錢疊作塘，不使蒼生沐鹹鹵。邇來龕赭漲横沙，卻指尖山作門户。雁齒長樁十萬行，魚鱗巨石三層礎。王充論前有古蹟，枚乘發後無奇語。吁嗟乎！此塘此潮共千古，詞人心樂帝心苦。

秋桑

吴興桑田之多，與稻相半。丁巳八月下旬，按部至此。西風落葉騷騷然，有深秋意矣。

因成四律，以邀和者，且以此課郡中詩士。

扁舟衣袖乍驚寒，下若桑林緑意殘。初響天風知半落，未逢夜雪已先乾。樓前有日蒼涼出，陌上無箏錯雜彈。若使秋胡今駐馬，黄金原向絹機看。

西河古社重徘徊，木葉應知庾子才。淇水秋期貧婦怨，晉廷九月餓人來。采菱纖手空成妒，舞柘輕要不共迴。偏是吴儂感憔悴，十年牆下記親栽。

底須三宿問他鄉，誰向花前笑索郎。釀秫時光宜薄醉，調弦情緒動清商。但教天下輕綿暖，何惜林間墜葉涼。試種東坡三百尺，芟來終比暮春長。

漁陽八月已空枝，還是吴興霜露遲。飛鳥雨晴猶護羽，野蠶風定尚懸絲。遠揚試伐深秋後，光景能收落照時。料有苕溪老桑苧，垂虹秋色滿新詩。

題道場山歸雲菴孫太初墨蹟卷後卷中有文董諸名公數十人書畫。

山人化作秋雲飛，吴山松冷雲初歸。草菴白塔不能到，惟見白雲翻夕暉。去年道場山上去，杖策直叩枯禪扉。聽詩頗有古錦版，侑茶不用黄金徽。今秋移文入山去，直取朵雲來棘圍。滿堂賓客共翦燭，把卷羣歎所見稀。以文入山，向僧取卷，留文爲券，題畢乃交付，以防胥吏匿竊。山人詩翰清似鶴，華陽眞逸猶嫌肥。後來過客五百載，縑楮半爲山人揮。蒼煙過眼月露溼，疑有雲氣沾人衣。此卷不可染塵俗，送爾以詩歸翠微。

謝蘊山前輩啟昆自南康遷居南昌別業有池翁覃溪先生名之曰蘇潭先是覃溪先生視學江西曾名南康蘇步坊之井曰蘇潭故蘊山前輩即以自號且繪蘇潭圖屬題

先生清望似蘇公，小住南昌別業中。自有謝墩任人奪，却將蘇步與師同。翁爲謝之師。百弓小圃堪盤鶴，半畝方塘好印鴻。爲乞新詩壓圖畫，瓣香先寄北平翁。

蘇齋久已入詩談，更與西江水共參。坡公江西詩曾用馬祖語。學士坊邊新改井，先生溪上舊師覃。論交白髮清同照，若雨蒼生味定甘。五百餘年書卷尾，恐將終號謝公潭。

題凌次仲教授廷堪校禮圖次石君師詩韻

周儀治天下，厥功逾誓誥。揖讓升降中，精義靡不到。吾友凌經師，無雙齊許号。緜蕞容臺上，不受介紹導。既有戴聖學，且持高密操。志氣堅不撼，精力滿無耗。弱冠我同游，許我入堂奧。嚶嚶兩鳥鳴，頗異凡咮噪。實事必求是，虚聲共恥盜。君之入京師，以禮爲履蹈。始知士相見，盡化頑與暴。北海一席間，驚譽馳四墺。惟知抱一經，不願駕雙驁。宣城冷官舍，挍禮志雅好。昌黎所苦讀，而君力排奡。經文溯江河，疏義析潢潦。得間發一難，皇慶賈公彦不敢報。餘情述《周髀》，知天若裨竈。重輪引虚綫，測視目無眊。淺儒襲漢學，心力每浮躁。豈知后與慶，家法傳衰耄。淩君發禮例，楊復李如圭不屑冒。金輔之程易田及劉端臨盧召弓，相視互不慠。邇來文更雄，魏晉力能造。始歎才之奇，實惟天所燾。吾師極重才，愈奇愈憐悼。新詩榮于褒，華衮被單縞。制科儻三舉，會見交章告。翹然賁弓車，豈徒離席帽。平生學何事，許國敢悋憀。辟雍仰天藻，詎止泮芹芼。吾才陋且小，地褊若滕郜。與君素投分，又若邸與瑁。同在文公門，籍湜各樹纛。親老修天爵，斯言昔所禱。君今潔白養，恩勤慰乎菢。已勝饑驅時，負米比轉漕。手此十七篇，怡然志無懊。天將厚其後，兹特先韋犒。所以吾師詩，披圖深勸勞。

孳經室四集詩卷四　琅嬛仙館詩略

戊午

上元後一日春讌和謝蘇潭方伯韻

月輪還見十分圓，金綺餘情不夜天。鐙色照開花苑外，歌聲飛過彩雲邊。民騰善氣春如海，官有清聲酒亦賢。同是南江持節者，共將歡慶祝堯年。

天爲人和每放晴，望舒偏向小園盈。春生北海賓朋坐，詩帶東山絲竹聲。半月閒心疎簿領，一時仙吏話蓬瀛。同宴九人皆以京朝官外任者。東風入律鯨波静，玉燭先調十二城。

五更過蘇隄列炬中見桃柳正妍

清鐘動疎樾，缺月猶在天。山光餘夜碧，湖水生春烟。春煙約微風，飛落蘇隄邊。我騎青驄來，暗柳拂絲鞭。行燈一路明，照見桃花鮮。譬如蓬島夜，綽約棲羣仙。燭龍啓潛蟄，驚起仙人眠。尋常春夢濃，日影移花甎。今宵破春曉，醒在羣花先。東方雲漸白，六橋虹影圓。不惜沾衣露，濕紅殊可憐。

半山桃花十餘里春仲偕人兩次來游元和蔣蔣山徵蔚武進陸祁生繼輅陸紹聞耀遹皆有圖詠紀事因題册中

皋亭山下多春風，千樹萬樹桃花紅。江城愁雨二十日，破晴小舸來花中。三篙新漲紅到底，一片絳雲飛不起。仙子霞裳住赤城，麗人靚服臨春水。蘭槳摇摇行復回，横塘香霧轉輕雷。薄寒小雨燕支濕，留住濃酣緩緩開。兩年我爲行春去，每到花時不相遇。崔護重來似去年，劉郎又到成前度。詩裏情懷畫裏身，坐中慘緑盡詞人。若非才子樽前筆，孤負臨平二月春。

上巳桐江修褉

去年修褉到蘭亭，今日春江倚畫舲。上巳風光晴更遠，富陽山色晚逾青。要將觴詠臨流水，還向綸竿拜客星。濯遍塵纓何處好，釣魚臺下碧泠泠。

溯嚴瀨至蘭谿

春江三百里，一瀉衆山破。流雲如秋潮，始識風力大。連飆撲天去，其勢頗無懦。亂峯不知名，絡繹復坎坷。終日蓬窗中，把卷向山坐。轉如立灘頭，盡遣羣山過。晚來有明月，莫擁黃紬卧。

金華試院宋自公堂後雙古柏

自公堂後雙古柏，六百餘年老宋客。蟠根欝律透重泉，生氣勃然出堂脊。一株轇輵紋節轉，一株皮厚腹中㘯。等閒鶯燕不敢來，絶頂花雕刷寒翮。瓦溝殘日落青子，蒼鼠奮鬣噉其液。此堂支柱多古礎，乾道七年魏王宅。湯陰惡檜刳不盡，鞏洛松楸種何益。此柏幸栽節度家，頗有清香凝畫戟。徒恨苔身長百尺，未與冬青樹争碧。堂陰誰可話疇昔，六碑首問熙寧石。堂後有石碑六，皆兩宋物也。

冒雨由縉雲趨麗水道出桃花交青黄龍諸嶺雲氣萬狀勝於晴時

春城晚逾暖，四山雲氣蒸。曉發縉雲南，雨勢方奔騰。延緣起修磴，巖壑來填膺。眼前快磊落，足底愁淩兢。傅壁凛傾澗，接石度高陵。路窮嶺直立，遂乃衝雲登。雲深不見路，叱馭將毋能。陟險有悚志，探奇多曠情。松篁易成響，況以風雨聲。雜花滿四山，紅白垂繁英。上有千仞峯，蒼翠流餘清。下有百道泉，亂石交喧鳴。其中亘白雲，與我相縱横。

嶺上多桃花，花落初生葉。芳草何芊眠，染濕緑蝴蝶。不知淩絶險，轉覺閒易躡。迷漫十步外，白雲飛帖帖。浮嵐青數痕，中有峯千疊。若令廓清霽，飛鳥去猶慴。

青巖亦已轉，陵緬山之陽。林澗正懷烟，花岫猶屯香。降隨猛泉落，升共高雲翔。翔雲扶我行，冷逼單衣裳。欲招青田鶴，謂端木國瑚。矯翼來低昂。仙都在何許，雲海春茫茫。

山花

野花滿山紅白黄，山丹躑躅高良薑。青桐蓝小不來鳳，薔薇拂露跳麝香。墓門短碣没春草，叢祠破壁開斜陽。野火亂燒半枝死，樵斧却赦柔條長。鳩啼緑陰不知處，引我眼到青巖旁。君不見，竹林堂前飛達末，台州紅栽潤州缽。沃土清泉護曲欄，三日不澆根欲渴。請看青巖石上花，白雲如水養之活。

春盡日阻風青田和張子自同年若采見投詩韻

又放甌江黃篾船，棱生風力透輕緜。山來一一重相見，春去堂堂不受憐。栝嶺清流千百轉，秣陵秋雨十三年。今宵良話應無夢，泊近西堂對榻眠。

恐是芙蓉海上城，靈都望見月初生。宵來定有胎仙過，春盡曾無杜宇聲。屐齒溪山閒後想，燈花詩句客中情。請聽一夜船頭浪，已覺東風暗裏更。

重遊青田石門觀瀑布

石闕開雙扉，未登心已羨。沿溪溯潺湲，越谷望葱蒨。飛流百仞上，先向林表見。敢拜天紳垂，疇與白龍戰。曳影澄潭涼，觸石生衣濺。雨餘情彌壯，風定勢猶旋。踈響静凡喧，摇光引清眩。兹來春夏交，山花落如霰。重游意更洽，坐久心逾眷。安能搆巖棲，聊息水程倦。

蕉林驟雨

黑雲閣日來蓬蓬，芭蕉窗下生微風。忽翻白雨破幽獨，萬點秋聲戰寒緑。此聲入耳心亦涼，動摇眼底迴清光。何處驕陽火熾熱，何處大道風塵黄。跳珠濺玉驟復緩，簾波不動清陰滿。半晌疎齋已坐忘，案頭茶冷青甆椀。

温州江中孤嶼謁文丞相祠

獨向江心挽倒流，忠臣投死入東甌。側身天地成孤注，滿目河山寄一舟。朱鳥西臺人盡哭，紅羊南海刼初收。可憐此嶼無多土，曾抵杭州與汴州。

台州試院在城北龍顧山之麓有樓巋然出于林表虛窗四敞雲山相圍余置榻其上留連浹旬昔山左濟南試院有樓曰四照爲施愚山所題余極愛登眺遂復以名此樓書榜懸之

靈江通海汐，雲霞圍一城。孟夏方陶陶，林薄含餘清。林中有高樓，神撫羣山平。風光泛疎牖，嵐氣通環甍。興言懷謝公，爲此登樓情。

衆峯不同青，一雨浄萬緑。啼鳥悦初曙，晴雲翳深木。朝陽未上城，人煙猶隱屋。曉起神自清，復此豁遥目。隱囊風氣涼，臨窗一晞沐。

山多雲氣聚，少暖即成雨。翔風海上來，颯然破微暑。輕涼潤笙簟，清氣入玉麈。高林接繁柯，森森繞窗户。情賞在無言，列岫静可數。

西嶺鬱崔巍，夕日早銜光。谿壑起輕陰，穆然何清蒼。歸鳥入林小，樵徑盤雲長。暝色漸近人，樓外浮昬黄。豈能無世慮，及兹澹欲忘。

兹樓四無礙，下視未十仞。勢憑山已高，天垂月尤近。清露生明弦，流雲散華暈。燈火遥樓青，笙歌夜風順。誰知卷幔坐，吾方攬幽藴。

傑構臨湖山，兩載居齊州。兹來章安郡，夢與愚公遊。連楹既窈窕，遠嶺亦清遒。龍顧頗宜夏，雒華空復秋。願得施宣城，卧吟百尺樓。

由臨海至天台

驟暖蒸涼雨，新晴得快風。揭來清澗上，細繞碧山中。淺浪連村麥，高陰滿路桐。赤城知不遠，遲客晚霞紅。

國清寺

朱閣瓊臺未及攀，長松纖草叩雲關。六朝山色禪光定，雙澗泉聲客性閒。止觀何人參智者，題詩此處是寒山。老僧若問《天台賦》，惟有三幡句不删。

華頂茅篷

華頂茅篷底，枯僧忘世情。披雲採春茗，劚雪得黄精。虎跡穿林見，龍腥帶雨生。此中百五輩，疑有應眞名。茅篷最小，皆苦行僧棲止處，幽巖窮谷，計一百五十餘所。

薄暮重過石梁

獨倚長松自詠詩，曇花亭下白虹垂。飛流縱向人間去，莫忘石梁清激時。

夜宿上方廣寺藏經樓

雲構飛流上，高眠近太清。星辰低北户，鐘鼓發初明。塵土十年夢，風泉一夜聲。却嫌採藥者，翻重世間情。

萬年寺題僧達本壁

寺門高引八峯低，老樹新篁緑影齊。試與豐干入林去，緩扶籐杖聽黃鸝。林間黃鸝最多。

天台山紀遊

天台一萬八千丈，我來迥出羣峯上。碧山如海不能平，天風足底催高浪。山下白雲凝不流，浪花卷出青鼇頭。惟有經臺立天表，不與元氣同沉浮。飄飄直過八重嶺，百尺飛流石梁頂。龍門鑿破走崑源，銀漢扶回瀉天影。金庭雙闕不可攀，玉沙瑶草非人間。曾記桃花古仙客，夜騎〔元〕〔玄〕鶴吹笙還。《七籤》空説子微悔，《雲笈七籤》：司馬悔山爲李明仙人十六福地。李明柏碩今安在？多爲遊人乏仙骨，割盡胡麻蹈東海。昔登海閣望蓬萊，赤城又見霞標開。羽人雖去洞天在，白日照耀金銀臺。可憐害馬不肯住，今夜月明宿何處？揮手一抹羣峯平，彩雲填滿千盤路。若非清夢落天姥，定繞仙壇轉飛去。

竹兜詞和陸九耀遹

越嶺登山雙竹君，平安日日我須聞。何人支起西窗坐，只隔斜陽不隔雲。

著我天台雁蕩間，青琅玕繫碧連環。昨從惆悵溪頭過，軟似詩情穩似山。

天台籐杖歌

福庭本是羣仙囿，漢代桃源尚如舊。仙人手種祁婆藤，擲與人間賽靈壽。敲破銕簣捫椰栗，擎起蛟身看清瘦。我來天台親見之，萬年嶺上垂金枝。猿狖引臂弄光澤，筋纏石骨堅無皮。鹿樵偶向夢中得，七尺珊瑚淡紅色。豈須芝草始長生，著手已能助仙力。石梁雨滑生蒼苔，聽笙看月登瓊臺。恐隨飛瀑化龍去，直撥白雲尋鶴來。持歸拂拭奉堂上，要腳輕便不汝仗。躍馬才從靈隱回，橫膝聊爲壽者相。庭前倚杖聽兒詩，如策長藤到台蕩。

遊山陰陶石簣讀書處水石洞

飛夢下天姥，餘情入吴越。鏡湖波逼山，石簣水搜窟。飛梁駕重門，立柱抗高闕。冷壁悟禪面，瘦峯露仙骨。定役靈匠心，莫謝天機伐。削成夏圭斧，奇拜米顛笏。清風漱玲瓏，澄潭倒峭崒。紅樓四月寒，烏舫一篙滑。籐枝裊更長，蘋花香未歇。勝境豈在多，覽古興超越。緬想山阿人，沿流弄明月。

戊午五月二十六日靈鷲峰銷夏聯句

出郭緬澂波，奉賢陳廷慶古華。沿隄快新霽。緑罨千樹濃，安邑宋葆淳芝山。紅擎萬花麗。筍輿先後來，婁縣楊之灝簣山。松磴兩三憩。疊足山龍嵸，錢塘何元錫夢華。撲眼石陵厲。泉喧橋影圓，儀徵阮元雲臺。亭敞茶烟細。呼猨已無聲，古華。飛鷲頗有勢。張翼障日高，芝山。垂咮啄雲鋭。迦陵遠流音，簣山。圓澤近同諦。結夏慧理巖，夢華。論古咸和歲。開山自晉咸和始。蠟屐穿玲瓏，雲臺。藤杖閱迢遰。一派瀉龍(泫)〔泓〕，古華。千盤擁螺髻。具相嵌莊嚴，芝山。題名雜分隸。洞窺一綫天，簣山。臺譯千佛偈。登頓竟忘疲，夢華。脱略了無繫。高軒補尋梅，雲臺。靈隱東軒有老梅，已枯。余屬僧補栽之，爲題『補梅軒』額。層椒遲訪桂。往迹追白蘇，古華。忘形到支惠。佳莽浸清寒，芝山。伊蒲出新脆。解衣到劇譚，簣山。臨池更游藝。畫法尚夏圭，夢華。時芝山作畫數幅。硯懷抱劉蜕。余藏晉咸和甎研及唐劉蜕研。竹陰午夢清，雲臺。槐院晚蟬嘒。歸思趁吟鞭，古華。涼風襲行袂。出山尚聞鐘，芝山。臨湖重鼓枻。回指翠微間，簣山。卻眺烟波際。此遊殊耐吟，夢華。後會良可繼。暑歊翻避人，雲臺。我東日西逝。古華。

嘉慶三年西湖始建蘇公祠誌事

蘇公一生凡九遷，笠屐兩到西湖前。十六年中夢遊徧，況今寥落七百年。西湖之景甲天下，惟公能識西湖全。公才若用及四海，德壽不駐湖山邊。區區明聖一掌耳，易補缺陷開淤填。長堤十里老葑卷，北峯頓與南峯連。雨雲雪月入吟袖，裝抹濃淡皆鮮妍。水枕競與山俯仰，百吏散後登風船。可憐紗縠去不得，欲歸陽羨愁無田。江頭斑白説學士，碑在口上無勞鐫。三百六十寺興廢，竟無一屋祠公焉。前年我來拜公像，聊以山水娱四賢。柏堂竹閣今尚在，一祠畢竟公當專。淮海秦公世交後，謂小峴觀察。辨此醵出清俸錢。歲寒巖下百弓地，宅有花樹池多蓮。讀書堂字公手蹟，一匾横占屋十椽。余摹公所書『讀書堂』碑字爲祠中堂匾。吁嗟乎！公神之來如水仙，靈風拂拂雲娟娟。樓臺明滅衣蹁躚，萬珠跳雨生白烟。琉璃十頃清光圓，水樂驚起魚龍眠。我歌公句冰絲弦，薦秋菊與孤山泉。神歸來兮心超然，望湖樓下湖連天。

秋日任滿還朝同人餞于西湖竹閣賦詩誌别

誰家有此好湖山，況是西風竹閣間。秋水正寬情共遠，賓鴻初到客將還。汪倫潭上舟迎岓，辛漸樓頭酒照顔。爲問浄慈古開士，再來我可不緣慳。

贈吴鑑人 曾貫

秦家五字劇縱横，曾出偏師陷長卿。寄語蘇州漫相許，語兒還有小長城。

贈鮑以文 廷博

清名即是長年訣，當世應無未見書。何處見君常覓句，小闌干外夕陽疎。

贈朱朗齋 文藻

雨後清溪遶屋流，藤床著膝看魚游。先生竟似陶貞白，萬卷圖書不下樓。

贈何夢華元錫

却因風木常多病，不爲清狂始詠詩。一種閑情誰解得，夕陽林外讀殘碑。

贈何春渚淇

清聲無柰左雄知，老戀林泉未肯離。若論不求聞達好，此人曾賦却徵詩。

贈朱青湖彭

白髮吟詩獨閉關，著書常被八人删。龍泓未見山人癖，别起書堂又抱山。

贈周樸齋治平

中法原居西法先，何人能測九重天。誰知處士巾山下，獨閉空齋畫大圜。

贈端木子彝國瑚

誰是齊梁作賦才，定香亭上碧蓮開。栝州酒監秦淮海，招得青田白鶴來。

題江子屏藩書窠圖卷

江君未弱冠，讀書已萬卷。百家無不收，豈徒集墳典。款識列尊彝，石墨堆碑版。我年幼於君，獲與君友善。談經析鄭注，問字及許篆。書窠小東門，出城路不轉。時從書裹坐，左右任披展。何期丙午荒，負米致偃蹇。秘笈遂散失，今乃存者鮮。繪此一幅圖，感慨良不淺。余爲進一言，聊以當解辨。世有聚書人，充棟富編簡。腹中究何有，九流盡乖舛。江君書雖佚，等身多述撰。精華在一心，糟粕笑輪扁。樹石滿書窠，雲烟任過眼。

己未

會試闈中夜雨和石君師韻

人材昭代盛，淵藪盡充嬴。鑒別推先輩，師資得老成。風流歸古籍，雷雨莅清盟。況有文昌氣，銀河洗甲兵。

恭和御製立秋日遣悶元韻

微涼迴殿閣，秋向鼎湖來。曉露深天慕，西風感睿才。禮修軍帥賞，詩動侍臣哀。籌筆思鼙鼓，銷鋒静草萊。仰惟純孝志，決莫下方災。諸將恩皆重，新兵氣更催。共當迎爽候，合力挽河回。一洗羣氛盡，龍輴不起埃。

移竹

南西門外竹檀欒，破曉移栽一百竿。到處軒窗皆洒落，我家門逕本清寒。夢回涼雨踈踈聽，坐對秋風細細看。獨抱愁心向誰説，此君遮莫報平安。

九月望裕陵禮成旋蹕復奉命敬閲山陵工程留住四日每當夜月瞻望松山潸焉出涕謹成八韻

慟哭龍輴外，橋陵已閉宫。千官歸扈蹕，一介代司空。鑿石題名馬，攀髯泣寶弓。松楸孤月下，樓殿萬山中。星斗環人近，神靈護勢雄。定知雷雨後，直使地天通。大葬前二日夜，雷雨滿山，旋即開霽。肅穆常侵夜，悲思直溯風。何當春祭畢，周文王葬于畢。還從屬車東。

趙忠毅公鐵如意歌　成親王教作

趙忠毅公銕如意，傳世甚多，銘詞形製大略相同，而年款各異。其最古者，施念曾《宛雅》所載一柄，爲神宗戊申春製，銘曰：『其鉤無鑯，廉而不劌。吕歌吕舞，吕弗若是利。維君子之器也。』此後厲樊榭、韓其武、沈歸愚所歌，皆未識年月。若壬申製者，今在初頤園中丞處。天啓壬戌張鼈春製者，在吾簣一處。天啓癸亥製者，舊在陸丹叔侍郎處。今詒晉齋此柄又爲天啓甲子，是當時所製非止一也。戊申之銘作『以弗是利』，『利』與『劇』『器』爲韻。餘者作『折』，或篆文相近，摹仿之訛與？或讀『是』字爲絶句，則『折』字又與下不屬矣。

趙公老死不如意，公如如意國不墜。逆璫鑄錯滿六州，三尺寒鏐天所棄。公引正士盈朝廷，在地爲岳天爲星。小人倒竊君子柄，二十六字空鎪銘。我讀此銘重太息，銀篆銷磨銕花蝕。指揮曾見三君來，抨擊能教四凶踣。嗚呼此器鉤無鐖，廉而不劌古所稀。天鑒搜羅出呈秀，搢紳點竄歸廣微。嗚呼此器以歌舞，中外忻忻望政府。清流終勒東林碑，戍骨幾埋代州土。嗚呼此器以弗折，百鍊精剛正臣節。一握難收婦豎權，六人甘死鋃璫銕。公銘天啓甲子年，是年十月公南遷。五更一星對殘月，石硯與此同清堅。忠毅公『東方未明』之硯銘曰：『殘月暉暉，太白睒睒。雞三號，更五點，此時拜疏擊大奄。事成策汝功，否則同汝貶。』天不佑明使公貶，公貶乃將縱大奄。摩挲金氣動星文，太白歸天夜睒睒。

題宋高宗瑞應圖同彭芸楣館師作

康王天命爲元帥，先使臣民應符瑞。南渡須收奉璽心，北盟早識投鞭志。緋帶蕭郎待詔才，江山半壁手中開。却將希古滄浪法，勅寫中興瑞應來。上河曾記清明日，鄭俠監門傳諫筆。漫説東京天水流，竟看艮岳宮車出。此日惟知崔府君，小奴先見護行人。兩河將相占丁甲，百萬蒼生繫鬼神。鬼神拯馬河堅凍，白兔仙亭偶然中。冰天何處走青衣，御營已協黄袍夢。夢中江海半模糊，泥馬金牛事有無。却聞風藥花錫使，歸寫吳山立馬圖。此圖絶勝延祥觀，半臂雙鐶莫同玩。回憶黄羅擲將時，衹今道服披圖看。臨平燈火似樊樓，賸水殘山屬馬劉。圖中尚是中原地，半是磁州半惲州。李宗韓岳皆思戰，願飲黄龍恢赤縣。此事當年最吉祥，淩烟惜未開生面。赤符龍鬭渡滹沱，自古中興瑞應多。白水眞人眞謹厚，惟聞苦戰不聞和。

題五代馬楚復溪州銅柱拓本

此柱朱竹垞檢討舊有二跋。吳任臣《十國春秋》載此文，訛數十字，且沿《五代史》『士然』之訛。今觀拓本，實『士愁』也。柱今在保靖縣十里舊茅灘上。館師彭芸楣大司空以拓本屬題。

伏波鑄銅柱，歸車得讒搆。馬殷無功德，天以湘潭授。酬勳在千年，毋乃是華胄。士愁一角蠻，豈如徵側富。不爲錦溪長，甘作辰澧寇。盜用盤瓠兵，敢與九龍鬭。僭僞當盛時，材力每雄厚。梯棧破溪塞，焚林縛猿狖。五姓跪飲血，求誓僅自救。王曰與爾盟，鬼神質詛咒。伏波文學博，四羊印曾奏。當年若勒銘，定能正蒼籀。天策十八人，無出(宏)〔弘〕皐右。雄文與功稱，所學亦不陋。赤堇丈二尺，鑿字硬且瘦。惜哉猳掉尾，蠻烟蝕銀鏤。前年有苗格，露布出雲岫。拓本來軍中，南昌辨其讀。史校薛歐闕，跋訂吴朱謬。吾祖昔征苗，午夜揮兵走。十戰九洞中，碧血染袍袖。此柱當戰壘，刀鐶或親扣。挾册三摩挲，仰視日中晝。

暖房示書之

落日黄塵暗錦韉，退朝且就曲房眠。別開茶熟香温地，好待風饕雪虐天。索爾新詩憑素壁，記人往事有青氊。爐燈夜讀慈機下，此事傷心二十年。

武林歲暮

武林逢歲暮，風雨正淒然。短燭論文夜，寒雲聽雁天。客懷清似水，官舍冷於禪。莫道長安遠，崢嶸共此年。

揅經室四集詩卷五　琅嬛仙館詩略

庚申

春日台州

滄波圍古郡，弭節一登臨。緯耒農人意，樓船將士心。麥愁春雪厚，帆慮海雲深。世事積如此，天台安可尋。

庚申正月督兵海上往返天台未能入山

前年遊屐入天台，今日雲山不肯開。縱使石梁難再到，飛流可向夢中來。

天台山大雪三日守凍剡溪

天台三日漫天雪，頓長千峯一丈高。華頂定當排玉樹，石梁想見凍銀濤。磵迷險磴常翻馬，溪擁寒澌不受篙。安得春風吹暖日，四山春水下輕舠。

守凍

剡溪百步寬，積雪寒流壅。我舟陷其中，尺寸不可動。豈無槳與楫，力士失其勇。非冰疇敢履，少涉即没踵。此時計舂糧，如珠但盈捧。四顧絶人迹，惟見玉山聳。南中春水煖，岸草媚丰茸。爲想下天台，輕帆坐中擁。豈料三日雪，寒壓山川重。事勢變莫測，及此乃深悚。所以海上寇，吾憂在甌甬。

送趙介山文楷殿撰李墨莊鼎元舍人奉使册封琉球

同是中朝第一流，雲螺彩蟒拂麟洲。狀元風度今莊叔，才子神仙舊鄴侯。四月西湖留駐節，萬人南海看登舟。翰林盛事知多少，如此乘風乃壯遊。

題孫淵如觀察萬卷歸裝圖

魯民争道送歸程，萬卷圖書短櫂輕。使君去後一帆遠，惟有微山湖水清。右丞渭城一曲，取調最高，篴爲之裂，北宋猶有能唱之者。東坡『濟南春好雪初晴』一首用之。此絶亦用其調，未知合否。

緑葉

我家讀書處，團雲蓋老屋。兹復來吴山，繞屋列嘉木。已當衆芳歇，萬葉成一緑。北窗人意閒，瑣碎摇晴旭。疎雨過南樓，蕉桐滴鳴玉。半年勞簿領，春筍積成束。賴此清蔭濃，稍可障塵俗。隔簾影逾浄，下階凉更足。不知此何時，但見青梅熟。

題西湖第一樓

高樓何處卧元龍，獨倚孤山百尺松。人與峯巒争氣象，窗收湖海入心胸。經神誰擅無雙譽，闌影當凴第一重。却笑扶風空好士，登梯始見鄭司農。

題徐碧堂司馬聯奎秋艇狎鷗圖

鑑湖秋水放輕舟，賀監歸來未白頭。誰與先生最相狎，舟前三十六沙鷗。

濠梁秋水坐忘機，一抹青山淡夕暉。愧我今年機事重，海鷗終日背人飛。

贈李西巖總鎮

儒將威名定不虚，風濤千里鎮儲胥。海天飛礮親檛鼓，夜月揚帆坐讀書。造得戈船浮木柹，築成京觀掣鯨魚。封侯自有黄金印，射石將軍恐未如。

次韻酬阮雲臺撫軍　李長庚西巖

開府推心若谷虚，要將民物納華胥。風清海外除奸蠹，令肅軍中畏簡書。報國自應親矢石，酬知未盡掃鯨魚。庸疏何幸叨青眼，媿美前賢愧不如。

文章高映斗牛虚，絳節重臨護象胥。帷幄申嚴三尺法，指揮妙合《六韜》書。不嫌檮櫟加丹漆，着意箴規滅釜魚。漫許胸中有兵甲，運籌未稱待何如。

上虞道中

曹娥江外驛籤長，百曲清溪繞石梁。夏氣出山雲莽莽，晴烟歸壑水浪浪。風前高樹吟蟬早，橋外平田吠蛤涼。却羨老農耘稻畢，一般閒意立斜陽。

天台行帳題楊補帆昌緒畫天台桃源圖

天台仙境去仍還，百道清溪萬疊山。洞口桃花隨水出，巖前瑶草帶烟删。誰教一路生靈藥，却有雙仙並緑鬟。笙吹月明(元)〔玄〕鶴背,樓臺霞護碧松關。歸雲隱隱聞雞犬,飛瀑泠泠雜佩環。千載偶逢開玉户,春風常爲駐紅顔。每依錦瑟終年坐,除種胡麻鎮日閑。如此好山猶別去,仙源那怪斷人間。

台州夜坐

雨後得秋意,草蟲聲漸多。樓陰流素月,山影接明河。坐覺風初定,遥知海不波。此時問韓説,何處夜橫戈。

初秋台州獲安南海寇事畢曉發回杭州

海上羣山碧四圍,新涼時候送將歸。秋來天使浮雲薄,不待南風也自飛。

寫榜作

列炬摇紅唱夜闌，屏風老吏侍闈官。忽聞佳士心先喜，得上名經寫亦難。撑拄五千古文字，銷磨八百舊孤寒。榜花已説孫山好，還向孫山以外看。

漪園晚眺

碧樹西風裏，闌干閒更長。萍開魚影亂，松静鶴巢涼。遠水交平岍，秋山耐夕陽。不知惆悵久，歸棹入昏黄。

仲冬詣天竺復同孫蓮水韶吴山尊鼒汪芝亭恩李四香鋭陳曼生鴻壽陳雲伯文述林庾泉道源焦里堂循過靈隱蔬飯冒雪登西湖第一樓

空山寂無人，同雲闇然合。微雪何荒寒，僧境頗宜臘。翩翩裹屐來，開堂見老衲。鑪火爇松明，茶烟出禪榻。煮筍出山去，湖光更蕭颯。櫓聲動烟水，如與雁相答。山樓對南屏，萬樹擁一塔。

窗虛衆影歸，懷沖雅情洽。古人重清遊，良貴朋簪盍。寄言儒家子，禪悟不可雜。

浙東賑災紀事

冰凌塞谿壑，積雪明羣山。飽飯被復陶，猶覺此地寒。矧茲災餘民，食少衣復單。庚申夏六月，風雨夜漫漫。山海本交錯，蛟龍出其間。夷寇蕩頗盡，嫠梏民亦殘。狂流破山出，百道開巑岏。平地水一丈，牆屋崩驚湍。漂人及雞犬，決冢浮窆棺。清畎爲石田，沃土成沙灘。萬頃稻始花，擢拔同草菅。客如疑此言，試看高樹端。樹端枝杈椏，藁秸猶交攢。爾時不死民，垂淚呼長官。長官發倉穀，倉破穀不乾。升斗縱不多，尚可數日餐。飛章入告帝，民隱動天顏。帝曰毋諱災，赤子皆恫瘝。近者急軍儲，度支殊艱難。臣體帝之心，不敢少吝慳。金穀四十萬，胥吏伺爲姦。察之苟不密，何異官貪頑。民受官所授，著手親分頒。我來如視傷，一一索其瘢。治寇在於猛，卹災務於寬。致災已不德，有力敢不殫。所賴高田稔，米價平市闤。種蕎亦成熟，雖貧心已安。終思卅萬人，家室何時完。朔風生稠道，伏軾興長歎。

屬王椒畦同年畫珠湖草堂圖即題

月落湖水平，珠光弄殘夜。夕霏已媚人，況是斜陽下。吾家甓社西，臨水有茅舍。當年達人歸，謝靈運《述祖德》詩云：『達人貴自我。』行吟得清暇。投壺登小樓，射鴨來虛榭。柳細早分涼，荷香始知夏。我豈不懷鄉，塵鞅安可謝。武林好山水，未宜稅烟駕。終念甘泉山，青光向湖瀉。

題王椒畦同年畫金華載詠樓圖

夫容峯下碧城頭，百里清江繞樹流。如此好山原入畫，祇須名輩一登樓。荆州詞賦思王粲，(元)〔玄〕暢詩篇説隱侯。我亦欲來同覓句，恐聞鴻雁不勝愁。

登八詠樓

蛟龍城外迹，鴻雁澤中聲。山破雪猶積，野荒風易生。三冬氣寥落，六代意縱横。怪底休文瘦，誰能遣此情？

即事

鴉盤老樹晚來寒，密霰蕭蕭打竹竿。風色滿天雲更緊，絕無情緒倚闌干。

桐廬九里洲看梅花

九里江洲好畫圖，梅花曾見此間無。花農不記花開數，約畧一洲三萬株。
潑眼花光江岍前，半成明月半成烟。若非天女散花地，便是神仙種玉田。
香和雲氣染人衣，花與山光共四圍。一片暮雲花上落，可憐香重不能飛。
十萬瓊花路百盤，入花容易出花難。老僧菴外三千樹，已耐詩人半日看。

辛酉

賦得雷乃發聲

嘉慶六年正月，久晴未雨，望澤甚殷。十六日頒到御賜御書『福』字，並批諭云：『親書

「福」字賜卿，願兩浙士民同霑厚福。欽此。』是夜，春雷應節，雨澤優霑，士民交慶。十七日，試三書院生童，擬作試帖一首，敬書玉旨，宣示諸生，使知共被恩膏，勉膺福澤也。

風雨正漫漫，鳴雷起夜闌。一聲宣地氣，百里破春寒。震在剛柔始，屯如發洩難。天門開鬱律，車轂轉盤桓。紫電初回掣，青雲已直干。伸舒聞雉雊，動盪啓龍蟠。暖透山田麥，狂消浙海瀾。況逢宸翰灑，澤被士民寬。

蘇堤春曉

北高峯上月輪斜，十里湖光共一涯。破曉春天青白色，東風吹冷碧桃花。

二月十七日過臯亭山看桃花用六言律體

臯亭山下春色，甘遯邨前夕陽。柳葉纔勻鴨緑，菜花盡染鵞黃。雙橋遠水弄影，畫舫晚風載香。況是碧桃萬樹，我來權作漁郎。

廿三日自海塘迴舟曉過皐亭復成一律

篷背東風太緊，曉來桃柳横斜。溪頭飛溼紅雨，山半飄殘絳霞。流水一年春色，武陵何處人家。莫尋洞口漁父，且看紛紛落花。

登鎮海縣招寶山閲新造水師大艦

怒濤如雪擁蛟門，百道樓船過虎蹲。山名。旗鼓一新人氣壯，風雲四合礮光屯。句章郡縣來相望，横海將軍許細論。果使水犀騰浪去，不教海外有孫恩。

辛酉臘月朔入山祈雪即日得雪出山過詁經精舍訪顧千里廣圻臧在東鏞堂用去年得雪詩韻

殘歲山崢嶸，陳迹兩年合。峯巒洩春氣，一雪復成臘。空谷無行人，白光凍千衲。出山入精舍，拂衣花滿榻。延賓有陳蕃，下車愧衛颯。煮茶説羣經，《鄭志》互問答。登樓對南屏，還見去年塔。頹雲潑墨濃，圖中認王洽。撫景觸愁懷，鄉園户空闔。慈竹壓墓門，風雪定紛雜。

壬戌

曉至西溪祭社稷壇

路轉西湖曲，松陰散曉涼。五更山雨歇，八月稻花香。流水開天影，頹雲壓電光。儘多祈報意，無德感勾芒。

海寧州迎潮

青峯岑寂碧雲開，忽見江流亂卷迴。虹影化爲秋水立，日光曬倒雪山來。難分龕赭東南路，怕聽鹽官日夜雷。塘裏桑田外滄海，教人争不重徘徊。

安瀾園小憩

秋園風雨歇，坐覺蕉衫冷。竹樹含清陰，如雲淡無影。苔岑蟋蟀吟，空庭閟幽静。我本懷秋人，情賞相與永。

自乍浦彩旗門觀海至秦駐山

八月試新寒，蒼茫海屽間。天風吹大水，落日滿羣山。潮汐防衝突，艨艟計往還。勞勞千里事，行路反成閒。

題汪蛟門先生少壯三好圖梁蕭琛自言少壯三好：音律、書、酒也。

汪君磊落古丈夫，朗朗玉立清而腴。百尺梧桐閣上居，持喪卻薦爲醇儒。君舉鴻博科，以未闋服，固辭徵舉。撑腸拄腹萬卷書，其才鬱塞不可舒。一使金尊玉斝瀉醽醁，一使哀絲豪竹催謳歈。人生豈能無嗜好，要問好者爲何如。既不能讀五車，又不能注蟲魚。縱令好色皆登徒，餔糟歠醨爲屠沽。吁嗟乎！汪君磊落古丈夫，儒臣法吏心事俱。君詩云：『半生心事無多字，只在儒臣法吏間。』白雲青史相縈紆，文如介甫詩韓蘇。漁洋山人評君語。胸中經緯大有用，一視餘子齷齪而麤疎。君不見，汪君之友禹鴻臚，寫此《少壯三好圖》。龍舉篆隸陳坐隅，彈箏擫管皆名姝。如有歌聲遏圖内，一展卷後飛空虛。青天白眼互照耀，酒氣拂拂摇其鬚。此圖流傳在江都，秦君林下供清娱。五笥僊館貯萬軸，嗜好未與汪君殊。秦敦夫編修博覽多藏書，壯年引疴，新構藏書之屋，曰『五笥僊館』，屬元題扁。馳書寄圖索我句，我句能寫汪君乎？不能顧曲不能飲，自慚俗吏陋且迂。惟有簿領來儲胥，又有經籍堆籤廚。此間開圖呼女奴，酬君以酒騰花觚。更裁素絹重臨摹，百家題句寫無餘。吁嗟乎！汪君磊落古丈夫，風流文采今所無，眼前之人誰如蕭彦瑜？

秋日西湖泛舟

三面青山倚夕陽，桂花天氣半温涼。不須泊岸尋花去，湖上秋風鎮日香。

駐杭州時每九月花奴自揚州載菊一舟來一時瓶盎軒階俱滿奉嚴親宴花下饒有家鄉風景爲寫秋江載菊圖題之

重陽花事滿江關，千里花奴獨往還。瓜步西風潤州雨，一船秋色過金山。
爲寫《秋江載菊圖》，黄花同我住西湖。我來日飲西湖水，更爲澆花調一符。
花稱鄉心酒半酣，老人安穩住江南。階前半畝方池水，便是延年古菊潭。
松間石畔竹籬根，栽滿黄花即是園。記得童遊問兒輩，此間可似傍花邨？揚州城北傍花邨，種菊至數百畝，田家籬落，風景絶佳。

同人分詠古十印得劉淵之印

漢寶缺角威斗亡，永嘉六璽歸晉陽。中間竊敓數十載，天生漢甥劉元海。元海二角真英雄，蛟龍那得居池中。可憐王侯降編户，劉淵名但鐫頑銅。此銅鐫印尚青組，隨陸文兼絳灌武。朱范同門傳五經，曾以書緘封印土。無端玉璽來河汾，改元刻瑞增三文。淵于汾中得玉璽，增『淵海光』三字，改元河瑞。平陽光昌漢天子，豈監司馬家兒軍。當塗典午皆成篡，昭烈廟中出降禪。公主之孫能復仇，人心到底思東漢。惜哉和曜性不仁，不及李淵生世民。若使石符奉漢璽，諱淵久已如唐人。我今得印繫之肘，剛卯金刀辟邪鈕。回水爲淵屬象形，想見單于文在手。元海生，有文在手曰『淵』，故名。

置西漢定陶鼎於焦山䑽之以詩

西漢陶陵鼎，以漢慮俿尺度之，高七寸三分，身高四寸二分，蓋高一寸六分，蓋上有三環，各高一寸二分，兩耳高二寸二分，三足高二寸。銅質，五色斑駁，腹有稜，純素。蓋鑿隸書銘，大字十五，曰：『隃麋、陶陵共廚銅斗，鼎蓋并重十一斤。』小字四，曰：『汧第卌五。』器鑿隸書銘，大字十七，曰：『隃麋、陶陵共廚銅鼎一，合容一斗，并重十斤。』小字十六，曰：『汧共廚銅鼎，容一斗，重八斤一兩，第廿一。』案：《漢書·地理志》隃麋、汧二縣屬右扶風。《後漢書·耿弇傳》：『建武四年，封耿況爲隃麋侯。』《續漢書·郡國志》作『渝麋』，誤也。又《續漢志》：『定陶在濟陰郡，本曹國。』後漢屬兗州刺史部。郭璞曰：『城中有陶邱。』《史記》云『穰侯出之陶』，即其地。定陶共王康，元帝子，哀帝父，永光八年自山陽徙封。《漢書·丁太后傳》：『建平二年，上曰：「太后宜起陵恭皇之園。」遣大司馬驃騎將軍明東送葬於定陶，貴震山東。』《共王傳》：哀帝二年，追尊共王爲共皇帝。《水經注》：『濟水自定陶縣南，又東逕秦相魏冉冢南，又東北逕定陶共王陵。』此器云『陶陵』，是定陶共王陵也。喻麋、汧二邑共此器，故曰『共廚銅鼎』。《鐘鼎款識·漢好時鼎銘》云：『今好時共廚金一斗鼎。』《汾陰宮鼎銘》云：『汾陰共官銅鼎。』《上林鼎銘》云：『上林共官銅鼎。』漢器體制如是。漢陵廟皆有廚，《三輔黄圖》『昭帝平陵爲小廚，裁足祠祝』，《款識·漢孝成鼎銘》云『長安廚孝成廟銅三斗鼎』是也。此鼎蓋與器銘辭不相應者，因有二鼎，蓋與器互錯也。器銘云『并重十斤』，又云『重八斤一兩』，云器重八斤一兩，則蓋當重一斤十五兩矣。今除蓋以庫平法馬稱之，重五十三兩七錢二分。銘云『容一斗』，以今官倉斗較之，得一升八合。定陶故城在今山東曹州府定陶縣西南。予得此鼎，因思焦山衹有周鼎，若以漢鼎配之，經史引徵，可增詩事。爰以官牘達之鎮江府丹徒縣，付焦山寺僧永守之，竝加册於櫝，繪圖、搨款、鈐印，備録諸詩，時嘉慶七年季秋月。

碧山一角浮春潮，中有周鼎開雲歊。古文十行照江水，百家詠釋窮秋毫。千年古篆變爲隸，西漢款識多鑿雕。我有漢鼎五十字，喻麋汧鑄供定陶。斗斤兼記古權量，汾陰好時同禋祧。濟水東流帝陵起，臣莽掘廚金不銷。齋中拭刷出古澤，鼎雖轉徙猶堅牢。煙雲過眼莫浪擲，送爾安穩棲松寥。焦山閣名。卣鈃觶爵共相餞，雁鐙翦燭吟清宵。壬戌之秋木葉脱，海門風起江飛濤。蛟鼉踏浪避金景，蒼然古意生單椒。此時此鼎入山去，江天寶氣騰輕艭。海雲堂中多古木，兩鼎扃耳初相遭。周儀可補覲禮闕，周鼎呼史册命之儀，可補禮文之不足。諸家詩考未言及此。漢事志傳徵班曹。倉籀字破鬼夜哭，八分不似周王朝。一波一磔湛水石，同隱有似由與巢。胎禽仙去亦偶耳，華陽銘尚鐫嶕嶢。可知古人皆好事，以詩媵鼎各訂交。他時得暇或相訪，雲颿一片橫金焦。

考杜佑《通典》，京口有譙山戍。《太平寰宇記》亦以譙山爲戍海口之山。余家藏嘉定《鎮江志》云：江淹《焦山》詩，舊本作『譙山』。是北宋以前尚名譙山，北宋以後始以焦孝然事傅會之。孝然避兵娶婦於揚州，見《三國志》注。爾時孝然年尚幼，似無隱譙山三詔之事。且孝然爲魏以後人，蔡伯喈卒於漢末，在孝然之前，焦君之贊，當别有一焦君，似無爲孝然作贊之事。又焦山古鼎，王西樵始據韓吏部如石言爲京口某公家物，嚴分宜奪之，康熙間人競以爲詩歌故實。然自嘉靖以後，明人書集鮮及此說。《天水冰山録》于分宜家物無所不載，《古銅器款》中祇有古銅鼎二箇，共重一百一十四斤，且有蓋，竝未言及款字。此鼎一鼎之重已不止百餘斤矣。朱竹垞、翁覃溪二君深於考古者，其《焦山鼎》詩中皆不言此事，爲其無據也。故余謂焦孝然、嚴分宜二事等諸無稽，勿聽可也。

浙撫署東偏誠本堂有巨石以漢慮俿尺度之高一丈二尺有奇勢如夏雲初起卓立成峯足圍甚小而要頂幾兩倍之峯之可望可穿上下通透者三十一穴余於嘉慶七年移立澹寧精舍方池中以余字字之曰雲臺峯余鄉本有雲臺山也因用蘇黃壺中九華倡和詩韻題之

雲臺海上有高峯，何日爲雲上碧空。隨我南來三竺外，引人遊入九華中。臨池當户堂堂見，透月穿風面面通。欲與石交商一語，那如銕壁不玲瓏。

揅經室四集詩卷六　琅嬛仙館詩略

癸亥

癸亥正月二十日四十生日避客往海塘用白香山四十歲白髮詩韻

春風四十度，與我年相期。駐心一迴想，意緒紛如絲。慈母久違養，長懷雛燕悲。元十歲時，母嘗點白香山《燕詩示劉叟》等篇口授成誦。嚴君七旬健，以年喜可知。人生四十歲，前後關壯衰。我髮雖未白，寢食非往時。生日同白公，恐比白公羸。白香山正月二十日生，見《文公集》。百事役我心，所勞非四肢。學荒政亦拙，時時懼支離。宦較白公早，樂天較公遲。我復不能禪，塵俗日追隨。何以卻老病，與公商所治。

澹凝精舍即事

雪消青草出晴沙，淡緑梅枝滿著花。石上寒泉冒深淺，風前春色試清華。一峯已染苔痕溼，半鏡還分樹影斜。難得小齋閒坐久，夕陽時候啓窗紗。

吴蜀師甎 八甎吟館同人分詠八甎之一

吾鄉平山堂下瀋河，得古甎，文二，曰『蜀師』，其體在篆、隸間，久載于張燕昌《金石契》中，未知爲何代物。近年在吴中，屢見『蜀師』古甎，兼有吴永安三年及晉太康三年七月廿日『蜀師作』者，然則『蜀師』爲吴中作甎之氏可知。按：揚州當三國時，多爲魏據，惟吴五鳳二年，孫峻城廣陵而功未就，見于《吴志》本傳。此年紀與永安、永康相近，然則此甎爲孫峻所作廣陵城甓無疑矣。

吾鄉江淮間，崑岡爲地軸。井幹列雉堞，如泥塞函谷。漢末之故城，當是濞所築。孫峻圖壽春，將作曾親督。遺此一尺甎，薶在平山麓。有文曰蜀師，匠者或師蜀。永安及太康，蜀師吴所屬。廣陵魏久據，不領孫氏牧。惟五鳳二年，欽文欽爲峻所蹙。城城雖未成，一簣已多覆。殘甓今尚存，《吴志》朗可讀。孫峻豎子耳，殺恪諸葛恪何其酷。恪所不能城，峻也安能續？揚城無降將，嬰守每多戮。哀此古瓴甋，屢受石與鏃。汪容甫《廣陵對》云：『廣陵一城歷十有八姓，二千餘年，而亡城降子不出于其間。』摩挲蜀師文，千年歎何速！晉城久已蕪，廢池更喬木。宋姜夔詞云：『自胡[一]馬窺江去後，廢池喬木，猶厭言兵。漸黄昏，清角吹寒，都在空城。』按：劉宋及趙宋南渡時，揚州荒蕪爲尤甚。吾鄉少古碑，得此漢甎足。五鳳當延熙，稱漢遵《綱目》。朱子《綱目》。吴五鳳二年，爲漢後主延熙十八年。仙館列八甎，照以雁鐙燭。刻燭或聯吟，詩成受迫促。清暇想李程，日光照如玉。

與諸友分賦商周十三酒器爲堂上壽得商父丁角

商父丁角有蓋，饕餮、山、雷文甚緻，内銘三十二字，曰：『庚申，王在東門，夕，王格，宰椃從，錫貝五朋，用作父丁尊彝。十六月，惟王乙祀角又五。』外銘三字，曰：『庚丙册。』案：十六月者，董逌謂商君自始即位月，通數之例也。且商器之銘，月每在前，而祀在後也。

吾鄉有酒器，十三銀鑿落。今吾積吉金，其數亦相若。就中文多者，厥有父丁角。饕餮突狰

[一] 胡，底本作『邊』，當是懼觸時忌而改字，今據姜夔原作回改。

獰，山雷運盤礴。銀花漫青白，金衣發斑駁。三足自鼎鼎，雙角何嶽嶽。無柱亦無流，求形異于爵。其容當四升，今量三爵弱。鄭説角即觥，蒼兕露掎捔。内銘卌一字，東門王夕格。庚申宰梳從，尊彝錫貝作。其末紀五數，特角肖手握。東門居青陽，重屋梴松桷。宰梳名無徵，商書本闕略。賴此鑄篆文，勝于左（邱）〔丘〕削。大賚富五朋，金錫付鑪錯。父丁爲王臣，銘詞殊敬恪。伊巫暨甘傳，世系誰可度？外銘庚丙册，亦難推月朔。紀月至十六，斯乃子氏學。歐陽疑未明，董逌識頗卓。先月後乙祀，殷禮考鑿鑿。萬物孰最壽？吉金至堅確。况此四千年，傳之自殷亳。舉以奉親娱，春酒周尊酌。諸友飲且詠，絶麗復沈博。寶用蘄永年，眉壽長綽綽。仲春日丙辰，錫玉適連珏。擬待述職旋，紀恩銘諸鏄。二十日，蒙恩賞白玉『壽』字如意一枝。

爲朱椒堂爲弼題朱氏月潭八景圖册

黄鳥何睍睆，楊柳何依依。未若紫陽山，鶬鴒鳴且飛。柳堤鳴鶯。

松石交清蒼，晴嵐浮暖翠。虚亭寂無人，此中有古意。松石晴嵐。

苔磯新緑溼，隔溪烟雨暗。垂釣本忘機，清川向人淡。釣臺烟雨。

一夜風雨聲，聒耳何縱横。曉來看飛瀑，石上春雷鳴。石門瀑漲。

月出東南隅，澄潭影先得。疎林風定後，浮作淡黄色。澄潭印月。
莫買鵝溪絹，畫作堂前屏。請看南山色，疊如螺髻青。南屏疊翠。
晚山緑沈沈，平林烟漠漠。閒殺寺門秋，一杵殘鐘落。西山晚烟。
空山多雨雪，尚有千年樹。詩人慕月潭，敝廬在何處？玉峯積雪。

自題珠湖射鴨圖小象

射鴨復射鴨，鴨向菰蘆飛。菰蘆何蒼蒼，秋樹何依依。扁舟泛珠湖，西風吹我衣。湖波清且遠，日暮澹忘歸。昔日俗情少，今時塵迹違。但讀孟郊詩，竹弓無是非。

澹凝精舍即事

難得從容愛景光，今朝初覺暮春長。石邊蕉葉簾前緑，窗外花枝鏡裏香。鳥壓籐稍低著水，魚跳池影上摇牆。新茶一椀人清暇，不管西山下夕陽。

綠陰課詁經精舍擬作

幾番春雨亂紅披，重到園林一月遲。涼意轉生亭午後，清光多在嫩晴時。輕寒輕暖人初静，如水如雲鳥不知。待過黄梅好時節，新蟬嘶破影參差。

澹凝精舍初夏

圖書簿領共籤厨，樹木蒙茸六七株。梔子花開風氣暖，芭蕉葉大雨聲麤。石中溜似天台瀑，階下池如鴈宕湖。多少洞天遊不得，此間便是小方壺。

那東甫同年由廣東奉使過浙賦贈

使君旌節駐杭州，民説公孫尚黑頭。鈴閣竟如同館住，弓弢間爲入吴收。山中辨賊蠻烟浄，湖上聯吟春水柔。四十年華五離合，予與東甫同四十歲。幾多歡喜幾多愁。

飛霜鏡引

眞子飛霜鏡，逕今尺五寸七分，體圓，外作八瓣菱花形，背白如水銀。左方四竹、三笋，一人披衣坐狨，置琴于膝，前有几，几置短劍二、爐一，又一物不可辨。右方一鳳立于石，二樹正圓如帚形。下方爲池，池中一蓮葉，葉上一龜，龜值鏡之中，虚其足，下即爲鏡之背鈕也。上方有山，雲銜半月形，月中有顧兔形，雲下作田格，格中四正字，曰『眞子飛霜』。眞子者，鼓琴之人。飛霜，其操名也。予審此爲晉鏡。何以知之？以書畫之體知之也。書非篆隸，晉以後體也。畫樹直立，圓形如帚，畫月内加兔，此晉人法也。予曾見唐人摹顧愷之《洛神賦圖》，樹形與此同，且畫『太陽升朝霞』句，日中有陽烏，實同此形矣。眞子飛霜，于書無所考見，予以意推之，或即晉戴逵耶？《晉書》逵本傳云：『逵能鼓琴，工書畫，其餘巧藝，靡不畢綜。師事術士范宣于豫章。』《宋書·戴仲若傳》云：『漢始有佛像，形制未工，戴逵特善其事。』据此二史，則善鼓琴、善畫、善鑄銅、師術士，逵一人實兼綜之，則眞子將毋即逵也？錢博士坫云：『古人製器，原欲以流傳後世，使其人不作此鏡，則湮没無聞矣。故好事好名之徒，今亦不如古。』据博士此言，眞子若非戴逵，微此鏡，則眞子無傳矣。爲逵鏡可寶，非逵鏡尤可寶也。

五更曉月霜天高，匣中寶鏡悲六朝。鏡如霜月月如鏡，人間天上常相遭。鏡中何所有？眞子坐彈琴。琴中何所有？必是變徵清商音。竹笋出林蓮出池，眞子坐當春夏時。一彈天地有秋氣，蓮葉慘淡遊神龜。再彈長空轉寒月，鳳皇夜叫雙梧枝。三彈四彈清霜飛，素娥青女顰蛾眉。菱花內有古人面，凛然冷逼誰敢窺。剡溪高人戴安道，作畫范銅盡工巧。或是王門破琴後，幽湅三商眞大好。又疑眞子原無名，以鏡寫神琴寫情。霜華落指看不見，惟見鏡臺秋月明。秋月復秋月，千年磨不缺。負局聽琴聲，琴聲久消絶。琴聲絶兮眞子歸，劍沈秋水兮鏡滿春暉。掛高堂兮曜日，懸池館兮照衣。春蠶珥絲七絃滛，新篁解籜桐葉肥。繁星徹夜早霞暖，何處寒霜背月飛。

壬戌孟夏由靈隱徒步過韜光庵直上北高峯頂癸亥夏日又至韜光留題韜光觀海畫卷中

潮聲不到北高峯，惟見樓頭海日紅。健足直淩山色外，詩情渾付竹光中。胸前泉石千層起，眼底江湖一望通。欲學樂天遊兩寺，那堪吟眺總悤悤。

夏日過雲棲

入山三五里，修逕夾松篁。滿地綠雲滑，隔林紅日涼。客來惟飲水，僧老但焚香。莫向城中去，炎歊日正長。

西院平臺落成

平臺石磴路三盤，到此方知眼界寬。百尺梧桐扶碧柱，四圍雲岫倚紅欄。隔江風雨連潮聽，入夜星河帶月看。本欲乘風便歸去，瓊樓高處況無寒。

虎邱後山小憩

虎邱開北户，平野意蒼然。遠水千邨稻，斜陽萬樹蟬。風迴殘暑外，人在暮山前。三度來遊憩，流光已八年。

沂州道中

殘暑戀河北，浮歊殊未收。農心愁晚旱，客夢怯長郵。密雨漫天落，涼泉滿地流。風雲眞快意，一氣接新秋。

百里蘭陵路，秋風生袷衣。曉涼蟲語響，新雨豆花肥。眽眽墮黄月，頻頻繞翠微。遥知秦蜀外，到處静朝暉。

曉過敖陽

殘月淡無色，自向西嶺斜。東山鬱蒼翠，絢以朱明霞。佳哉嶅山峯，松柏紛如麻。單椒冒秀澤，百丈青蓮花。魯諱廢不得，千載停征車。孰可比秋色，岱陰雙鵲華。

羊流坫

去嶽尚百里，羣山已壯哉。白雲出梁甫，青氣隱徂徠。日暮吟何在？南州碑亦摧。古人塵轍外，幾輩叱車來。

自新泰至泰安僕馬已憊而日始午更乘山輿登岱夜宿孔子廟曉觀日出作

蒙山居魯東，其高已無量。孰知泰山麓，遠在蒙頂上。蒙陰二百里，嶽起地勢仰。行行過徂徠，巖巖入高望。仲秋日當午，將登氣先壯。險嶺戒迴馬，懸崖記御帳。盤道多旋折，羣峯無定向。飛泉涣其聲，天風與之盪。絶壁松倒垂，雕鶚不及掠。何由溼蒼翠，白雲日相養。石磴十八重，直立無可傍。前踵接後頂，志斂疇敢放。及其登天門，萬里詄蕩蕩。半點梁父烟，一綫汶河漲。平野若滄海，衆山起青浪。落日雲霞昏，翻騰變千狀。拂拭舊題名，暮拜孔子象。小夢日輪轉，午夜天雞唱。日觀開扶桑，元氣浴滉瀁。色鑄黄金天，嶽影摇清曠。陽烏突躍出，鼂采忽飛颺。雙眸倏爾明，一嘯劃然鬯。氣從平旦復，心與天機長。嗟此封禪基，土壤古不讓。七十二代君，何年路始剏。持此問古人，夷吾亦惆悵。

癸丑七月赴山東夜宿新城縣南萬柳月明蟬聲徹夜今復以癸亥七月入都過此以一絶紀之

曾是新城借榻眠，深林涼月夜鳴蟬。十年四度匆匆過，又是秋風退暑天。

出古北口

盧龍古塞曉霜飛，千里陰山鐵作圍。城窟水寒宜飲馬，關門風緊乍添衣。到來幾樹初黄葉，此去無山不翠微。爲語白檀沙上雁，江南依舊稻粱肥。

上親獲鹿於山莊得賜割鮮

神武調鎗準，山莊鹿柴前。近臣新賜食，畺吏亦頒鮮。識味思茸客，延齡借角仙。擬供堂上膳，恩意壓華筵。

過普陀宗乘須彌福壽二廟

武列多秋水，東流石梃峯。都綱如小邑，大藏盡高墉。丹䨿方千尺，香臺疊七重。石門雙白象，金屋九黃龍。樓曲層層起，欄迴面面逢。鐵旗輕似羽，銅鐸響於鐘。藩部膜爲拜，諸天玉作容。晚來邊月滿，孤塔出青松。

萬樹園賜宴時蒙古王公及回部越南貢使皆列坐參贊侯德楞泰亦凱旋紀恩一首

灤山秋霽御筵開，上將初銜飲至杯。東走名駒大宛到，北飛馴雉越裳來。魚龍戲畢諸藩拜，薇芑詩成二雅材。何幸使臣歸述職，得叨恩命共趨陪。

中秋日山莊恩賜曲宴用唐王建詩韻

宮槐月上動昏鴉，賜宴歸來燭已花。今夜眞如天上住，瓊樓西畔一仙家。

過青石梁用陳雲伯顧鄭鄉廷綸倡和詩韻

盤龍身蜿蜒，飛鳳翼腷膊。山勢雖雄奇，非人終寂寞。庚庚青石梁，跡阻心驚愕。疇能驅輪轂，上與石相搏。漢晉久恢張，金元亦礌硌。疑是烏桓開，或爲慕容鑿。山脈向東走，象緯測外博。盤旋登領脊，攀援上肩髆。礙馬删枯槎，滑足塞清汋。客嗟行路難，人減遊山樂。及其升高梁，潑眼頓揮霍。南山與北山，萬壑低於脚。白雲參錯之，一一起垠堮。山光翠太濃，天色青轉薄。仙靈定來往，虎豹敢騰攫。是時秋八月，西風寒始作。塞雁向陽飛，蕃馬思北躍。去來挈吟侶，驤首倚寥廓。吴山吾管領，四載住城郭。春遊嫌騶從，夜景阻筦鑰。縱有得句時，但向梅花索。顧陳詩並好，山林復臺閣。披圖想塞垣，心旌共懸度。快哉度此梁，心胸屢開拓。語險山失奇，筆鋭石將削。我朝合中外，威德連北幕。四十九藩臣，奔走懼少卻。逾兹興桓嶺，振以尼山鐸。三秋駐翠罕，萬象呈谿壑。輦道仰鬱盤，馬埒遠連絡。金根天子車，陰羽王會鶴。高山作康之，周雅歌《桓》《酌》。御氣通虹梁，豈復有虎落。所以輪蹄鐵，日與石火爍。今年秋氣早，霜月已弦魄。迴思癸丑秋，十年事猶昨。天外多劍峯，依然礪青鍔。詩人復歸來，得句定各各。行吟涉灤水，如嵩繞伊洛。梁上雲漫漫，梁下波漠漠。

入古北口

策馬初迴紫塞間，斜陽閑煞萬重山。晚來小雨西風急，人與秋雲共入關。

古北口月夜

邊月照長城，蒼涼萬古情。西風入遥夜，秋色更分明。客路無多日，鄉心何易生。江南如有夢，香露桂花清。

秋柳

盧龍塞内古漁陽，秋柳蕭蕭一萬行。邊馬歸來猶戀影，曉烏啼後漸飛霜。還思歷下西風裏，又過瑯琊大路旁。況是淮南悲落葉，隋隄千樹接雷塘。

題錢裴山同年使車紀勝圖

西南山川天下奇，山靈望客來圖之。儒臣足底無遠道，不行萬里空吟詩。吾友錢君富經術，吴山越水開須眉。文章一出冠天下，奉詔偏走西南陲。西陲何所有？蜀道一千里。人盤空外行，棧從天上起。劍閣天彭橫白雲，巫峽瞿塘瀉秋水。此時使者珥筆來，短衣匹馬秦關開。題詩一夜過井絡，蠶叢祠外銀河迴。蜀才樂得獻其秀，巴猿不敢鳴其哀。南陲夫如何？衡雲連粤桂。瀟湘弔二妃，蒼梧拜虞帝。荔浦藤江到處佳，玉笥瑶篸列無際。使者到此詩更新，放筆直欲無古人。三江五嶺入卷軸，蠻花猺草扶車輪。以詩教士在温厚，孤寒八百皆迴春。或云官似漁洋叟，入蜀年同三十九。天將靈境付詩筆，一百餘年入君手。我云杜陸詩則同，桂海虞衡彼未有。長安八月藤花館，錢君示我雙圖卷。固知君不以詩重，邊事關心應不淺。西川殘寇正加兵，交趾庸臣系將殄。聚米爲山過隴西，鑄銅成柱來崇善。癸亥入都喜見君，太平氣象皆欣欣。越裳入貢册藩服，兩川奏凱侯將軍。君久執筆在樞密，詞頭爛漫騰高文。帝曰汝楷文且勤，敕之宰相書其勳。我來展圖題句出都去，但見西南萬里無煙雲。

馬秋藥光禄用曹唐游仙七律體擬爲古人贈荅詩一卷屬於歸途玩之倣擬三首

武林漁人誤入桃花源贈隱者

桃花流水趁谿魚，誤入秦源見隱居。與我談如新讀史，諒君藏有未焚書。津邊沮溺非依楚，海外神仙不遇徐。若問相逢是何客，太元年代武陵漁。

桃花源隱者贈別漁人

桃源深處爲逃秦，問荅何緣得主賓。嬴氏帝應三十世，桃花紅近一千春。滄桑我尚悲黔首，雞黍君休告外人。洞口春風最惆悵，再來争得不迷津。

漁人重尋桃花源不得

萬壑千巖路已差，更於何處覓田家。白雲采采藏流水，紅雨紛紛漲落花。一宿山邨疑夢幻，扁舟天地感年華。永初以後誰相似？處士門前五柳斜。

珠湖草堂因洪湖汎濫屢在水中癸亥入覲過揚州尚無水患小住一夕分題八首

將軍舊游地，草堂成小築。甓社走明珠，三面繞林屋。開窗弄夕霏，光暉生草木。珠湖草堂。

陂塘三十六，曾説古揚州。一角黄子湖，最向東北流。虛亭人不到，五月涼如秋。三十六陂亭。

高樓臨柴門，六尺南窗小。廿里甘泉山，隔湖出林表。遠峯更江南，雨餘青了了。湖光山色樓。

曲渠如碧環，循行六百步。晚來撤板橋，不接邨前路。中多徑尺魚，魯望有漁具。漁渠。

一壑復一邱，自謂或過之。偶聞黄鳥聲，瞿然生遠思。升高何所賦？三復綿蠻詩。黄鳥隅。

芳沼射堂西，緑樹繁陰接。疊石作坡陀，采蓮不用楫。昨夜夢靈龜，游上青蓮葉。龜蓮沼。

采菱復采菱，乃在湖之湄。春水生菱葉，秋風摘菱絲。芙蓉渺何所？隔水露筋祠。菱麋。

扁舟竹枝弓，小篷打雙槳。南湖與北湖，隨風任來往。落日歸草堂，悠然洽清賞。射鴨船。

夜宿母墓

夜月滿雷塘，邱隴積縞素。衰草咽殘蛩，泫然溼寒露。時有微風來，摇動長松樹。哀哉遠遊子，歸來泣母墓。四年持使節，皆在杭州駐。廣厦席厚旃，明鐙雜香炷。豈知檐外月，照此荒阡路。乃知仕宦久，不及童與孺。草廬四更冷，幸得兩宿住。或有歎息聲，愾然一來顧。夜氣將爲霜，烏啼天已曙。傷心黯無言，又拜墓門去。

癸亥九月十九日與諸故友相聚於平山堂爲展重陽詩會即以贈別

不到虹橋漫四年，歸來松菊尚依然。家山乍見翻疑夢，故友相逢盡似仙。舊雨一番文字飲，重陽兩度暮秋天。芙蓉樓句何珍重，吴楚連江又放船。

九月廿一日舟至瓜步康山主人江表叔文叔鴻送余至江上乃同爲金焦之遊是日秋霧曉斂澄江無浪遂登金山步玉帶橋憩水月菴觀坡公玉帶時風從東南來三折飄至焦山丹徒縣尹萬君承紀亦拏舟登山偏游林徑過危棧觀陸務觀題名歷松寥閣海雲堂諸精舍觀周南仲鼎瘞鶴銘殘字及余所置漢定陶鼎山有僧巨超號借菴工詩以新詩一卷相示過午登舟北

固諸山蒼然屏立高颿縱橫上下無際兩岍秋蘆作花數十里明若積雪風力催舟颯然已至京口矣爲賦二律簡康山主人兼寄借菴萬令尹

揚州簫管卧聽迴，瓜步紅船霧裏催。渡口有人共颿楫，江心何地起樓臺。橋痕挂水夜潮落，塔影橫空秋日開。解識坡公留帶意，百年能得幾回來？

布颿收向午潮中，松閣雲堂曲棧通。終古碧螺浮海氣，滿山黄葉受江風。已看寶意生雙鼎，更喜詩情屬巨公。手把一編歸北固，蘆花如雪夕陽紅。

重題秋江載菊圖卷

霜滿蒲颿風滿窗，金焦山色碧雙雙。今年添得詩中畫，我與黄花同渡江。

莫嫌秋淡魏公家，載入江南瘦影斜。花自無言人自淡，肯教心事不如花。

題桃花春浪渡江圖

兩岍桃花百里紅，一江春浪受東風。武陵溪窄漁舟小，未必能如此畫中。

冬至前澹凝精舍閒坐

灤水初歸百事并，今朝稍覺案塵輕。日光當户玻璃暖，霜氣入池沙石清。晚桂數枝依瘦菊，春蘭一朵伴香橙。時盆中晚桂復開數枝，春蘭亦開一朵，菊根穉蘗尚有作花者，同在冬至之時，友人多賞之。閒來一誦《長楊賦》，金碧離宫憶鎬京。

甬江夜泊

風雨暮瀟瀟，荒江正起潮。遠飄連海氣，短燭接寒宵。人静怯聞角，衣輕欲試貂。遥憐荷戈者，孤島夜蕭寥。

題陳默齋參軍廣凝攤書圖

安瀾園外暮潮平，數徧藏書又論兵。我與將軍同意氣，半爲將種半書生。
萬丈長塘海勢危，四年與我共支持。如今投筆閩中去，銕弩三千卻付誰？
交南戰艦雖摧破，尚有孫恩號水仙。謂閩盜蔡牽。我欲勸君更横海，攤書萬卷上樓船。

種園葵烹食之

自種園葵烹鴨脚，幾番翦摘更葱蘢。智能衛足開三徑，心本傾陽耐一冬。古鼎乍調春雨滑，
琱戈閒刈緑煙濃。不因考古寧嘗此，欲問黟山辨穀農。謂程易田徵君。

冬至日澹凝精舍分詠得測晷時以簡平三辰渾蓋等儀測冬至日影。

日行極南陸，短景縮昏曉。黄道廿四度，最遠離赤道。往者必將返，經緯争分秒。我有銅象
儀，泰西之所造。渾圜與平圜，規運窮蒼昊。微陽射影筒，一點明且皎。簡平記三拔，渾蓋演之藻。

化渾以爲平，斂大寄之小。一尺銅籥中，極目望天表。何須鍼指南，所向無不了。日輪距天頂，今日最渺渺。斜升復旁降，半西亦半卯。甲子交下元，日向北來繞。初昏測恒星，亦頗見參昴。儀背具方矩，望影兼直倒。高遠此可求，不必學海島。窺器驚其奇，掩卷歎兹巧。疊鼓夜沈沈，垂鐙春杳杳。窗外寒月出，梅影落冰沼。明朝試來看，一綫旭光早。

臘月十九日拜蘇公祠

西湖臘後待春還，寂寂祠堂竹石間。澹蕩閑情如遠水，崢嶸殘歲似寒山。幾枝柔櫓摇清響，百樹梅花破冷慳。記取坡公此生日，一年好景最相關。

立春日恩賜福字來浙恭紀

内殿近簪豪，東南秉節旄。兩朝天藻麗，五福畫堂高。力薄因恩重，心慚爲寵褒。儒生乏經濟，臣豈有微勞。近有『顯親揚名，不改儒生本色』『經濟自《典》《謨》出，何事不可爲』『勉爲一代偉人』諸諭。

孳經室四集詩卷七　琅嬛仙館詩略

甲子

題陳曼生種榆仙館圖

白雲飛斷天空青，抽筒疊鏡窺窈冥。上有神仙之福庭，壽星躔次開畦町。白榆落莢如堯蓂，呼龍耕烟種不停。仙人山館敞未扃，十行高樹圍虛亭。銀河珊珊聲可聽，河邊大石排蒼屏。石破漏雨驚秋霆，瑶枝玉葉敲瓏玲。仙人館中睡不醒，一夢下墮一百齡。精光在心耿耿靈，有時如珠復如熒。枌陰古社春風馨，館中書卷《甘石經》。夜半起看天南星，門前歷歷疎如櫺。

復與諸友分賦商周十三酒器爲堂上壽得周兕觥觥高七寸，下器皆如爵，上有蓋，蓋作犧首，蓋裏及器皆有銘九字，曰：『子䕫在𡴞作文父乙彝。』造作精緻，舊所罕見。

歲華周綺甲，介壽重舉觴。古觴十三器，羅列別成行。友朋多歡心，一一登予堂。分器祝眉壽，予亦奉兕觥。兕斛高似爵，有蓋制特强。蓋流作犧首，斛然頟角長。蓋葉亦如葉，相合誠相當。左右各有缺，雙柱居其旁。器蓋皆有銘，九字成陰陽。四火加辛足，子某字莫詳。在邦作爲𡴞，文父彝何臧。安知公與卿，莫辨周與商。獸面縮囷蠢，雲紋浮青蒼。爲吟《豳風》詩，稱此爲無疆。惠子咏其斛，旨酒思不忘。鄭曹諸大夫，燕饗觥皆揚。古人致孝養，且以合嘉祥。載稽《卷耳》傳，義勿求毛萇。工歌間鐘磬，酌酒春風香。諸友共飲御，歌詩各成章。願言千百年，壽如金石長。

春日漪園即事

漪園水閣偶來登，九曲欄干一一凭。好景行當春二月，遠山看到第三層。我雖久作西湖長，那得閒如小院僧。莫遣鳴珂過隄去，六橋花柳太飛騰。

題秋平黃居士文暘浄因張道人因埽垢山房聯吟圖

高義漢伯鸞，裘褐得賢孟。同居霸陵山，彈琴事吟詠。其詩惜無傳，但傳舉案敬。吾友黃居士，德與少君并。兩篇柳絮吟，遂輓鹿車迎。山居得埽垢，一塵不來凝。蘆簾紙閣間，嵐翠相掩映。乃知因與緣，天意使之浄。幾卷冰雪文，相和不相競。一洗凡艷空，恥比玉臺鏡。秋樹繞高庭，蒼苔積幽磴。遥想聯吟人，山閣共閒凭。城中萬人家，俗氛風不定。惟此小山居，但見白雲横。

朱右甫爲弼摹輯續鐘鼎款識作秋齋摹篆圖屬題予按昔人論詩論詞論畫皆有絶句因作論鐘鼎文絶句十六首題之

山齋竹樹起秋陰，多少銘文寫吉金。説與時人渾不解，四千年上古人心。

商盤周誥古文詞，宋槧經書已足奇。誰識齋中鐘鼎字，鑄當周孔未生時。

鑄器能銘古大夫，一篇款識十行餘。《尚書》二十九篇外，絶勝訛殘汲冢書。

左史眞能讀典墳，靈均曾以善書聞。若非篆體鬻彝在，舉世無人見古文。

德功册賞與勳聲，國邑王年氏族名。半訂傳訛半補逸，聚來能敵左(邱)〔丘〕明。

象形指事最精微，假借諧聲見尚稀。一字寫成百凝注，那如隸草任人揮。
秋齋搨字響登登，油素摹成一片冰。屋漏折釵皆不似，濃如挑漆結如繩。
一字經人十日思，却從許慎上推之。韓蘇若解摹周篆，石鼓詩歌當更奇。
有篆方增彝器重，無斑始見鍊金純。若將青緑爲題品，不是眞能識古人。
或交縹帶或雲雷，半是鎔成半鑿開。鼂氏煎金眞不朽，幾多竹帛盡成灰。
晉唐俗字不知古，直至宣和書始傳。七百年來零落盡，一函圖篆印方圓。
鼎鬲盤彝甗敦鐘，刻成石帖與金同。百千古字今猶在，第一勳推薛尚功。
却怪復齋與嘯堂，百千鐘鼎豈皆亡。如今積古齋中物，又是當年誰氏藏？
子孫永保萬年用，過眼雲烟亦達觀。一自秋齋摹篆後，幾家寶守幾凋殘。
先生嗜好與吾同，日日齋中篆古銅。庚鼎肉羹朋爵酒，大林鐘響動金風。
篆形字與畫同之，後世稱奇古不奇。今日秋齋圖句裏，古人若見也應疑。

由永康至縉雲

山疊漸無路，雲開時有風。鳩啼新雨後，馬踏亂泉中。香草暖愈烈，巖花濕更紅。行春一何遠，千里浙江東。

過桃花嶺

白雲橫絶萬峯齊，更踏東峯向嶺西。掉臂已過白雲上，回頭盡見萬峯低。何年道士栽桃樹，終古征人散馬蹄。我向東甌催戰艦，封關那用一丸泥。

山花

栝蒼山外看春來，嫩蕋殘英次第催。記取年年三月裏，青桐花落柚花開。
等閑樵斧向山中，割得嬌花與草同。幾日春風又春雨，杜鵑依舊映山紅。
蒙茸草樹蝶交飛，但覺薰衣香氣微。忽見山風披緑葉，一枝白破野薔薇。
小樹黄花似馬纓，紫葳蕤間碧瓏玲。野花多少不曾識，一笑四山相對青。

觀青田石門洞天瀑布夜宿洞口

午發栝州外，夕歇石門陰。春流出雙闕，暮色隱高岑。孤峯新緑聚，危彴襍花沉。路轉境屢變，巖回情愈深。飛流冒天半，噴瀑壓平林。時有迴風來，激此奔泉音。涼聲乍灑淅，素影何蕭森。冰絲暗撲面，珠塵濕沾襟。仙都自清閟，過客屢幽尋。詎可滌塵鞅，聊將清道心。秉燭出洞口，艤舟眠水潯。夢殘山月曉，松頂鳴胎禽。

由温州渡江至樂清

春風海上來，披拂東甌山。山海舊相識，三度兹往還。白潮汎孤嶼，青嶂抱嚴關。浪恬笳鼓静，麥熟漁樵閒。掛蓆指江北，疊嶺重躋攀。奇峰互虧蔽，衆瀑争潺湲。香草生澗底，衆花開雲間。惜未進帆海，觀畊到玉環。

遊天台桐柏宫觀瓊臺雙闕

逆流踐飛瀑，峻嶺九折通。仙都豁然闢，峩峩桐柏宫。神皋正平敞，圓抱千百弓。一渡分三橋，四面環九峯。巖巒謝險僻，雲氣何沖融。金庭古洞碧，福地天光紅。司馬暨杜吕，一一留仙蹤。玉笙棲子晉，丹竈居葛翁。道書雖微茫，史傳殊可宗。所以俯仰間，神契孫興公。前臺汲醴泉，西地逾卧龍。境變五里外，瓊臺居懸空。乃如巨壑底，孤塔高巃嵸。上有一道士，茅笠無春冬。麏麚不敢到，魑魅無能逢。毋乃青谿上，景純昔所從。其南夾雙闕，閶闔來天風。霞標出其間，倒影移西東。何時明月夜，鸞鳳鳴雝雝。遠人肯到此，氣已超凡庸。緬懷老聃言，順物守以沖。詎必驂琅輿，眞入雲天中。

宿國清寺

一庭聚花氣，雙澗合泉聲。暝色漸相近，山雲殊欲生。松杉迷屋角，蝙蝠拂鐙檠。笋蕨有餘味，虚堂藤榻横。

雨中至高(明)〔旻〕寺

路轉深山駭見聞，靈風吹雨白紛紛。萬鵝鼓翅溪翻浪，一甑開炊谷滃雲。塞耳雷輪人不語，當門咫尺樹難分。仙都爲客開奇境，豈似尋常放夕曛。

雨後至石梁觀瀑宿上方廣寺

披雲躡修磴，冒雨厲鳴澗。九曲沿花谿，千步落松棧。乘興馳高情，遊心得奇觀。飛瀑出雲中，石梁亘天半。隨指落斷虹，翹掌抉雲漢。動地春雷鳴，開峽白龍竄。奔爭勢益狂，激落派皆散。言念西池謡，聊興吕梁歎。攀援登迴梯，憑臨上層岸。懸流目光揺，飛渡足力憚。歸雲宿樓際，鳴河喧枕畔。坐嘯擬遊仙，入夢謝俗宦。神清眠易足，猨鳥已呼旦。

曉發石梁

曉起一樓開，羣山壓户來。晴雲分石塔，初日上經臺。藥氣滿山發，泉聲徹夜催。定知桑下宿，端不及天台。

萬年寺前古樹八九株高十餘丈俗名羅漢松

非樅非柏古何樹？唐寺門前八九株。萬葉倒垂青珞索，一身高矗緑浮圖。往來鸞鶴應常住，供養雲烟定不枯。留語後人三百載，八峯中有此松無？

山禽五首

行入蒼山路百盤，絶無人處白雲寒。泉如琴筑風如籟，忽聽一聲山樂官。鳥名。

石門洄浦夕陽低，右傍青巖左碧溪。爲問行人歸去否，杜鵑花裏杜鵑啼。

處處山村布穀聲，梯田百丈有人耕。西峯高與東峯並，鸜鵒畫眉相對鳴。

幾多惆悵過靈溪，亂竹叢中飛竹雞。千樹碧桃花落盡，緑陰深處一鳩啼。

斤竹嶺邊新竹樹，天台山上好花枝。緑陰直接剡溪路，都是黄鸝百囀時。

回杭州

水陸一千九百里，舟車二十八晨昏。桑麻菽麥家家業，耕讀漁樵處處村。墾嶺開山愁水旱，分田析屋養兒孫。長官那有安民策，惟望豐年是本原。

題牡丹巨蝶畫屏

牡丹一叢花百片，絶艷名香與春戀。蝴蝶雙雙大如扇，飛上花枝踏花瓣。一蝶嬌黄糁碎金，掀鬚豎眉嗅花心。一蝶翠毛暈藍碧，横遮花陰長一尺。花陰五銖輕剪衣，鞓紅濕透燕支肥。天香露氣逗春曉，重壓彩蛾酣不飛。蝶不驚花花妥貼，麻姑裊罩玻璃葉。那比菜花村裏來，染盡滕王金粉篋。花是洛陽第一花，蝶是羅浮仙繭蝶。

桐花至芒種前後乳外飛落白緜滿院飄揚絶如柳絮名之曰桐緜且咏之

青桐花發乳垂枝，飄落輕緜四月時。淡白多沾么鳳翅，清微雅稱古琴絲。石欄梅雨香無定，金井蘭風影乍移。雖讓女桑能作繭，也如柳絮耐吟詩。

晚過西湖

獨拏小艇過西湖，狎鷺盟鷗好畫圖。雲影遠浮雙塔動，水光閒浸一山孤。白蘇磊落情非昔，韓賈荒唐事也無。酒醆笙歌多歇絶，士民岑寂長官迂。

古之蘭乃澤蘭非今之蘭也種之階下并繪之

蘭草古都梁，香爲王者香。秉蕑諷《溱洧》，紉佩賦瀟湘。既比同心德，還徵入夢祥。緑抽高節直，紫擢細莖方。小穟青抽穎，繁華白滿穰。枝枝旁對出，葉葉正相當。春雨千枝秀，薰風二尺長。煎來宜沐浴，槁後更芬芳。君子芷同室，古人椒共房。漫將今俗卉，襲號泛叢光。

題畫扇三種花

棉花浙産，沿海最多，民賴爲利。花葉皆似秋葵而小，結苞如荔子，大枯裂則棉出。

短亞秋葵耐暑風，緑苞秋綻白玲瓏。吴儂漫説春緜好，難到茅檐霜雪中。

茗花浙茶最多，杭州諸山所産皆名龍井茶，高三四尺，枝葉甚繁，秋末冬初，葉老開花如梅，五瓣，淡緑色。

旗槍摘盡又生芽，三尺梅枝淡緑花。莫怪君謨辨[一]香茗，看花須到埜人家。

蘭花《詩》《騷》諸古籍所稱之蘭皆澤蘭，一名都梁香，方莖，對葉，紫花碎小，枝葉皆香，俗稱爲妳孩兒。

兩兩青枝對節生，紫花香葉古風清。詩人温厚騷人怨，一種芳華各自情。

[一] 辨，甲戌續刊本作「辨」。

八月十五闈中作用坡公八月十五催試官詩韻

八月十五夜，月愛杭州好。西子湖邊似蟾窟，試官堂外如仙島。少年科第不覺難，爲歎白袍人易老。八月十八潮，其險天下無。海水驟來高一丈，長堤力護役萬夫。濤聲入院夜舂枕，驚夢常繞雙浮屠。鎮海、六和二塔。世間萬事難預必，三更無雲月始得。我且向東看月背官燭，遠寄羽書招海鴿。時合三鎮兵船破蔡牽、朱濆于舟山之北，二寇復遁入閩。

次韻

山陰徐聯奎壁堂

皓魄月月圓，莫若中秋好。主人前身玉局仙，揮斥十洲兼三島。此來監試六纛開，坐對湖天秋色老。甎舍昔所有，石道昔所無。浙闈士子號舍一萬一千餘間，計號衕一百九十條，向爲泥道，今俱甃之以石，捐俸糜金五千有奇。自今一任蟻封魚入户，不用霑體塗足如耕夫。明經千佛於斯出，何啻慈氏營浮屠。朱衣點頭那能必，使君之恩忘不得。不見使君與爾坐燼三條燭，期爾同爲摩天鴿。

試院煎茶用蘇公詩韻

我聞玉川七椀兩腋清風生，又聞昌黎石鼎蚓竅蒼蠅鳴。未若風簷索句萬人渴，湖水煮茶千石輕。時載西湖水千石入院，專供士子之茶水。封院銅魚一十二，閒學古人品茶意。古人之茶碾餅煎，今茶點葉但煮泉。坡公蒙頂一團自誇蜀，不聞龍井一旗緑如玉。得茶解渴勝解飢，我與詩士同揚眉。開簾放試大快意，況有筆牀茶竈常相隨。今年門生主試半天下，豈似坡公懊惱熙寧新法時。甲子鄉試，余門生爲主試者，江南涂以輈、河南鮑桂星、湖北王引之、四川程國仁、貴州張師泌、廣東陳壽祺、廣西吴鼒，凡七省。坡公煎茶詩意惱熙寧五年王安石新變試法，專試千言策也。

題朱椒堂西泠話别圖

一卷新圖好護持，送君應到鳳皇池。邀將金石論交契，付與湖山記别離。談徧五年書裏事，藏來七子集中詩。在予署内下榻今去者，吴澹川、端木子彝、陳雲伯、陳曼生、童萼君、邵東匯，并朱茮堂爲七子矣。飛騰頗願諸君去，但惱雲山寂寞時。

修西湖行宫畢奉安仁皇帝純皇帝龍牌恭紀

兩朝德澤滿南中，越水吴山御舫通。縣圃馬歸猶勒石，鼎湖龍去尚遺弓。百官載主來行殿，雙輦扶輪過梵宫。豈似連昌舊詞客，風前但詠落花紅。

題和内子畫歲朝圖獻堂上韻

吴山春滿大觀臺，森戟凝香燕寢開。柳絮白銷三日雪，椒花紅並一枝梅。吟成彩勝庚庚正月初五庚寅立春。健，畫得金幡乙乙乙丑年。回。共祝陽春眞有脚，煖從堂上履邊來。

乙丑

安瀾園月中作

亭林浮暝色，春月交黄昏。梅花開一山，香影動清渾。緩步石橋外，晚風柔且温。澮淹池中波，寫此玉烟痕。參横不知久，獨立愁無言。

命海塘兵翦柳三千餘枝遍插西湖并令海防道以後每年添插千枝永爲公案

十里西湖波渺渺，柳不藏鶯半枯槀。舊樹婆娑新樹稀，折柳人多種柳少。海塘一百七十里，萬樹緑楊夾馳道。誰是年年種樹人？騎兵已共垂楊老。長條齊翦三千枝，遍插湖邊任顛倒。幾時春雨浸深根，多少新芽出青杪。一年兩年影依依，千絲萬絲風嫋嫋。待與遊人遮夕陽，應有飛緜襯芳草。補種須教有司管，愛惜還期後人保。昔日何人種柳枝？曾拂翠華縈羽葆。今日離宫有落花，踠地春風共誰埽？白隄插滿又蘇隄，六尺柔荑惜纖小。且把千行淡緑痕，試與桃花鬬春曉。

行賑湖州示官士

天下有好官，絶無好胥吏。政入胥吏手，必作害民事。士與民同心，多有愛民意。分以賑民事，庶不謀其利。吴興水災後，饘粥良不易。日聚數萬人，煮糜以爲食。士之任事者，致力不忍避。與官共手足，民乃受所賜。澹臺不由徑，公事本當至。閉户獨善者，亦勿强相致。

常生等案：以下丁憂無詩。丙寅蒙恩授福建巡撫，大人以病乞恩，恩復許在家養病，故丁卯《辭墓》詩曰：『一一皆君恩。』

揅經室四集詩卷八　文選樓詩存

丁卯

辭雷塘墓庵

孤雲戀林薄，新霜被草根。西風吹落日，闇淡沈平原。此時庵中人，逝將去墓門。百念傷中腸，哀哉復何言。枯僧留丙舍，寂寞依晨昏。待爾清磬聲，通我夢寐魂。我昨憂且病，息影居邱園。豈不眷松楸，當懷王事敦。感此出處間，一一皆君恩。雪涕竟長往，浩然乾與坤。

渡河

朝泊黄河南，夜宿河北浦。河流決射陽，所患難盡語。驅車尋修途，遥遥指鄒魯。四野幕沈陰，愁雲趁行旅。回首望江南，蒼茫隔寒雨。

月夜拜滕文公廟

停車滕國廟，寒月四更天。老屋燈昏壁，寒林霜化烟。平原五十里，殘碣一千年。願與迂儒説，閒來試井田。

曲阜銕山園贈衍聖公孔冶山慶鎔内弟

世家喬木三千載，海内斯爲第一園。九曲修藤雲偃蓋，十圍老檜石蟠根。蒼苔紋蝕方壇鼎，黄葉聲喧曲逕門。并銕大峯無數立，平泉緑野揔休論。

莫道園林欠埽除，略加修飾便堪居。春花五色栽宜滿，秋樹千株種莫疎。勝日娱親常奉酒，他年教子定攤書。儒家不説神仙事，多恐神仙未此如。

上公弱冠久簪纓，介弟相攜更有情。小象半屏如玉立，新詩一卷似冰清。貌將温厚歸名教，句埽繁華近老成。愧我風塵無定所，半宵聚首便長征。

河間

車斑斑，來河間，河間塵壒堆如山。燕南垂，趙北際，十里烟波隔塵世。塵世那有常閒身，水催帆楫車催輪。豈知山深水遠處，别有漁樵解笑人。但曾少識漁樵趣，須緩行時能且住。

定興曉發

晨星初落落，平野鬱蒼蒼。日色冷東海，霜威森太行。農閒村户静，馬緩驛程長。載詠《皇華》句，休教懷故鄉。

渡滹沱

破曉到滹沱，連橋策馬過。沙明猶帶月，冰合尚翻波。呼渡驚王霸，離鄉老趙佗。滔滔千古事，流水暗消磨。

渡漳水望銅雀臺遺址

邯鄲南去渡雙漳，銅雀荒臺半夕陽。一樣暮雲流水外，此間偏覺太蒼涼。

廣王右丞夷門歌

老翁七十監夷門，卧内幸姬思父恩。虎符擎出送公子，白首紅顔同日死。公子急走邯鄲城，一椎擊退咸陽兵。平原夫人破顔笑，阿弟乃爾知侯嬴。侯嬴究竟爲何死？刎頸原非報公子。蹈海仲連天下士，不肯帝秦同恥耳。

陳留懷古寄示二弟仲嘉亨子常生

渡河莅大梁，近識陳留國。陳留尉氏邑，阮氏著舊德。汝潁纏其西，衛鄭據其北。靈秀毓文學，沃衍饒稼穡。元瑜樂詞翰，嗣宗醉(元)〔玄〕默。德猷秉威正，仲容具神識。遥集及思曠，疎放故逃職。典午昔播遷，銅駝尚荆棘。何況一世家，能不轉溝洫？遥遥古苗裔，世系求未得。惟有讀《晉書》，往行足矜式。方今聖治隆，有道皆正直。我來秉使節，過都敬憑軾。書刻常侍碑，千年石不泐。特書『關内侯散騎常侍嗣宗阮君碑』立於墓。名氏與先疇，慨焉長太息。

大梁除夕

河干逢歲暮，雪意滿梁園。古木羣鴉集，寒雲大纛翻。黄埃餘艮岳，青堞繞夷門。却有孤吟客，焚香坐不喧。

戊辰

答陸九耀遹

太華一朵雲，飛過嵩山來。從風落我手，尺素飄然開。故人苦久别，新詩爲我裁。纏綿積幽思，慷慨生餘哀。江東有二陸，可敵機雲才。憶昔相與遊，仙氣淩天台。關中壯川嶽，健筆增奇恢。我今復南行，往事誠悲哉。寄言遠遊客，何日驅車回。

大風霾登吹臺

清角騰喧上吹臺，愴然憂旱復憂霾。風沙捲地來河朔，春氣隨雲去汴淮。豈有鄒枚閒賦雪，更無李杜共登階。李太白、杜子美、高達夫曾共登吹臺，臺有三賢祠。步兵不念蓬池近，西望蘇門自詠懷。

過密縣

鄶鄭風詩在，今來溱洧閒。雲生風后嶺，日落大騩山。儉俗皆陶穴，居民多就土崖穴處。愚民不秉蕑。最憐春麥短，地褊食尤艱。

中嶽嵩高詩三首

粵若稽《山經》，太室維高嵩。《爾雅》釋禮祀，肇爲五岳中。陽城測土圭，外方連大熊。太歲在戊辰，春仲山氣融。瑀琈麗朝陽，䔄草披東風。我來祭廟廷，敢謂精誠通。峻極仰方正，深蔚含和沖。明神若降鑒，昭然垂太空。

右太室。

少室峙天西，勢竝太室高。定思渺難陟，但覺神理超。峯巖削雷雨，靈爽通雲霄。敷以帝休華，流以白玉膏。轘轅闢左闕，險隘同成皐。漢武華西來，于此獲駮麃。登禮罔不荅，二室各一牢。豈期少姨碑，摛藻惟其佻。

右少室。

啓母候禹餉，聞鼓母乃來。跳石鼓誤鳴，塗山慙見能。奴來切。母往二室間，化石不肯回。禹曰歸我子，啓生石遽開。《鴻烈》集古訓，斯言何怪哉。班書載漢詔，石已居山隈。我乃向石拜，攬古登崔嵬。曷觀詩頌篇，鳥跡生郊禖。

右啓母石。

嵩山三石闕歌

嵩嶽三闕同高低，左右離立八尺齊。啓母一闕距其北，太室峙東少室西。誰其建者漢朱寵、吕營，誰其書者皆堂谿。漢潁川堂谿典。篆隸詰屈銘句奥，請降雲雨生蒸黎。畫圖月兔木連理，駕車乘馬鈎象犀。閲魏太武周久視，夏暴烈日冬流澌。二千年來屹相向，厥質巍剥厥色黧。二室神祠始秦漢，産啓已説霝山妻。要之陽城本禹地，三塗四載應無迷。此闕靈祇久呵護，歐趙訪古何未稽？褚峻縮本我早見，兹來策馬尋荒蹊。闕間頗足容二軌，壁壘未可窮攀躋。周魯雉闕制可見，雉度入聲以絼非以雞。古城闕之「雉」，乃度以雉也。「雉」乃「絼」同音假借字。絼，繩也。申生雉經，以絼自經也。自古未見有雉鳥自經者，舊説非。氈椎拓取墨華黝，寶之無異摹（元）〔玄〕圭。更洗奉堂即「泰室」之訛。額東石，一行刻字名留題。神君興雲闕中起，廟牆漢柏春鳩啼。

嵩陽隱居

嵩陽多隱居，巢、由、盧鴻一、張彪、种放之倫，皆稱接趾。司馬温公居洛，亦曾買地于疊石溪爲别館，同邵堯夫常來游居。蓋陽城北背轘轅，南限潁、汝，伊古以來，山深林密處也。

嵩陽多隱士，千古見清輝。潁水洗塵去，箕山放犢歸。夜來蘿月滿，曉起松雲飛。言念盧鴻宅，深深在翠微。

大梁

咸陽下洛陽，春風滿大梁。古人通汴泗，千里接淮揚。廢苑皆黄土，荒隄尚緑楊。裴回重弔古，回首憶雷塘。

嵩嶽歸步禱春澤復大風霾繼之以雪以雨以霹靂各郡霑足誌喜一首

白晝移鐙曀且霾，神靈力挽好春回。雲連泰嶽恒山去，雪自洪河渤海來。頓起蟄龍三日雨，交馳驚電百聲雷。中原民慰吾歸矣，千里東風驛路開。

臨淮關阻雨

清明旅館原宜雨，楊柳桃花最見春。短榻横風看步馬，長淮繞户固留人。

戊辰五月辦賊至寧波爲前提督壯烈伯李忠毅公建昭忠祠哭祭之

粵海閩天接燧烽，大星如斗墜殘冬。一生精氣乘箕尾，百戰功名稱鼎鐘。死後人知眞盡命，生前帝許得崇封。至尊震悼廷臣哭，早有孤忠動九重。

誰遣孫恩剩一船，非公追不到南天。公擊蔡牽於粵海，喉間被砲莢，後蔡牽惟剩單舸，逃入安南海中。遠探蛟穴五千里，苦歷鯨波二十年。隔歲過門皆不入，公連年在海不歸，即歸亦但在鎮海修船備糧，未嘗一返家署。乘潮徹夜每無眠。雅之若與牢之合，早見澎臺縛水仙。

六載相依作弟兄，節樓風雨共籌兵。元乙丑以憂去浙，後總督每掣公肘，致有粵洋之變。手中曾擊千舟盜，公與元所共擊滅攻散如水澳、鳳尾、補網、賣油、七都等帮，前後不下千艘。海上如連萬里城。絶吭原知關氣數，寄牙早已斷歸情。公在洋，封所落齒寄夫人，以身許國，恐無歸櫬也。誰憐伯道終無子，好與恩勤待館甥。公無親子，襲爵者，族子也。其女壻同知陳大琮從公久，知盜情，余奏留浙江補寧波同知。

甬上重來特建祠，舊時部曲竟依誰？鈴轅月冷將軍樹，余來甬上，寓提督虛署中。泮水苔深叔子碑。公捐修府學，曾自撰碑文記之。如此致身眞不恨，爲何賫志也休疑。麥城久合關家讖，仿佛英風滿廟旗。公出師時，禱於寧波關帝廟，占得籤詩有云：『到頭不利吾家事，留得聲名萬古傳。』

初秋澹凝精舍小憩

政繁嫌晝短，少暇便心清。偶爾埽精舍，悠然生遠情。屏隨人意曲，榻爲夢魂平。自笑勞勞甚，秋來句始成。

揚州城東南三十里深港之南焦山之北有康熙間新漲之佛感洲或名翠屏洲詩人王柳邨豫居之丁卯秋余與貴仲符吏部徵梅叔弟亨屢過其地梅叔買其溪上數畝地竹木陰翳乃構屋三楹亭一笠於其中柳邨又從江上郭景純墓載一佳石來置屋中予名之曰爾雅山房又名其亭曰曲江亭以此地乃漢廣陵曲江枚乘觀濤處也戊辰秋柳邨來遊西湖出曲江亭圖索題一首以誌舊遊

長江千里來巴蜀，流到廣陵曲復曲。古時滄海今桑田，翠屏洲漲焦山北。江北橫生十里沙，廣陵濤變千人家。九折清溪夾修竹，萬株高柳藏桃花。輞川本合詩人住，況是惠連讀書處。送暑曾過深港橋，尋秋每喚瓜洲渡。送暑尋秋向柳邨，藤床竹枕宿南軒。千章夏木全遮屋，八月秋潮直到門。門前月色連清夜，稻花香重荷花謝。記得曾探北固秋，何緣又結西湖夏。今日披圖似夢醒，濤聲還向夢中聽。錢塘八月西樓卧，錯認揚州江上亭。

題曹夔音摹趙松雪樂志論圖卷

曩讀《仲長統傳》，心竊論之。程蘅衫荃屬題《樂志論圖卷》，因發之於詩。

衡門之下地必小，泌水洋洋不求飽。賦詩尋樂樂無窮，古人之志頗易了。良田廣宅車且舟，談何容易焉可求。必如此圖始言樂，樂未能得先多愁。聖賢栖栖各有志，饑溺簞瓢皆易地。人人盡是仲長氏，天下生民誰與治？公理却笑當時人，本無責任加其身。有田有山不歸去，披圖孤負江南春。可樂不樂徒自苦，仲長之風亦千古。

拜岳鄂王廟

不戰即當死，君亡臣敢存？猶憐驢背者，未逐馬蹄魂。獨洗兩宮辱，莫言三字冤。投戈相殉耳，餘事總休論。

分詠歲寒雜物二首

温研

俗塵滿案拂還多，賴此温温一研磨。墨煖易乾寒易凍，筆尖最好是中和。

寒鐙

夜來風雨弄青熒，留照書氈味最清。但有紙窗鐙一點，凄然便得歲寒情。

將渡錢塘江夜宿六和墖院

月黑山空已半宵，燈昏古寺對殘膏。風催夜氣將成雪，水落江沙不起濤。詩思覓來禪榻静，夢魂騰上塔輪高。出門翻得荒寒趣，絶勝城中俗事勞。

姚江舟中除夕

丈亭古堠接餘姚，除夕停舟待暮潮。迴憶家庭非往日，轉宜兒女避今宵。鏡中霜薄鬢初白，篷背春寒燭易銷。屈指四年同此夜，雷塘菴冷大梁遥。乙丑、丙寅除夕在雷塘，丁卯在河南。

庚申六月余乘風破安南寇船于台州獲其四總兵印銷之爲劍今八年矣戊辰冬復剿蔡牽于海上夜舟看劍寫詩劍匣

銷鎔夷寇印，庚申，安南阮光平子光纘之柄臣陳寶玉私使總兵四人駕船砲屢寇浙海，掠殺商民。余乘風擊之于松門，溺死者無算，俘八百人，夷寇片帆無返者。四總兵銅印僞勅皆就獲，生擒領善艚進禄侯倫貴利，磔于杭州，總兵耀斬于台州，其餘二人死于海。仿鑄古吴鈎。入手才三尺，隨身已八秋。拭磨舊銅篆，慚恨此瀛舟。誓斬閩中賊，如誅亡國侯。阮光纘既喪此舟師，國益弱，聖上惡棄之。纘旋爲農耐舊阮阮福映所併滅，即今恩封之越南國也。

己巳

題何夢華上舍訪書圖

徧訪《列仙傳》，終不見一仙。惟有一卷書，可以千百年。前賢具精魄，亦復待後賢。訪之苟不力，變没隨雲煙。吾讀古蓺略，中心每拳拳。何君涉九流，咨詢在古編。足跡陳謁者，腹笥邊孝先。擬之於道家，亦是葛稚川。我昔校天禄，直閣兼文淵。稽古中秘書，猶恐有佚焉。《四庫》所未收，民間尚流傳。問俟曹倉開，索待海舶旋。或以一瓻借，或以青藜然。或在晉隋後，或在元宋前。何君爲我行，時汎貫月船。寫進六十部，恩賚下木天。丁卯冬，元進《四庫未收書》六十種，皆蒙乙覽，被賜紙、墨、筆、硯、蟒衣等物。再訪再寫進，屢得翰墨緣。後又進四十種，共百種。副墨亦可誦，我或儲琅嬛。何君繪此圖，志學何精犟。昔日求金石，雅意同清堅。靈隱置書藏，更扣西湖舷。近余置書藏於靈隱寺，凡書皆可收藏。萬卷能常存，即是古偓佺。

四月十日同顧星橋吏部宗泰陳古華太守廷慶石狀元韞玉三院長暨朱椒堂兵部爲弼蔣秋吟太史詩華秋槎瑞濆何夢華元錫王柳邨豫項秋子墉張秋水鑑諸君子集靈隱置書藏紀事

《尚書》未百篇，《春秋》疑斷爛。列史志藝文，分卷本億萬。傳之千百年，存世不及半。近代多書樓，難聚易分散。或者古名山，與俗隔厓岸。岧嶢靈隱峯，琳宫敞樓觀。共爲藏書來，藏去聲室特修建。學人苦著書，難殺竹青汗。若非見著録，何必弄柔翰？舟車易遺亡，水火爲患難。子孫重田園，棄此等塗炭。朋友諾黄金，文字任失竄。或以經覆瓿，或以詩投溷。當年無副本，佚後每長歎。豈如香山寺，全集不散亂。名家勒巨帙，精神本注貫。逸民老田閒，不見亦無悶。雖不待藏傳，得藏亦所願。我今立藏法，似定禪家案。諸友以書來，收藏持一券。他年七十厨，卷軸積無算。或有訪書人，伏閣細披看。古人好事心，試共後人論。既汎西湖舟，旋飽蔬筍飯。出寺夕陽殘，鷲嶺風泉涣。

題趙忠毅公癸卯年自書詩卷後

高邑千秋節，中年一卷詩。艱難憂國事，慷慨息居時。未雨鴟鴞苦，當關虎豹疑。待銘殘月研，值得髻如絲。詩中有《髻須歌》。

蔣蔣邨學博炯請書厲樊榭徵君墓碑且與里中諸君子共置祭田報官立案歸西溪交蘆菴管理詩以紀事

劉樊窗榭説明州，遺蜕西溪土一邱。多分神仙無子在，但憑天地有詩留。他年碑碣碧苔古，此日墓田香稻秋。記取法華山下路，詞人長與護松楸。

八月十五日浙江提督邱公良功會福建提督王公得禄於寧波普陀洋十七日先追及蔡牽於台州魚山洋擊之十八日復會擊之於温州黑水洋沈其船牽及其妻子皆死於海詩以誌慰

八月温台急水師，孫恩海上族全夷。定知故帥神靈在，謂温州總兵胡公振聲、提督壯烈伯李忠毅公。看爾長鯨就戮時。蔡逆滅于温州，敬見御製《春勝聯句》詩註。

題家藏漢延熹華嶽廟碑軸子

太華三峯削不成，夜來碧色無深淺。仙人染作《延熹碑》，飄落人間止三卷。長垣王鵬沖一册歸商邱，宋犖，今歸成藩。但損偏旁最完善。華陰東雲駒郭宗昌又一函，椒花館中見者鮮。謂朱竹君學士家以上二本皆翦裱，無唐人題名。我今快得四明本，玉軸綈囊示尊顯。豐萬卷樓全鮚埼亭范天一[一]閣錢潛揅堂三百年，入我樓中伴《文選》。予藏宋尤袤本《文選》。驚心動魄竹垞語，七尺巖巖闢空展。渾金璞

[一] 一，甲戌續刊本作『乙』。

玉天所成，幡然不受人裁翦。全碑未翦，整本。唐宋題字皆分明，衛公兩款夾額篆。全身平列廿二行，波磔豪鼇盡能辨。一字一朵青蓮花，玉女翻盆墨雲輭。己巳摹鐫向北湖，市石察書書佐遣。湖邊更刻《泰山碑》，時余以八月廿二卸印入覲，過揚州，以重摹秦《泰山碑》殘字與摹《華山碑》同置城北四十里湖橋墓祠中。嶽色雙雙照人眼。

題北湖摹碑圖

秦泰山殘字、漢西嶽《華山碑》、三國《天發神讖碑》近代並毁，拓本皆可寶貴。予藏三碑紙本，摹石置之北湖墓祠塾中。偶檢家藏王麓臺山水小幀，遂屬畫友添畫碑石及刻碑者於其坡陀之上，名之爲《摹碑圖》。以詩紀之。

吾愚未學繇與羲，唐陵宋閣多然疑。但曾手摹十石鼓，刻畫史籀誇岍岐。下此秦碑立泰岱，石刻明白丞相斯。延熹蔡郭華嶽廟，江都皇象神讖碑。近代數碑次第毁，一紙在世驚神奇。定武各石歐褚耳，數十本尚談姜夔。三碑眞跡下一等，況是秦漢三國時。古人筆法入石理，何嘗楮墨差豪鼇。吾齋積古見三絶，訪古者至皆嗟咨。客曰是宜并摹勒，一日不刻人嫌遲。江南市石北湖去，九龍岡上吾家祠。雪鋒吴氏善篆隸，奏刀砉騞親磨治。淺深完缺盡相肖，登登林下鳴氊槌。

十夫扶起鼎足立，桓楹並視平不欹。巖巖嶷嶷雙嶽色，蒼崖翠壁交陸離。建業古氣盡銷鑠，秣陵一抹無嫌卑。甘泉山色隔湖見，朝嵐浮動青松枝。西漢殿石我手獲，墳壇可配魯祝其。余於甘泉山手獲漢厲王[一]胥冢上石。麓臺畫已百年久，林屋豈爲我圖之。我來補寫刻石者，三碑添在珠湖湄。坐使此圖成故實，摩挲合作摹碑詩。瑯邱之樂古所歎，他年老倦應相思。

貞觀金塗造象阿彌陀銅碑歌集翁覃溪先生齋中作

蘇齋帀坐將哦詩，袖中我出金塗碑。碑高四寸寸之六，黃金塗滿光陸離。阿彌陀碑四字額，左右盤以雙翠螭。其文六行行十許，駢麗猶是初唐辭。一軀佛象共願造，丹青金玉矜瑰奇。慈風慧日振法界，却從勝範觀良規。造者趙婆長孫輩，其人泯滅知是誰。貞觀紀年廿有一，正是四海安平時。此乃唐初正書體，出於北魏周齊隋。北朝造像百千計，今多石刻留山陂。刁遵高湛各銘碣，分明隋末歐褚師。江左韓陵石頗少，中原楷法茲其遺。奏刀刻銅力恢展，字小如黍微如絲。蠅頭蟬翅劌難搨，金枝細書壓見斯。蘇齋老人驚歎賞，碑者卑也此最卑。予曰鉅細各不朽，大碑

[一] 王，底本作『三』，或板有斷爛，據甲戌續刊本改。

屢見唐人爲。君不見，貞觀是年銘晉祠，《晉祠銘》亦貞觀廿一年。文皇御筆書淋漓。又不見，三龕造象闕在伊，登善大書摩勒之。

屠琹隖庶常倬將出爲縣令所寓京城米市胡同有古藤二株自繪圖卷索題

吴山樓前多竹樹，舊是詩人讀書處。昔琹隖與查、梅、史諸子讀書吴山。瀛洲亭上看花來，偏我來時君又去。君去正見江南春，韋杜東風不相遇。記戀城南三宿住，兩樹藤花小琹隖。《集韻》去聲。

詠絮亭以畫册寄索題

海棠

春雨初飛二月時，灑成萬點好燕脂。偶然落爾生花筆，寫出垂絲棠一枝。

紅白桃花

白桃淺淡絳桃肥，半著冰綃半著緋。莫道漢人無綺語，《曹全碑》裏有桃斐。漢《曹全碑》「桃斐」，「斐」與「妃」同。

牡丹

誰將深色囑東風，著力催成花一叢。曾見宋人團扇好，一枝春滿十分紅。曾見宋人「牡丹春滿」團扇，花大滿一扇。

菜花蠶豆

蠶豆菜花黄間青，吴中生計滿春塍。農家隴上半盂飯，寒士窗前一盞鐙。吴中豆爲飯，菜爲油。

梔子石榴

妙香須自澹中回，妙色休從濃處猜。拈得一枝合微笑，紅裙何事妒花來。

蘭箭

兩箭幽蘭香意足，妙似詩情浄如玉。湘波如見二妃來，薜荔青青女蘿緑。

白荷蜻蜓

菡萏白開涼雨後，蜻蜓紅點夕陽時。畫工知是有新意，愛誦放翁《團扇》詩。此幅用放翁詩『白菡萏香初過雨，紅蜻蜓弱不禁風』意也。

桂花

一枝仙桂發天香，染上生綃書共藏。挍與一經無落葉，兒曹漫與下雌黃。

木芙蓉

落盡芙蓉霜氣濃，還從木末看芙蓉。拒霜莫道無風力，接引寒花直到冬。

松枝山茶

松枝低亞山茶花，歲寒清景詩人家。敲詩讀畫不知冷，雪滿庭松聽煮茶。

題朱野雲處士鶴年祭研圖

久與端溪訂石交，歲寒爲爾拜深宵。須知一片閒雲意，除却蒼巖不折腰。
不食官倉不種田，一家耕石祝豐年。來年再寫新詩卷，更是焚香賈浪仙。

揅經室四集詩卷九　文選樓詩存

庚午

與諸表兄弟共建外祖榮禄公林氏祠堂於揚州陳家集天后宫側記事一首

西山大田外，榮禄啟專祠。舊德傳爲政，清芬合誦詩。祭分唐世系，象表古威儀。老屋梅花樹，新牆楊柳枝。書函留宅相，元幼時，玉珂諸舅氏與元函，皆呼元曰『宅相』。經術記門楣。見説何無忌，來題蠶臼碑。

己未借寓京師衍聖公邸曾栽竹三叢藤花兩本庚午再寓添栽槐柳桃海棠欒枝丁香并舊有古槐榆椿棗穀共三十餘株記以一律授之館人

三公庭下例栽槐，更取時花處處栽。淇竹低隨青柳密，海棠高共紫藤開。還添闕里壇中杏，但少楊州江上梅。待得十年深雨露，緑陰紅樹滿春臺。

門生屠琴隖以翰林改宰儀徵翁覃溪先生倡詠餞送遂亦以詩贈行

展我泰華碑，磨我八甎研。蘇齋倡吟篇，舊友共相餞。蘇齋詩云：『仍磨八甎研，餞爾贏詩囊。』屠君正壯年，出宰我鄉縣。鄉縣尚不陋，長江繞芳甸。近者集鹽艘，民風少爲變。梟徒潁泗來，小門竟如戰。我昔謀增兵，請者議未善。爲此多隱憂，保障匪易見。我早識屠君，洸洸吴越彦。清名滿湖海，高文冠翰院。百里非龐才，帝欲使之練。孰意赤緊州，巧得顔謝選。學者所設施，豈與俗最殿。循吏宋汝陰，亦入《儒林傳》。蘇齋敦勉之，古誼深眷眷。我豈無贈言，力行在無倦。履之而後艱，折獄言難片。我于浙士民，拊循詎能徧。惟不負乃心，或不赧於面。今日春明門，花前競吟讌。海棠思召伯，鳴琴慕子賤。行矣春江潮，勿爲瀛洲戀。

緑樹

長安原是慣風塵，無奈風塵送盡春。一夜碧雲催密雨，滿城緑樹接芳鄰。開窗活翠能驚目，埽徑新陰欲罩人。如此槐廳最清暇，門前遮莫響車輪。

題内子緑静軒圖

卉木無躁意，穆然含清陰。況有幽閒人，情賞相與深。小軒遠塵埃，竹樹密成林。皋禽傍蕉石，香草被苔岑。雨餘見曦影，衆緑何沈沈。碧雲澹無迹，半染詩人襟。窗楹閟窈窕，坐此生道心。乃知山水間，太古誠希音。晝長萬籟静，一聲惟素琴。

題陳受笙均十三鏡齋詩稿後

嶽色河聲太倉莽，吴山越水劇清柔。合將畫筆兼詩筆，直寫杭州入華州。百二秦關收爽氣，十三古鏡照高秋。奇才舊見吴南野，却讓陳生隴塞游。嘉興吴澹川詩入關更勝。

題陳迦陵先生填詞圖卷

卷中自康熙以來諸名家佳作如林，各體皆備，惟無七言長律，賦此避之。

聞道元龍氣最豪，平原繡像喜相遭。烏絲細壓欄邊字，火色頻添頰上毫。陽羨書生鈎黨在，維摩天女借禪逃。江山一曲周郎顧，絲竹中年謝傅陶。名士競題黃絹婦，清班不藉鬱輪袍。歌喉井水新争柳，扇面烟花舊恨桃。酹酒墓田依壯悔，吹簫園館記如臯。詞人那識東林意，湖海樓原百尺高。

題女蘿亭香影移梅詞意圖卷

五年香影太匆匆，不是忙中即病中。待得閒來披畫卷，才從静裡見春風。舊時月色還如此，今日詩心更許同。聞道家園梅樹好，女蘿亭外玉瓏璁。

昌運宫白皮松歌

昌運宫在香山鄉，古松七株百尺長。入門瞥眼驚相望，白龍亂竄千條光。鱗鬣欲動泠忽僵，森然結夏堆雪霜。陰羽鶴鶴飛來涼，仙人亟以瓊瑶漿。十步之外聞古香，手捫其膚膩若肪。俯視檜柏翻老蒼，相憐皆是滄海桑。有明正德多權璫，永也差比彬瑾强。所知尚有幾希良，依松造墓深埋藏。松濤暮起思茫茫，陽明古洞應斜陽。

覺生寺觀永樂大銅鐘

永樂洪鐘閲古今，虹梁鼇柱屋沈沈。銷兵秦政成餘習，懺佛蕭梁本疚心。一棒難超無量刧，萬鈞豈躍不祥金。華嚴輪轉熙朝後，始聽蒲牢自在音。

雨後遊萬柳堂

京師崇文門外東南隅萬柳堂，相傳爲元廉希憲野雲右丞别業，即國初馮益都亦園也。一時鴻博名流，皆有題詠。後歸倉場侍郎石公文桂，改爲拈花寺。今池館雖廢，寺尚在。

雨後涼雲重，驅車趁曉行。尋沙無轍跡，訪寺得鐘聲。屋外青林合，樓前緑野平。不來荒僻地，那見古人情。

妙繪見鷗波，疎齋共聽歌。草堂圍萬柳，驟雨打新荷。廉野雲宴趙松雪、盧疎齋於萬柳堂，命家姬歌《驟雨打新荷》曲，松雪設色，畫堂中賓主三人，淡紅衣女子手持荷花，置酒杯于花中，堂外門閉，僕馬待焉，繞堂前皆荷，堂後皆高柳，有雨後迷濛之趣。松雪自題七律于上方之左。剩水長蘆占，孤亭老樹多。若非詩卷在，此事半消磨。

最好佳山集，遥收松雪圖。荷連清露堂名折，柳得野雲扶。池館留名跡，門牆列衆儒。滄洲思早卧，此地已江湖。

火城闌不住，見《佳山堂詩》。付與佛拈花。今日伽藍地，當年宰相家。風流雖歇絶，水木總清華。陳跡且休論，但催僧煮茶。

京師揚州會館第三層院中種竹百餘竿題其軒曰小竹西

繁華庸何傷，惟趣不可俗。歌吹沸天時，但須一路竹。維揚置行館，近在韋杜曲。已圍桃李園，余於第四層院中襍蒔海棠、桃、杏諸花，用唐人『春風得意』詩意，題其扁曰『看花館』。更築篔簹谷。爲竹作主人，何止戀三宿。人苟無世情，誰住春明屋？所賴有此君，瀟灑慰幽獨。九陌多風塵，適館方有轂。入門拂緇衣，一笑對青目。宛然禪智西，亭外千竿緑。

新秋月夜

煩襟已厭暑，迎秋殊願涼。徘徊起中夜，復此明月光。閒情閟重闥，朗抱開虚堂。風槐動疎影，露卉含清香。蛩新乍吟砌，螢暗時度牆。散髮理象櫛，瀹茗移藤牀。所欣在眞境，豈辨何有鄉。但覺羣動息，亦復筌言忘。

過瀛臺見秋荷盛開

妙蓮花界浄浮漚，翠蓋仙莖露未收。八部香嚴會龍海，萬眞飛舞下麟洲。光明湧現雲霞色，清淺折成珠玉流。百丈虹梁平跨去，人間天上共新秋。

辛未

唐花歌

燕京窨花出豐臺，臈月已見羣花開。海棠牡丹鬥紅豔，更好淡緑江南梅。我飾書室小且暖，地爐窗日微相煨。瓻盆瓦缶滿几案，拂拭何異尊與罍。衆芳列坐若佳客，千卷書作賢主陪。轉移春風入户牖，外釀瑞雪中收雷。渾然元氣在何許？扶持枝葉滋根荄。前花未落後花放，次第不覺三春催。開門遨頭出城去，水邊林下花初胎。那知屋裏奪氣候，已經百日看花來。今年冬半再封窨，一歲春花香兩回。

秦小峴少司寇予告歸田餞之於萬柳堂即題其城西草堂圖疊司寇和余萬柳堂四律韻

草堂欲歸去，把酒送君行。雅望推文學，恩綸獎政聲。病憐長孺卧，法念釋之平。君德優臣禮，遲遲無限情。

宫諭論文處，佳山昔詠歌。萬柳堂爲馮益都相國别業，小峴本生高祖蒼峴宫諭爲益都鴻博科門生，堂中舊多游蹟，見文集中。重來折殘柳，歸去製新荷。舊侣江湖少，遺編淮海多。元豐詩帖在，貞石待鐫磨。司寇時奉其先世淮海先生竹詩墨蹟卷共覽。

城西連惠麓，畫出草堂圖。圖爲屠琹隝畫。山看微雲抹，園添一杖扶。林泉容老輩，書史便衰儒。蹤跡更何許？扁舟淩太湖。

春雨江南足，軒前有杏花。秦氏有杏花軒。遂菴新几榻，吟社舊人家。小峴家有遂菴。又沈周《碧山吟社圖》，亦小峴先人詩事也。把卷清魂夢，臨風攬鬢華。緘詩如寄阮，好待侑僧茶。蒼峴先生緘詩寄漁洋山人，題曰『寄阮集』。

二月十八日雪後獨遊萬柳堂題壁間元人雪景畫中

佛龕拾得元人畫，裝成重向東牆掛。遺留想是佳山堂，一百餘年僧不賣。畫中白雪粉痕多，冰泉直壁青山界。兩客策騎同折梅，絹色雖渝猶不壞。欲題未題待雪來，直到中春雪始快。疋馬披裘獨出城，要看圖中門光怪。詩成晴雪滿松篁，雲破陽春撲牆曬。

寒食日偕朱野雲遊萬柳堂夜宿寺中清明日復看花柳

東風吹夜雨，洗出長安春。城闉已清淑，況此遠水濱。邱壑共明瑟，桃柳相鮮新。夕陽絢紅影，閒照亭中人。煙霞亦何物，乃爾怡吾神。

薄暝月漸明，碧雲復微合。暗影抱青城，遥情識孤塔。徘徊松樹閒，花陰更叢襍。歸來話西窗，高眠接禪榻。清夢夫如何？繞林定三帀。

心清夢易醒，聞鳥已知曙。出門復看花，滃然迷白霧。霧氣泫花垂，似雨亦似露。幽石浄可憑，春沙輭勝步。試問六街塵，豈得此時趣。

上巳日萬柳堂同人小集看野雲處士栽柳和翁覃溪先生

藉田上巳待躬耕，是日侍上耕藉田。回向林塘曙影横。夜雨潑開春水色，暖風吹散曉禽聲。客來南郭心皆遠，屋對西山眼更明。記取道人栽柳意，送行懷古不勝情。坐中秦小峴少司寇將歸田。

野雲處士種柳萬柳堂自作圖卷屬題

豐臺何處有廉家？偶指城南憶竹垞。廉右丞號野雲，其萬柳堂别墅或以爲在南西門外豐臺相近，然今杳不得其遺址。而朱竹垞《日下舊聞》則以南城内東南隅地當之，故不列於郊坰而列於南城，即馮益都亦園也。亦園歸石氏後，改爲拈花禪寺。朱野雲處士自喜其號巧與廉合，邀詩友來遊，且爲種柳栽花，若有夙緣者。處士夙緣還種柳，詩人微笑共拈花。商量水外千行密，點染圖中一道斜。知是野雲深意在，城東欲學李西涯。

與法梧門前輩式善同遊西山先過八里莊慈壽寺

城裏看西山，遥青未可攀。峰巒邀客夢，車馬趁春閒。學士還清健，書生本劣孱。一節偕一笠，法學士携節，元戴笠。好與叩松關。

浮屠出荒寺，試讀舊碑銘。蓮月開雙相，觀明李太后及神宗象。松風語百鈴。早收花外刼，豈有夢中經。啜茗渡河去，春深萬柳青。

渡桑乾河入西山登羅睺嶺

待渡桑乾河，沙飛風力勁。所遊設若斯，毋乃盡清興。呼舟達西厓，林密野風定。車馬猶逶迤，嵐翠已相迎。郙遥柳色新，山静花光靚。紅杏千萬株，梨雲與之競。遠樹蔽迴峯，近枝礙幽逕。名山匪易探，先受一嶺横。籃輿扶峭岩，竹枝撥危磴。興逸忘此勞，山深悦吾性。煩襟滌使閒，濁慮澄已浄。何必訪孫登，始聞人嘯詠。

游潭柘山宿岫雲寺倚松閣

中峯何隆然，九峯外環繞。展轉入寺門，三幡風嫋嫋。香殿據層巖，孤亭出林表。柘溪飛泠泉，引派分渠沼。穿屋灑清流，曲折鬬工巧。虚室何精嚴，階下亂風篠。牕明文杏花，砌襯碧莎草。高松與檐齊，倚閣争夭矯。納客入此間，直若猿與鳥。再宿戀已深，流連玩昬曉。緬昔魏翩翩，𥘉始志釋老。文人侈浮辭，遂爾悦禪藻。深山泉石間，原使精神澡。若欲治身心，終當守吾道。

遊戒臺寺

戒壇高處護天龍，盤磴回欄四五重。石殿烟霞東面暖，香臺金碧上方濃。殿臺皆東向。碑聞松漠依雙墖，碑、塔皆遼、金時物。河走桑乾擁一峯。何事遊人留不住，出山相警是清鐘。

戒臺寺古松

戒壇古松枝葉繁，問年上溯遼金元。或如舞鳳來軒軒，或如雲上蒼龍蹲。奇節老幹何足論，勿論其末論其根。走根久已入九原，穿山破石深無垠。養以蒙泉包厚坤，千脈萬絡紛攀援。雲欲出山爲所捫，先與松根相吐呑。夏含涼清冬含温，房山元氣來渾渾。詩人譽樹徒煩言，試與至道探眞源。

途中小雨

春來何處不風沙，小雨才能醒麥芽。出見野田憔悴色，愧教庭院日澆花。

獨遊萬柳堂

蘆芽戢戢柳毵毵，一水瀠洄染蔚藍。但是鷺絲飛到處，管教風景似江南。

辛未初秋移寓阜成門即平澤門内上岡新居有小園樹石之趣題壁四首

莫遣鄉心憶選樓，城西僦屋似邗溝。老槐引入三橋路，雜樹圍成一院秋。小有峯巒同石屋，無多窗檻擬瀛舟。此間風月真清暇，竟日能來幾度遊。

春來未及海棠顛，接引繁花可半年。松菊雅逢秋士健，棗梨低待小兒懸。遮牆薜荔披風密，壓架藤蘿漏月圓。更與梧桐添緑影，芭蕉瀟洒竹便娟。

小園賦漫比壺公，乳鵲藏狸處處同。桑翳雙亭清夏氣，椒香一閣散秋風。澆花井水朝分研，埽葉琴牀暮拓弓。雖是賃居非廡下，未因椎髻愧梁鴻。

二百卷排新著書，高齋插架見經郛。讀碑結習成迂論，時著《南北書派論》。修史深情向舊儒。時修《儒林傳》。老圃客來秋逕外，西山青到石臺隅。墨莊子弟如相問，寫與詩篇抵畫圖。

中秋小園鐙月

秋宵涼氣滿花臺，幾度閒園剪燭來。雜樹陰中鐙影亂，流雲缺處月華開。衣深應有三更露，研浄原無一點埃。共把清吟酬此夕，不催絃管不銜杯。

同野雲山人小園坐雨

風雨秋園竹樹摇，黄昏時候更瀟瀟。却如江岸荒庵裏，早拚柴門避晚潮。

昌運宫爲古道院白松七株虧蔽霜雪松下青苔平鋪竟地雨後來遊閴無人迹

滿地濕苔衣，松身白十圍。松凝秋雪艶，苔養緑雲肥。古殿絶行迹，頹牆空夕暉。祗應明月夜，(元)〔玄〕鶴獨來飛。

研背坡公笠屐像

蘇公片石攜，袖中有東海。研背勒眉山，英靈動眞宰。我昔到蓬萊，天東望渤澥。一笠翻海光，知有坡公在。縱横一萬里，上下七百載。此意遠茫茫，碧環若爲解。『袖中有東海』『東海如碧環』皆坡公句。

聽福祜孔厚諸兒夜讀

秋齋展卷一鐙青，兒輩須教得此情。且向今宵探消息，東窗西户讀書聲。

王楷堂比部廷紹齋中七尺端溪大石硯歌

王郎抑塞磊落才，埽葉延我來秋齋。籬脚黄菊立碧苔，秋陰堂下多强楷。齋中一硯眞奇材，端溪七尺横安排。以几爲匣髹髮胎，紫雲緑雨摩幽崖。平方正直誰量裁？羲之宅裡一片階。任人十手執筆來，儘可一研容其儕。鍥墨無聲墨頓摧，如蠟塗釜膩莫揩。曰非端州何石哉，器大反與恒情乖。楷堂寶此休輕開，神寒骨重勿受猜。急須刻字銘研限，淄塵百斛無能埋。

種菜

秋果墜西風，秋花濕疎雨。小山苔草深，時有涼蛩語。呼童荷鋤來，劚破半畦土。種菜能幾朝，已見青莖吐。夕陽閒灌園，香味在老圃。桑陰石几間，妻孥共雞黍。自起剪秋蔬，付與行煁煮。

題吳荷屋榮光登岱小照

巖巖東嶽上，俯視萬峯橫。試問來遊者，何人敢自輕。當前爭樹立，此意足生平。風度眞相似，松泉如有聲。

題圖鞱布曹學閔二公戒壇祠圖

西山有古壇，岧嶤出塵界。誰是登壇人，先當受孔戒。二老共遺榮，山僻性逾愛。松石寄精神，栗主一祠對。我曾入山游，高風想先輩。讀記念我師，更下祠中拜。祠中碑記乃朱文正師撰。山南二老莊，我師墓亦在。歸途謁墓門，梁木悲兹壞。文正師墓在盧溝橋西十里二老莊北之吕邨。

題書之静春居圖卷子

選樓宋墨莊，清江劉氏出。朱子撰六詩，静春居其一。賢母教兒孫，曾見安定胡氏筆。我家居選樓，先祠式安吉。他年成一房，望祐以經術。攬此静春圖，藏書思石室。

一卷藏書圖，吾母著慈教。卅載繫哀思，五鼎豈云孝。兹圖何足論，其貌亦頗肖。愛此膝下兒，光景似吾少。文學固所期，心術尤至要。一片折蔆心，待爾春暉報。

春花雖灼灼，惟静乃吾廬。何因致凝静？賴此萬卷書。慕昔宋劉氏，累代守經畬。報國敦孝悌，兄弟怡怡如。浮華吾所惡，勤儉保令譽。勉哉爾母子，勿負君子居。

壬申

小園初春

殘雪棲園林，半在小山北。初陽麗南軒，温然漏春色。榆枝拆嫩苞，東風已有力。一夜結輕冰，又覺餘寒勒。向午感微和，此焉見消息。

三月二十日駕幸南苑大閱恭紀

羽林齊駐晾鷹臺，聖主戎衣策馬來。萬乘躬勞千纛肅，九天春霽八門開。座臨山嶽人如海，陣走風雲地有雷。端爲太平親詰武，簫鐃歸唱帝之回。

三月廿一日夜宿萬柳堂贈覺性開士和翁覃溪先生韻

但有鴻儒無白丁，亦園原不在郊坰。緑波深漲橋頭板，清吹閒鳴殿角鈴。舊賸樓臺猶楚楚，補栽楊柳故青青。春風禪榻茶煙歇，共看三更月滿庭。

小園雜詩

清明才過見新荑，穀雨催花已放齊。一樣風光判桃柳，十分春色占棠梨。登臺衆綠浮身起，繞徑繁紅炫眼迷。半嚮不知花影换，月輪東上日沈西。

好花宜趁曉來看，起向花前擁盥盤。霞色忽驚隨水動，露華猶覺著衣寒。折枝邀蝶眞成畫，嚼蕋聽蜂每忘餐。記否空林春未到，迴風飛雪撲闌干。

才是春明三月中，紛紛已颺落花風。恰當半謝新生緑，翻似初開少放紅。一例分箋酬令節，幾番秉燭入芳叢。與人究竟曾何補，慚愧家庭樂自同。

古藤幾架紫垂牆，小刺荼蘼蓋曲廊。上番笋抽新竹密，午時陰冪老槐凉。黄扉退直鳴珂静，青箇修書刻箭長。忽有微風生夏氣，疎簾初試棗花香。

終日轔轔九陌車，久晴容易起風沙。洗春一夜廉纖雨，破夏千枝芍藥花。研北銅瓶開蘛栗，牆東玉軸展鴉叉。此間門巷清如水，緑樹陰中是我家。

小園休賦庾蘭成，但向幽軒較雨晴。入户風圓飛絮轉，鋪池水定落花平。偶思晝寢安横榻，更爲齋居結小棚。多少案頭書史在，商量可似古人情。

首夏奉使山西辦蒙古阿拉善鹽池事内子餞於小園率賦

好將蔬筍餞餘春，舉案居然我是賓。肉食到前遲下箸，自思可是遠謀人。

過井陘關

漢將論兵處，軺車竟往還。背分綿蔓水，心壯井陘關。柏柴斜陽淡，榆門古意閒。何邊曾赤幟，四顧歎青山。

太原晉祠

晉虞叔也。始見於魏收書。

晉水初生處，虞祠閱魏隋。桐圭青剪葉，參宿白開旗。羣木森瑶壅，雙泉競玉池。晚來涼月下，肅穆有靈祇。

晉水

《山海經》：「縣甕之山，晉水出焉。」

《水經》晉水篇，酈注嘗愛誦。何幸茲來遊，緣山入懸甕。沈沈女郎祠，靈堂抗高棟。下有百斛泉，漬湧出空洞。沙浄水逾明，石觸波始動。夏暑翻若冰，冬温不知凍。蔽日蔭繁林，終年漾青葑。石墖雙派分，水磨一亭礱。東流繞晉陽，歲作霖雨用。連陂秔稻香，滿澤芙蕖種。灌城反滅瑶，平晉當譏宋。娯集尋飛梁，宦子昔迎送。清川澹不收，山月暮將弄。風泉一夜聲，洗我空林夢。

懸甕山

海内讀《山經》，晉水一源發。懸甕連蒙龍，閭麇玉爲窟。重甗朝已陞，夜游更超越。竟登柏翳山，還見禹時月。上有避暑宫，高齊。下有蒼龍闕。北漢，見遺山詩。山川太古心，萬載未銷歇。

臺駘廟

汾脽驅自循蜚初，（元）〔玄〕冥世業大夏墟。臺駘手障晉陽澤，沈姒實出汾沮洳。金天大鹵襲白壤，宣通下濕生蒲魚。昌凝廟象按劍坐，唐封神爲昌凝公。弟兄原未相離居。閼伯實沈日尋戰，允格臺駘本相善。太平興國火晉陽，干戈誤讀（邱）〔丘〕明傳。果憐灼艾託官家，何愧參商不相見。

聖母祠

晉源之神，舊名女郎祠。宋熙寧中，加聖母號，居正殿，別立女郎小祠於泉上。閻百詩曾據斷碑知爲邑姜也。

漫説叢祠住女郎，亂臣原是古周姜。雲冠松蓋山樓静，翠葉銀花水鏡涼。開母有姨居少室，夫人辭帝降清湘。后妃治法分明在，底事河東見武楊。

古柏

古柏生何代？應生楊李間。南臨雙派水，西夾一梯山。卧榦青銅柱，高枝碧玉鬘。寄言後來者，省識好相攀。

貞觀晉祠銘

舊搨唐銘一丈碑，碑陰今是刻名時。六朝隸楷翻貞觀，隋以前碑與帖分，以羲之帖法書碑自唐初始。十道山河起晉祠。雅愛羲之親作傳，感恩虞叔獨題辭。高君雅等禱雨之謀不成。瀛洲學士誰能此？使我摩挲歎色絲。

涼堂

曾聞水上結飛梁，目送清流下晉陽。欲借酈君經注筆，緑陰深處補涼堂。《水經·晉水》注云：『水側有涼堂，結飛梁於水上，左右褋樹交蔭，希見曦景。』元壬申夏日來游，池館頗多，獨無涼堂之名，因屬門生太原尹魏來田補書此扁，以存古蹟。

曉涼

晉陽暑雨夜初收，曉起涼深似暮秋。不是雁門風色緊，未知身在古并州。

磁州滏泉道中

百里邯鄲道，塵歊生暑風。今朝新雨裏，一路亂泉中。鷺向稻田白，荷依柳陌紅。江南好光景，此日憶相同。

正定喜雨

呼渡滹沱日卓午，禾黍與人同畏暑。常山雷起卧龍飛，勒轉風雲射涼雨。雨停濕氣蒸夜林，曉程起望猶濃陰。大凡一片墨雲下，總有萬家歡喜心。

小園

長亭三百轉軺車，暑退涼生始到家。得少閒時才覺倦，坐看園叟種秋花。

寄題焦里堂姊夫半九書塾八詠并示琥甥

雕菰樓

君子樂瑕邱，貞白不下樓。我亦有丙舍，近在龍岡頭。他年好魂夢，相約來往游。

柘籬

樓北樹已嘉，樹外籬更好。春芳蔓青條，秋花隔香艸。若喜柘枝顛，毋能采菊老。

紅薇翠竹之亭

紅薇駐夏日，翠竹延清風。虛亭凝一笠，樸樹翳成蘙。中有著書者，樂過仲長公。

蜜梅花館

衆卉已驚寒，黄梅獨相耐。況是先人遺，書館勿翦拜。一片冰雪心，留在湖波外。

倚洞淵九容數注易室

密室括圖書，先生獨注《易》。妙悟契天元，數如正負積。孟費勿分家，秦李合共席。

木蘭冢

昔年玉浮圖，今留一坏土。花身雖不存，其名足今古。標以瓌石峯，將爲刻銘語。

仲軒

公理論樂志，有志未能樂。何如黄珏湖，深遠似巖壑。況是樂孔顔，於焉寫著作。

花深少態簃

君子守歲寒，所貴非有態。李固豈弄姿，魏徵豈嫵媚。毋爲擷春華，還思翫晚翠。

中秋小園鐙月

小園鐙影花影，徹夜草香露香。遥憶二分明月，平開一半秋光。

出古北口四百里至木蘭圍口

策馬塞山下，泉石生清音。延緣入寒麓，霜色絢丹林。席狨在幽草，晚風吹我襟。夕陽下西山，朔氣何蕭森。牽駝飲迴澗，牧羊散高岑。時有獵騎來，連韉帶皋禽。兹行洵孤立，徘徊獨諷吟。有懷古卓歇，瀸然多遠心。

木蘭山口

羽林初散木蘭圍，北幕諸藩拜宴歸。剛近重陽試風雨，四山黃葉帶雲飛。

初用眼鏡臨清舟中作

高宗壽八旬，目無靉靆照。臣賦眼鏡詩，褒許得優詔。爾時頗自恃，焉知惜壯少。無何中年來，淚泣屢哀弔。鼎湖與雷波，心肝傷兩竅。況在經籍中，千卷自讐挍。今年鄴下歸，麻茶非意料。秋來加鏡看，忽使鏡呈效。帝恩命司空，出轉七省漕。六百萬石粟，案牘待披報。竟欲仗此君，心折不能傲。古人知非年，來歲五十到。豈今一歲前，尚争後先覺。亟須盪吾胸，無爲不正眊。

題張淥卿詡露華樹稿

淥卿昔在余幕，既乃客遊山左，作壻東萊，詞采驚人，年華感舊，今廿年矣。《露華》詞句雅近，玉田吴穀人祭酒以詞題其集，有云『付香弦，一聲一咽，尋常歌吹全洗』。淥卿故不名詡，余昔有漢銅印，文曰『張詡之印』，以贈淥卿，淥卿即自名爲詡。此皆本事也。

廿載才人説淥卿，江湖小集刻初成。七條弦咽眞情味，一寸銅香古姓名。齊客例應爲贅壻，吴蒙還是作書生。富春山色揚州月，并作秋懷寄歴城。

拜汶上分水廟

尚書宋禮畫策本虛懷，白叟白英奇謀抵決排。泰嶽餘根歸魯衛，汶流分派入漳淮。五千帆楫能逾嶺，二百泉源盡到階。心折古人甘下拜，神鴉飛舞過松牌。

仿鑄漢建初銅尺歌和翁覃溪先生

蘇齋寄我《漢尺篇》，三尺分弆詩應聯。葉東卿志詵仿鑄漢建初銅尺三枚，以二尺分贈蘇齋暨予，而自留其一。摩挲蠖屈屢歎息，此尺與我尤多緣。江都閔氏舊寶此，鑑藏尚在吾生前。此尺本在江都，爲吾鄉之物，此一緣也。家鄉漢石竟手獲，吉金豈不增惜憐。予手獲西漢厲王胥冢石字于甘泉山。一從法物歸闕里，較量禮器相後先。憶昔再試四氏學，量才借尺曾兩年。予兩至曲阜試士，皆借此尺于衍聖公府，徹棘後還之，此二緣也。自兹一別十七載，壬申復由魯至燕。壬申年，予從闕里借漢尺至京師，鑄畢，還之闕里，此三緣也。蘇齋重見喜作考，葉氏仿古鑄且鐫。翁葉阮各得其一，日本銅質鎔精堅。葉氏用日本銅仿鑄三尺，予得其一，此四緣也。我曾獲燬越南印，模鑄漢尺分豪懸。葉氏鑄用原尺較，一絲不爽符貨泉。予於庚申年剿獲安南四總兵銅印於台州，銷爲一劍一尺，其尺僅以漢尺拓本仿鑄，今以原尺較之，弱一分有奇，不及葉氏此鑄分豪不爽。

世間尚有晉前尺，周漢尺賴搨本傳。晉尺亦爲我所得，復齋宋册相駢連。世間除此漢尺外，惟宋王復齋《鐘鼎款識》册内有晉前尺搨本，其尺銘載與周尺、劉歆尺相同，即沈冠雲據以著《周官禄田考》者，此册今藏予齋中，此五緣也。積古齋中列觀八，商角周罍及漢甎。予以商銅角、周齊侯罍、漢晉八甎、唐貞觀塗金銅碑、宋王復齋《鐘鼎款識》、宋尤延之板《文選》、舊搨未翦本《華山廟漢碑》及仿鑄漢鼎尺銅貯積古齋中，列爲八觀。末列一觀漢鼎尺，定陶仿鑄量與權。惟度量衡共二器，周漢制度今兼全。予得漢定陶恭王銅鼎，置之焦山，仿鑄一鼎，存之齋中。漢人鑿所重斤兩、所容升斗於鼎蓋器上，再合此尺，可得古度量衡之全。此六緣也。古今度數無二理，適於世用斯爲便。測量粟米刱捷法，一尺算遍船五千。漕運總督盤糧之法，舊用尺量船，三乘四因，始得米數。予以今米一石積爲六面立方形，即命此一面爲一尺，刱爲新尺，衹用再乘，即得米數。寒冬罏火小閣暖，淮陰官舍如琅嬛。詩成握尺天欲雪，茶甌香雜沈檀烟。

十二月十一日夜宿海州雲臺山東海營次日閲兵

雲臺山下結軍轅，弓矢鉏犁共一屯。田已爲桑原是海，營惟種柳半成村。潮頭沙影猶清淺，月底巒光更渾淪。認作家山安穩住，山名與余字合。今宵有夢到三元。峯頂爲三元宫。

石臺高處起朝暾，殘雪平分嶺脊痕。陣合呼槍連谷響，射回卷旆帶烟翻。休因鯨戮成京觀，遂遣鷹遊弛海門。爲語朐東諸部曲，水仙容易有孫恩。昔年蔡逆窺上海，此地鷹遊門曾戒嚴。

決河曾向郁州奔，碧海渾波共吐吞。東去淮沂頻奪路，西來蒙羽尚連根。誰分賈讓三條策，得溯張騫萬里源。若與黃流較源委，此山遠欲抵崑崙。

過海州板浦弔淩次仲教授

山海應如舊，斯人世已無。因文明禮樂，本孝礪廉隅。耐久眞成友，成名定作儒。那堪三十載，到此式君廬。

揅經室四集詩卷十　文選樓詩存

癸酉

高郵雨後舟中歌

舊年一雨洗春去，花落春明襍飛絮。今年一雨浮春來，楚州烟水迎船開。楚州珠湖好烟水，但恐狂瀾來未已。遠郵新緑上林梢，野寺江梅破新蘂。如此淮南好畫圖，一漲便教成釜底。河水原從天上來，湖隄究竟由人毁。春風起兮吹春波，今年秋風復如何。中流擊楫愁心多，且掛江帆催渡河。

泊瓜洲督運自題江鄉籌運圖

高臺日映海門紅，楊子春江二月中。獵獵千帆開北固，幢幢一纛引東風。臺建大旗，風順則鳴礮升之，糧艘始由北固渡江來。舊遊已歎華年改，故里還疑夢境同。今日伊婁河上住，幸無詩稱碧紗籠。

題郭頻伽麐神廬圖卷

名園多樓臺，乃遜圖畫久。金谷能幾時，蘧廬同其偶。不死惟谷神，神構即不朽。郭子本清貧，計出季倫右。尻馬御飛輪，造化盜而取。精神見山川，眞氣爲户牖。彈指樓閣成，縮地箱篋受。示我神廬圖，導我入廬走。捫腹即生松，運肘亦化柳。癡語破平泉，澁文斥絳守。若不言本無，安知非眞有。始歎甲第雄，不敵詩畫手。造物非忌才，終待才人厚。

題蝶夢園圖卷用董思翁自書詩韻

辛未、壬申間，余在京師，賃屋於西城阜成門内之上岡，有通溝自北而南，至岡折而東，岡臨溝上，門多古槐。屋後小園不足十畝，然亭館花木之盛，在城中爲佳境矣。松、柏、桑、榆、槐、柳、棠、梨、桃、杏、棗、柰、丁香、荼蘼、藤蘿之屬，交柯接蔭，而獨無牡丹。園有一軒、二亭、一臺，玲峯石井，嵌崎其間。花晨月夕，不知門外有車塵也。余舊藏董思翁自書詩扇，有『名園蝶夢』之句。辛未秋，有異蝶來園中，識者知爲太常仙蝶，呼之落扇，繼而復見之於瓜爾佳氏園中，客有呼之入匣，奉歸余園者，及至園啟之，則空匣也。壬申春，蝶復見於余園臺上，畫者祝曰：『苟近我，我當圖之。』蝶落其袖，審視良久，得其形色，乃從容鼓翅而去。園故無名也，於是始以思翁詩及蝶意名之。秋半，余奉使出都，是園又屬他人。回憶芳叢，眞如夢矣。癸酉春，吴門楊氏補帆爲畫園圖，即以思翁詩翰裝冠卷首，以記春明遊跡焉。

春城花事小園多，幾度看花幾度歌。花爲我開留我住，人隨春去奈春何。思翁夢好遺書扇，仙蝶圖成染袖羅。他日誰家還種竹，坐輿可許子猷過。

遊淮陰柳衣園憶京寓蝶夢園

誰家池館傍淮濱，薄暮風光潑眼新。初月殘陽交弄影，緑楊紅杏共扶春。去年花事詩猶在，今日京華迹已陳。但是園林遊便好，莫教苦憶舊芳塵。

隋宫瓦

隋宫黄土迷蕪城，大雷小雷春草生。玉勾金釵掘已盡，荒原還有耕夫耕。我過蕪城見耕者，拾得隋時故宫瓦。但有雙環四出紋，惜無文字周迴寫。回鴈宫，芳林門，知是何方簷溜痕？流珠堂，成象殿，建瓴形勢分明見。一規翠甋閲千年，衹宜琢就圓池硯。麝煤礬搨寫《隋書》，護兒先録來家傳。

題柳徑停雲圖卷子三疊萬柳堂詩韻

癸酉春，都中陳鍾溪少司空邀同其叔石士編修、兄玉方員外暨朱野雲山人、潘芝軒大司空、葉琴柯給事、葉芸潭、劉芙初、董琴南、饒晴薌、謝向亭編修同遊萬柳堂。山人畫萬柳堂卷子寄余，翁覃溪先生題卷首曰『柳徑停雲』，并題五言古詩一首，諸公所作多題卷中。朱蒼楣比部諸公亦有題句，寄到濟寧舟中，因三疊舊韻題答。

僻寺看花處，諸公載酒行。題詩邀鷺羽，補柳得鶯聲。蓮社清風聚，蘭亭曲水平。那堪廉孟子，傷逝不勝情。柳堂舊遊，法時帆先生頓作古人。

兩載禊春波，朝遊復夜歌。兩年與山人屢夜宿拈花寺中。深杯依鍛柳，短燭接銅荷。人遠夢猶戀，圖新詩更多。小齋三硯外，山人三硯齋，覃溪先生書扁。爲我墨重磨。

窠擘停雲字，池裝柳徑圖。書牕曾共覓，吟杖記相扶。壬申春，隨覃溪先生遊萬柳堂，并訪先生舊居，先生童時讀書處距堂一里許耳。詞侶隨前輩，經生奉大儒。墨雲題一片，飛到蜀山湖。

湖水掘已盡，苦餘紅蓼花。時各湖積水疏掘殆盡，以濟漕運。萬帆爭轉粟，一舸學浮家。望雨占雲氣，催程趁月華。相思多舊侶，把卷伴琴茶。

縴代賑

此癸酉六月作。及九月歸舟至德州，時直隸、豫東邪教作亂，乃每船各選壯丁，給兵械，合首尾五帮連環相助，至十一月始肅，全漕歸江南境。

鴻雁年年飛，所謀在江湖。閒民無聊賴，慣作牽船夫。粟米四百萬，轉運達帝都。南漕五千船，船與廿夫俱。牽夫十萬輩，歲歲相挽輸。南牽來瓜洲，北牽過長蘆。負縴面撲地，蹴踏聲齊呼。前船呼邪許，後船唱喁喁。當暑無笠蓋，逢寒無袴襦。陰雨沐毛髮，烈日炙肌膚。岸宿犯霜露，川涉陷泥塗。或爲頒白首，或爲鬑鬑鬚。兵吏促行程，執朴相逐驅。戀船如戀家，孰肯爲逃逋。問伊何所樂，問伊何所圖。一飯何所樂？一身何所圖？所累惟此口，藉船相爲餬。有時力衰盡，溝壑在路隅。年豐尚謀食，歲荒食更無。今年春夏旱，山東二麥枯。農民無收穫，握粟如珍珠。俯首掘草根，煮及薺與荼。仰首剝樹皮，屑及柳與榆。魯宋數萬民，貿貿來川途。川途亦無麥，守死能須臾。饑民爾勿死，爲我牽舳艫。一般加廿人，數萬抵飛芻。加夫不得力，不慣相曳婁。不慣嗚欸[一]乃，不慣合步趨。雖不合步趨，聊使相挽扶。才牽牐河船，便得飯數盂。腹飽心且安，人分勢自孤。何嘗説相賑，與賑實無殊。方今太平世，爾曹壯而愚。得食即帝恩，養此七尺軀。今年湖水淺，處處阻且迂。剥運耗既多，加夫費更需。一船有一軍，軍困復誰蘇？豈不欲軍蘇，賦勿加越吳。東南農力困，安可再多逾？軍農尚困乏，何況牽船徒。自古食爲天，無食良可虞。所賴豈有他？一飯眞區區。

重陽泊天津登芥園小樓

樹老寒蟬斷，斜陽獨倚樓。浮雲連渤海，新漲下漳流。挽粟能歸庾，來船任觸舟。迴帆天氣

[一] 欸，底本誤作『欵』，據詩意改。

好，秪是已深秋。

甲戌

春草軒詠春草寄仲嘉二弟

淮陰二月艸萋萋，帆影車痕上碧隄。節鼓春回行馬外，尋詩晚出射堂西。池塘雨過人猶夢，河朔風和緑漸齊。愁説微山湖水盡，香蘅芳杜滿新泥。

與王柳邨處士豫丁柏川觀察淮方静也茂才士倓焦山僧借菴同立焦山書藏詩以紀事

書賴名山藏，山向古書覯。《禹貢》逮《爾雅》，桑欽亦傳授。嶽鎮若非書，其名久舛謬。我昔立書藏，錢塘置靈鷲。兹復來江南，焦山藏新構。焦山本譙山，人罕識其舊。於詩見江淹，於典稽杜佑。樓倚椒山祠，正氣充宇宙。周漢二鼎間，常有海雲覆。鶴銘殘字多，編列籤厨富。萬卷壓江濤，千函寄烟岫。付與詩僧收，何異長恩守。況是仁者静，山壽書亦壽。千載傳其人，更有史遷副。

賀翁覃谿先生重赴甲戌科恩榮宴

弱冠科名花甲周，新恩重得會瀛洲。三春補赴瓊林宴，先生壬申會榜在九月。萬卷眞傳石墨樓。先生之學，淵源於黃氏萬卷樓，先生自有石墨書樓。錫爵自甘遲二載，辛未科，元等在京師，即議先生應與是科之宴，先生以壬申尚少一年，願以甲戌科遲二年與宴，計六十二年矣。著書人好共千秋。先生謂前甲戌科多著書之人，元謂今新甲戌科如劉逢禄等亦能著書者也。先生學與精神合，試看江河萬古流。

過珠湖草堂用自題射鴨圖舊韻二首

扁舟入珠湖，帆共湖雲飛。浦溆自回繞，蒲柳相因依。破暑得微凉，輕風生葛衣。憶與草堂別，七年今始歸。羣從昆弟來，欣然意無違。羨君遠城郭，蕭然無是非。

鷗鷺狎湖水，不向江外飛。泛泛蘋藻間，烟波常相依。羣從棹湖月，夜披白苧衣。念我宦遊人，故里偶一歸。在外十九年，情僞尚多違。相念且相勉，行年應知非。

夜宿雷塘墓菴

離鄉遠遊子，常悲歲月深。一朝暫歸養，汲汲惜寸陰。兹來得展墓，仿佛同此心。敝廬僅一宿，徘徊戀舊林。暮愁夕陽墜，曉迫明月沈。夢魂詎能定，毛色忽已侵。逮存慟疇昔，靡盬念斯今。行行重回顧，涕泗空沾襟。

曉發攝山

秋光縹渺最高峯，石徑雲霞疊幾重。二十九年人再到，松嵐更比舊時濃。

雨後過青陽五溪登望華亭看雲中九華山

九華著奇秀，遊眺昔未曾。峯巒入夢想，烟霞填我膺。今來五溪上，駐馬試一登。是時秋雨後，雲氣猶鬱蒸。九峯在何許？訪及溪上僧。僧指深雲中，恍惚見未能。欲待難久待，應憎誰敢憎。天風霍然動，雲勢初翻騰。乍開若擘絮，驟破疑裂繒。忽於白雲隙，迸露青崚嶒。有如九老者，山顛降且升。隱隱松嵐際，時見笠與簦。有如九遊女，簾捲窗暫憑。烟鬟曉未整，墮馬堆髷鬠。又如水蒼玉，琢出青圭稜。又如碧菡萏，朶朶波上淩。九峯不齊見，三五互減增。將藏意欲秘，復見態轉矜。屈指知第幾，注目窮多層。徘徊涉江去，回首秋光凝。

九華憶古二絶

九峯縹渺一雲連，朶朶蓮華碧上天。試把山光比詩思，飄然眞似李青蓮。顧野王時，此山名九子山，唐李太白始改「九華」之名。

雲中一一出青尖，風力誰能似此銛。欲與荆公鬥詩筆，故應好處是修纖。王介甫《九華山》詩云：「盤根雖巨壯，其末乃修纖。」

舟過小孤山

淼淼潯陽九派流，波心清湛一峯秋。獨撑江漢成孤注，遠壓金焦在下游。活翠巖邊霜葉樹，淡紅山頂夕陽樓。乘風破浪尋常事，但惜仙磯未泊舟。

冬至日雪窗偶成

南土候多暖，今年特地寒。朔風過彭蠡，快雪似長安。爲此陰晴計，端因稼穡難。稍閒聊自慰，戾氣浄餘干。

登滕王閣

千年詩序至今存，誰見當時棨戟尊。爲有大文射牛斗，才教高閣老乾坤。棟雲簾雨復飛卷，彭澤臨川相吐吞。倚檻獨思百城寄，寒江極目静無言。

詠十三金石文房

以唐文泉子紫石硯，硯匣上嵌漢貨布，以漢五銖泉范爲墨床，以漢宛仁小弩機爲水池，以漢印鈎爲水匙，以漢尚方辟邪銅筩爲筆筒，以宋王晉卿鏤金銕匣爲墨匣，内貯長壽半鈎唐魚兵符，以梁大同、隋開皇、仁壽、唐會昌四造象爲筆架，共成一盤，以供清賞。

齋中積古最精彝，一尺檀盤事事全。金石文房十三器，漢唐北宋二千年。案頭舊搨銅花細，筆下新生墨彩鮮。翡翠珊瑚皆避席，好同歐趙共清緣。

甲戌除夕接雷塘庵僧心平書詩以答之

勞勞已終歲，今日少務閑。静坐玩窗影，積雪何增寒。言念君恩重，肩力懼未殫。忽來詩僧簡，古院憶木蘭。我家雷塘墓，去院數里間。登樓原可望，中惟隔一山。墓廬有梅樹，神道開松關。當兹歲云暮，夜雪飛漫漫。復念千里外，豈不心爲酸。簡中何所語？蘇亭多喜懽。上言墓木好，下言民食艱。民食聊相助，墓木常相看。揚州旱民甚饑，余已捐助粥賑，更加助於近墓之貧户。寫詩代答簡，轉問竹平安。

乙亥

齊侯罍歌

此罍銘在腹内，十九行，一百六十八字，乃齊侯鑄賜田洹子及其妻孟姜之器。「洹」與

『桓』通借字，汪容甫所藏《陳逆簠》又作『狟子』，音同則假借無定。銘辭有『奉齊侯，受命于天子曰，爾期璧玉、樂舞、壺鼎、鼓鐘，用綴爾大舞，鑄爾善釿，用御天子之吏，洹子、孟姜用祈眉壽』等字。語工字古，銅堅而黝，色澤絶似焦山之鼎，余昔購之安邑宋氏葆醇。

於戲！此罍乃齊景公之所爲，賜與田桓孟姜寶用之。雲雷繶帶交陸離，獸面兩耳雙鐶垂。篆在腹内難揚搥，一十九行列銘辭。璧玉樂舞鐘鼓司，聽命天子曰爾期。洹桓假借古無疑，萬年眉壽爲爾祈。太嶽姜氏育有嬀，再世遂至穉孟夷。五世洹昌應卜龜，受此器者田乞釐。鳳皇于飛陳厚施，晏子諫禮知齊衰。此罍之鑄當此時，玩辭可見公室卑。孔子請伐扶衰姬，此罍屹然竟不移。尚父祚短弱尾旗，不抵虞韶傳至斯。精金堅黝眞鼎彝，百六十八字畫奇。歷三千年文在兹，我姑酌彼還哦詩。兕觥近時罕見，余藏文父乙兕觥，如爵，有蓋，上有兕頭雙角之形，器、蓋皆有九字銘。

齊侯罍歌　常生

罍乃酒器形如壺，郭注《爾雅》曾辨諸。其別有五小曰坎，餘者爲罍名無殊。古人祭祀及朝享，用備尊彝致精爽。天子飾玉諸侯金，義別尊卑著天壤。吾家積古古物多，爵觚觶角紛搜羅。酒器前後共廿六，哦詩久已同摩抄。後得一罍更權奇，形符古制雙耳垂。兩環繫耳吐饕餮，古氣磅礴盤雲雷。雷罍聲近義取此，孔疏訓解得古旨。罍口銘辭十九行，環列直下罍腹止。口小腹大摹搨難，銅花青照江水寒。篆文百有六十八，猝難釋辨非彫殘。吾師椒堂朱駕部，摹篆秋堂博三古。孔悝讀銘未云多，張敞識鼎豈足數。嘉慶甲戌季冬時，吾父拓寄請釋之。雄文奇字句佶屈，一朝識破無庱詞。首列齊侯罍數字，用錫洹子作尨器。洹桓偕聲古通借，乃知此爲景公制。自古人臣著勳績，始制彝器答宣力。桓子無宇齊奚功，曷禱萬年加寵錫。我憶景公當是年，公室已卑陳氏專。五世其昌協筮卜，齊國之政將歸田。若使景公早此鑑，或知守禮思憂患。何至失刑陳厚施，晏子自晉歸納諫。此器已兆齊祚移，嬀育于姜其代斯。吾撫此罍再嘆息，永懷還誦金罍詩。

伊墨卿太守秉綬由閩赴都過南昌賦别

夜雨尊前酒，新晴柳外鶯。洪都三宿住，淮海十年情。孑孑皆孤子，嚶嚶是友生。此行廣陵郡，一路逮棠清。嘉慶乙丑，余丁憂回揚州，時墨卿同年爲揚州太守，旋亦以憂去官。

用余家瓜洲紅船爲式在南昌造船以爲救生諸事之用瓜洲船乘風歸去三日至瓜洲矣

南人使船如使馬，大浪長風任揮灑。紅船送我過金山，如馬之言殊不假。我嫌豫章無快船，造船令似金山者。鄱湖波浪萬船停，惟有紅船舵能把。洪都三日到江都，如此飛帆馬不如。

夏夜雷雨題楚夜雨雷鐘銘宋搨本册

楚夜雨雷鐘，鐘鈕鑄雷神之形，銘在鐘裏，篆跡雄古，宋政和中出于武昌，後歸秦檜家，今册中舊搨乃王復齋所收北宋本也。豫章暑雨應時，農田大稔，清宵聽雨，偶題長句。

豫章農田正愁暑，圜圜升雲常夜雨。西山夜半轉雷車，天遣雷公伐雷鼓。雷公倮象在楚鐘，政和搨本墨尚濃。篆跡纍纍肖雷勢，每疑夜雨騰蛟龍。我摹鐘文三歎息，濕染千年墨雲黑。何時墮地見雷神，雷神象見《論衡》《搜神記》。鑄象書銘傳芊國。今年雷雨動滿盈，有雷不震民不驚。凉宵瀹茗看古篆，雨聲喧隔譙鐘聲。

夏夜

新月凈如洗，夜花凉若秋。風前雙燭灺，露下一螢流。暑氣清將減，詩情淡不收。竹床與蕉扇，歇得半時愁。

讀吴穀人前輩錫麒有正味齋續集即用見寄原韻和寄

七年浙海障横流，常向先生借箸籌。浙海多盜，元前後七年辦畢，先生常以籌策見示于詩。相邸詞垣思早歲，己酉、庚戌間，先生爲那繹堂尚書之師，館阿文成公第中，元與繹堂同年，往來得見先生。選樓講院憶今秋。先生今住揚州安定書院，距元家隋文選樓最近。壽高雅喜詩逾健，政拙還驚句未酬。此夜雨牕秋燭底，新編如與話綢繆。

題雪窗圖卷用去年韻

去冬今春雪太多，甚寒，慮有沴。及五月，麥大熟，且多雙岐者，秋稻亦大熟，斗米較上冬賤百餘錢，始知宜寒也。乙亥冬，甫至小雪節，又甚寒，得二寸之雪，喜題卷中。

雙岐多秀麥，方識雪宜寒。斗米百錢賤，萬民千里安。驚心歲荏苒，著手事艱難。又喜一年雪，何妨非意干。

丙子

正月八日立春游百花洲

較雨量晴又一年，課農餘事課花田。時補栽花樹。偶來水木雙清地，疑到蓬壺小有天。香破早梅知嶺近，緑争高柳見春先。塵勞自愧詩懷少，半日能遊便似仙。

小園蝶夢憶芳辰，如此林泉也暢神。四面樓臺皆近水，一家筆硯共吟春。香初茶半留連處，山色湖光澹蕩人。莫使宦遊忘物候，度江一十二番新。余在江南見十二春。

春雨

半月暢春晴，翻生望雨情。東風變雲氣，密雨下江城。遥想匡廬上，應多瀑布聲。湖山一千里，處處起新耕。

百花洲春晴

曉來濃霧滿江城，緩緩春光湛湛晴。過午日酣風氣暖，水烟山翠不勝情。

百花洲課士作得花字

城裏瀛仙館，湖東隱士家。山林騰嘯詠，水木湛清華。孤嶼亭亭立，圓波面面斜。樓臺雙有影，風月四無遮。地領千年勝，人栽百種花。衆香深雨露，萬色動雲霞。過客多題壁，春行偶散衙。莫教芳樹下，忘却課桑麻。

以沈檀爲勾股形筆筒嵌鏡於其弦處即以爲硯屏照墨也刻詩代銘

豈獨管爲城，兼因硯作屏。開奩迴玉照，脱穎破春暝。石洗池分鏡，花生筆有瓶。墨光浮瀲灩，燭影射瓏玲。雅製宜宵課，新詩抵篆銘。兒時書味在，還憶一鐙青。

題金帶圍花開宴圖

老圃秋容儘自誇，春風何事弄繁華。誰知誤煞蒼生處，即是四花中一花。

將由豫章赴中州過廬山作

廬山高連天上雲，雲天與山殊不分。香鑪峯裏雲氤氲，朝霞暮靄何紛紛。香鑪峯在嶺半，嶺高于峯，且嶺勢阿曲向西北，而峯居其中，其形殊不似香鑪，但其中雲氣常滃生如香烟之出鼎，乃悟古人所以命名者，以雲肖也。我行百里廬山麓，遠嶺青青近峯緑。東林秋落白蓮花，却向溪南望山北。余家舊藏文徵仲摹李伯時《白蓮社圖》，此圖畫法出于晉、唐舊本，尚非伯時所剏。社倚崇山，溪遶其外，今東林寺在溪北，而寺後無崇山，殊不似此圖。余在寺門望山，久之，乃悟晉蓮社乃北向背山者，向南而望，與圖酷似，今東林寺與之相反矣。山北香山舊草堂，惟留古木森豫章。香山草堂已無一椽，惟留唐木一大株，數十里外森然可見。西風嫋嫋下木葉，隨雲飛過天池旁。天池岧嶤不能到，勞人空使山靈笑。昨因霖雨拜疏來，長願山靈答明詔。但是西江憂旱時，定發雲雷灑龍瀑。廬山舊不列于祀典，今年夏旱，余撰文祭禱之，後遂出雲降雨。七月將卸印時，拜疏爲山神請封列祀典，且祈永致作霖之應，奉旨封『溥福廣濟』神號。

大梁丙子立冬後一日即得雪四寸再疊雪窗圖韻

瑞雪迎冬早，梁園氣已寒。吏民共清静，川嶽各平安。願得來牟熟，何愁撫字難。夜窗重展卷，素食詠河干。

治大梁撫署後園偶題

昔年鐙火笙歌地，今日荆榛瓦礫場。特剪荒蕪開舊圃，旋修破碎得虚堂。臺基高處宜登眺，案牘閒時竟坐忘。土瘠難栽好花樹，春來擬插百垂楊。

臘前三日將出都與野雲山人同宿萬柳堂覺性開士方丈曉行賦別

承恩辭九陛，奉節戀天閶。幾日肅馳驟，今夕聊徜徉。稅車過蕭寺，晚飯來柳堂。山人興還逸，開士意亦長。是時近佛臘，永夜同僧房。空庭澹落月，古木含清霜。地鑪石炭熯，紙窗律燭光。齋厨出寒蔬，禪榻薰篆香。境僻息羣動，意深難坐忘。爲言五載別，屢泛千里航。頻年憂漕水，兩度歸雷塘。彼既慮寇近，此亦恐盜藏。滑臺快擊滅，時那東甫同年治葬，近在東南郊外，予過之，談癸酉滅滑賊之事。碭山謹禦防。癸酉冬，予亦調發漕標將士防禦于蕭、碭之間。語長緒往復，事過猶慨慷。前春補柳處，近在冰池旁。春深野桃紅，秋高籬菊黃。停雲寄畫卷，賦雪留詩囊。蹤跡昔清遠，須眉今老蒼。短夢暫欹枕，曉鐘已趣裝。征途送遥目，離念縈中腸。

十二月過趙州茶亭僧舍

五度洨南走驛車，衝寒冒暑過僧家。買絲客去休澆酒，餬餅人來且喫茶。午喝未忘曾爇炭，雪途還記得浮瓜。請看老衲惟閒坐，尚把星霜改鬢華。

丁丑

春日安陸道中題王鑑畫楚山清曉卷

我藏舊卷圖，楚山畫清曉。身未到楚山，安知此境好。今春來武昌，苦雨意殊惱。寒食渡江去，漸覺春雨小。行入竟陵西，陰雲豁然埽。近嶺已飛飛，遠峯猶裊裊。是時東方明，旭日將加卯。蕩漾平湖烟，低向山根遶。新霽氣逾清，若浮海中島。一片緑沉沉，强半是春草。烟净湖水明，山影向湖倒。碧鏡舒黛眉，繪事遜兹巧。連村柳色多，入麥菜花少。宛轉登山樵，翩翻出巢鳥。始知望山色，城中苦不早。鼓楫下滄浪，青青猶未了。横看數百里，巨幅展江表。横幅手卷，宋人名之曰「横看子」。

彝陵峽口望蜀江

岷江本是願朝宗，底事巴西繞萬重。峽口山光青似劍，荆門水勢白如龍。吴船快放三千里，蜀客愁歸十二峰。莫問猿聲在何處，綵雲可待種芙蓉。

荆州懷古

紀南山外古荆州，一片江城渺渺愁。春夜梅花沙市月，西風荷葉渚宫秋。蕭梁書畫名猶在，巫峽雲來夢可留。豈有才人不惆悵，未應王粲獨登樓。

泊調絃口

布帆安穩楚江天，橘樹花香野堠前。南望洞庭好春色，華容山碧水調絃。

荆襄雜詩九首

羊杜祠

羊杜督軍事，被服皆雅儒。襄漢據上游，用此終吞吴。漢石有婁壽，晉碑何遽無。襄陽漢《婁壽碑》今尚有搨本，晉碑謂羊公、杜公三碑。

鹿門山

隔水鹿門山，沙漲漁梁渡。渺渺滄浪間，隱君從此去。遠岫多松雲，鬱積幽人趣。

襄陽城

漢水以爲池，蕩蕩本天塹。何以三千年，屢見攻與陷。守取在人謀，愼哉以古鑑。

大隄

春風吹漢水，日落峴山西。我自城東來，青旗繞大隄。蕭然何所有？芳草空萋萋。唐以前都關中，襄樊爲水陸最聚之處，故繁華也。

武當宮觀

嵺碑五百載，樓觀猶堂堂。老桂綴青子，春松生古香。羽士無反側，任爾耕武當。所過遇眞、玉虛宮及各茶庵，皆有古樹周庵，老桂高出三層樓上，永樂、嘉靖玉虛宮四碑皆高三四丈，道士依各山者以千計，皆佃民種山以爲生計。時襄鄖觀察請減汰道流，予否之。

鄖中山

鄖竹萬疊山，民在山深處。賊平民徹砦，更造新屋住。墾山復種田，春深麥遮路。白蓮賊往來鄖、竹之時，民多逃亡，或結砦山頂，本不似前明流民與賊相坿。今賊淨民安，連遇豐年，民焚老林，墾山種麥及包穀，多造新屋，情頗安樂。

古郢都

横江猶未極，歎息此郢中。章華在何許？禾黍空故宫。惟有屈宋辭，萬古流春風。

荆門蒙泉

紛紛春月白，沉沉夜山青。鳴泉出石竇，清渠抱幽亭。何必登高臺，始講蒙卦經。山半有陸象山講經臺，余謂《蒙》爲出泉之象，有冒勉長進之義，故象謂『果行育德』，非專謂童穉愚蒙也。一卦之象，不專一義也。

赤壁

千古大江流，想見周郎火。草草下江陵，匆匆讓江左。縱使不東風，二橋亦豈鎖。静春居《三國志疑年録》謂曹操最感橋太尉之恩，引爲生平知己。赤壁之戰，二喬年皆三十以外，操豈有鎖二喬之心？杜牧之詩是爲失言。

靄園聽鶯

繁林千樹合，夏氣一山清。連巢亂緜羽，倚户得嚶鳴。百囀猶未已，雙柑殊有情。羨彼谷居者，交交朝暮聲。

閱洞庭水師畢登岳陽樓

木葉西風外，秋光滿洞庭。波平萬頃白，露肅千山青。遠浦一何澹，此心相與凝。戈船人散後，楚客自揚靈。

望君山

終古君山色，蒼然壓洞庭。橘烟寒鬱鬱，竹雨夜冥冥。蘭芷因騷佩，魚龍伺樂聽。莫教徒鼓瑟，多恐泣湘靈。

丁丑九月十一日謁南嶽廟遂登祝融峯頂

瀟江夜雨連湘潭，午晴雲氣餘秋炎。南行不似重九後，風和川静如春酣。山村竹隖路百轉，再宿始到南岳南。入廟拜神謝且禱，今年有雨無不甘。更願神功福三楚，豐年屢協魚旟占。餘閒躋勝上石廩，羣峯按圖相問探。磴高嶺仄下馬走，逐隊扶過肩輿籃。天門疊石作壁壘，上封鑄銕爲瓦簷。飛流直下絶磵底，千年不卷珍珠簾。風高氣緊殺凡木，但能擁腫生松杉。攝衣步上祝融頂，雲開石出何巉巉。七十二峯四千丈，眼底一一森青尖。昔聞湘中望衡岳，舟行能識九面巖。我今遠從巖上立，那見葉葉湘中帆。惟見帶水自轉折，一條白氣相吞涵。蒼梧地荒禹跡遠，山中近事差可談。少陵側身歎朱鳳，昌黎擲珓多憂讒。鄴侯結廬在何處？烟霞留與張文潛。南軒新安雪中住，直同文定通洛濂。此外仙釋殊不少，我心鈍拙安能參。岣嶁有碑索不得，奇文曷出楊升菴。名山自念久遊歷，歲月動與行蹤添。嵩高二室昔禱雨，泰岱日觀早具瞻。竭來雙髩雖未白，霜色强半生我髯。登峯幸門腰脚健，不扶銀鹿身猶堪。鴻雁若迴試寄語，吾於五嶽今登三。

唐懷素綠天庵

蕉莽在何處？曲折入繁林。秋暖無黃葉，徑幽多綠陰。壁間狂草在，石上古苔深。安得住三宿，清宵聽鼓琴。

遊浯溪讀唐中興頌用黃文節詩韻

帆隨湘轉尋浯溪，登岸欲摩唐宋碑。密林接葉山徑寂，青蟲當路垂秋絲。橋邊清波眼到底，亂石鑿鑿藏魚兒。蒼崖百尺懸于西，削成絕壁鳥不棲。碑乃魯國之所寫，頌乃次山之所爲。三千里外有水部，十四年後無太師。人賢地勝文筆古，過客墨搨爭灑揮。壁立積鐵屹不動，安者見安危見危。江湖豈獨漫郎宅，又遣山谷來題詩。各人忠愛各朝事，大都楚澤騷人辭。事有至難最可歎，靖康俄與靈武隨。惟有溪邊古漁父，欸[一]乃湘烟無所悲。

[一] 欸，底本誤作『欵』，據詩意改。

過瀟湘合流處

零陵城邊黄葉渡，柳侯祠前多竹樹。布帆無恙掛西風，正是瀟湘合流處。瀟湘秋水徹底清，碧山如黛照波明。隨波轉望忘世情，翠鳥趁魚時一鳴。

自湖南零陵入廣西全州避雨宿湘山寺次日曉發

湘源山下借僧廬，翠嶂清流古畫圖。夜雨瀟瀟聽斑竹，曉雲夢夢望蒼梧。初冬黄葉猶依樹，百里青松盡引途。夾道古松青蒼蓋天，百里不斷，舊名爲『引路松』，其間又多襍以丹楓黄葉。怪底古人遊興好，驂鸞飛過洞庭湖。兼謂韓文公、吕仙、曹唐、范石湖。

肇經室四集詩卷十一　文選樓詩存

丁丑

桂舟三章章四句

《毛詩》風、雅多三疊换韻之體，古人唱歎必三疊而歌之，而後人罕效之，何也？丁丑季秋，由楚入粤，疊桂舟三章，聊學風詩换韻之體。

桂舟千里上巴陵，細雨斜風過洞庭。岳陽一望碧波遠，愁絶君山相對青。

桂舟千里溯瀟湘，細雨斜風橘柚香。合江一望淥波遠，人意詩情誰短長。

桂舟千里達湘灘，細雨斜風下九嶷。峽山一望白雲遠，南海西江相見時。

登沙角礮臺閱水師畢即乘水師提督之兵船過零丁外洋看大嵛山望老萬山回澳門閱香山兵因題船額曰瀛舟

茫茫沙角外，巡海一登臺。潮向虎門落，舟從龍穴開。瀛帆乘夜月，火礮動晴雷。回楫澳門外，西夷迎節來。夷人奏夷樂迎瀛舟。

戊寅

初食荔枝

廣州五月天清霽，荔枝園中摘新荔。碧葉猶連翡翠枝，紺苞急綴珊瑚蒂。尤物由來不易得，久遺詩人譽佳麗。我今飽噉復何難，翻覺古人心太契。味中嫌帶醴酪香，新荔中微覺有酒氣，故白樂天云『甘酸如醴酪』。竟襍微酲入柔脆。我性與酒不相中，欲使甘蔗共彈例。譽之固過彈亦非，嗜好酸鹹各生蔽。瓊漿迸齒清沁脾，且擲檳榔與藤蠣。粵人以檳榔、扶留藤葉，雜以蠣殼灰共食之。

節樓前木芙蓉

樓前幾樹木芙蓉，看到初冬更覺紅。海暖竟無霜可拒，堂高本有日常烘。千枝次第開相亞，三色參差變不同。最是晚晴廊下坐，一家人在此花中。

詠玻璃窗

紙護窗欞已策功，玻璃更比古時工。虚堂密室皆生白，曲榭高樓盡避風。尺五天從窺去近，一方垣許見來同。儘教對鏡層層照，不用開軒面面通。疑畫幅裁花爛漫，勝晶簾卻月玲瓏。常留净几香烟碧，分射深廊蠟炬紅。隔斷寒塵明湛湛，看穿秋水影空空。雖然遮眼全無界，可是身居色界中。

肇慶七星巖下校武望石硯山

星巖何嵯峨，石室有仙殿。山南閲武塲，陣馬得平甸。歲寅節小雪，温暖猶持扇。出城風滿旗，入埒草鳴箭。東南斧柯山，峽對羚羊轉。明霞冠翠微，流露鼂光晛。石氣韞生輝，文彩相與絢。儼若几案列，硯山當吾面。直使古今筆，共此一巨硯。踏天工如神，篝火巧刓剸。星暈結三巖，水肪截萬片。官求戒騷勞，民取任利便。新阬多觕燥，割賣竟殊賤。吾家舊紫雲，知自兹巖鑱。今日置船窗，似人返鄉縣。忠義老磨研，古人可想見。

伯玉亭節相寄示臨安平夷紀事詩書畣二首

元老奮天戈，平夷埽穴過。將軍依大樹，百姓種新禾。斬闓勞諸葛，收徼倚伏波。若非公速捷，吾亦警牂牁。時粵西亦防江。

同備宮寮後，懷人三十年。使車久離別，詩硯各磨研。吾髩已非昔，公顏豈似前。何時同剪燭，重話菊花天。昔與相國同官詹事，時秋冬間齋宿，種菊滿庭，余故有《一枝軒菊趣圖》。

自梧州泝灘江經龍門劍窖之險

桂林山南衆水聚，聚水成川必流去。穿谿破峽抉石開，百折千回自成路。此路惟許清灘通，誰使連舟向灘泝。天寒水落石更出，直下龍門如瀑布。水底森然劍戟多，石與水争激生怒。來船不戒偶一觸，立見欹沈亦何遽。逆行雖難尚少虞，順水飛流每多誤。去年鼓棹險不知，今日重來人始懼。我家珠湖烟水平，小艇忘機落鷗鷺。過灘人倦夢初來，夢到陂亭狎鷗處。余家北湖有三十六陂亭。

桂林微雪疊雪窗舊韻

桂館逢殘臘，居然刻意寒。山情太奇峭，民事本平安。集霰一何急，迴春應尚難。嶺雲殊惱意，繁壓碧闌干。

桂林除夕憶雷塘庵僧心平

每當歲暮多風雪，是憶雷塘老衲時。雲色昏寒低石馬，濤聲嗚咽起松枝。墓門梅樹開猶未，精舍蒲團坐可知。本不能如僧伴住，桂林何況隔天涯。

己卯

隱山三章章四句

余生辰在正月廿日。近十餘年，所駐之地，每於是日謝客，獨往山寺。嘉慶廿四年，余歲五十有六，駐於桂林，是日策數騎避客於城西唐李渤所闢之隱山，登降周回，串行六洞，煮泉讀碑，竟日始返，竊以爲此一日之隱也。

隱山之峰，薖軸可容。一日之隱，客不能從。
隱山之北，覆巖幽澤。一日之隱，栖此泉石。
隱山之中，雲岫四通。一日之隱，我辰所同。

八念

我念雷塘北，庵樓對漢陂。雷塘，即《漢書》「雷波」，「雷陂」即「雷波」。松楸阡外路，霜露墓前碑。
每遇歡華境，常思闇淡時。昔年翹足卧，幽獨避人知。

右雷塘庵。

我念選樓下，廊虛窗復深。詩書秋客意，金石古人心。自我閉門去，是誰憑檻吟？却留經詁在，聊復擬珠林。

右隋文選樓。

我念珠湖屽，先人舊草堂。到門布帆落，曳屐板橋長。偶捕鮮魚煮，旋舂新稻嘗。農鄉好風景，那得久相忘。

右珠湖草堂。

我念祠樓上，西窗對墓田。僧度橋祠樓西望陳家橋，祖墓及江夫人墓皆三里内。小橋横白水，老樹帶蒼烟。歸夢曾三宿，鄉心在百年。杜公有圓石，敢與郭香鐫。墓刻《華山碑》在樓下。

右北湖祠樓。

我念平山路，清溪十里源。如將萬花谷，并作一官園。烟月家家舫，樓臺處處門。卅年閲川嶽，邱壑不忘鯤。

右平山。

我念康山上，高堂出女陴。舊題思白筆，雅集曝書詩。竹馬曾遊處，蒲帆屢過時。故家惟此在，悽絶失蘭池。亡室江夫人家園有蘭池，今兄弟無人，園池廢失，惟此山爲其從弟家耳。

右康山。

我念曲江曲，亭中王子猷。詩鈔千卷富，竹看萬竿修。紅雨桃花漲，黃雲稻葉秋。所思殊邈邈，曾此泛虛舟。詩人王柳村居江洲，予結曲江亭，柳村選詩千卷。

右曲江亭。

我念木蘭院，廢城隋故宮。一林黃葉樹，千載碧紗籠。禮塔思坡老，聞鐘談敬公。墓庵殊不遠，香火老僧同。唐木蘭院即王播題詩處，離雷塘墓庵不遠，院僧心平兼管墓庵，常住之。

右木蘭院。

登桂林棲霞星巖隱山諸巖洞

奇峰陽朔盡如簪，一路簪峰到桂林。韓文公有帶水簪山之詠。足力尚能躋此勝，山容眞可駭人心。隔林已見星門迥，渡水方知石寺深。銷盡寒雲飄盡雨，春光猶覺碧森森。

出岫雲霞入岫風，巖皆有洞洞皆通。敢來月窟天根裏，竟到山腰地肺中。九曲穿行人似蟻，兩頭垂飲石如虹。偶因尋得桃花路，東洞外多桃花。不料潛過絕壁東。

春風幾日滿天涯，平野村林盡有花。流水晴光更搖淥，夕陽暖翠不成霞。人齊飛鳥高千尺，城象盤龍抱萬家。爲喜盛時鑾嵩静，佛泉宜煮獞溪茶。

六洞唐賢共隱名，何能吏隱卧山城。但教識得林泉趣，自可消除市獄情。道路會須還坦蕩，峰巒毋乃太縱横。驂鸞頗憶衡湘北，萬頃重湖一掌平。

桂林春望

榕門二月雨餘天，曉霧新晴嫩可憐。山色浄時烘暖翠，李花穠處鬱春烟。閉門豈是陳無己，懶讀將同邊孝先。不爲秀峰留我住，崑崙關已著吟鞭。

桂館春夜初晴

才見春宵晴後天，流連光景未能眠。月如停處當頭近，風到和時撲面圓。廢圃竟無花一朵，荒堦惟有石千拳。閉門守黑猶非妙，白不須知是妙玄。

憶江南春

五嶺數千里，氣候判南北。廣州三冬時，雜花已春色。花色既不穠，香氣亦頗嗇。入春每驟暖，否則冷雨逼。今春在桂林，寒氣更鬱塞。不見韶光來，常愁嶺雲黑。中惟三五朝，放晴雨暫息。桃李强自開，豈敵風雨力。江鄉春最暢，花事苦相憶。風日暄和時，香重豔何極。斜陽踏芳草，光景舊省識。始悟江南春，明媚不可得。

送春日去桂林

人在天涯送遠春，遠春還送欲歸人。風光漸埽纏緜雨，雲水原隨淡宕身。玉筍峰多通桂驛，木蘭舟小望榕津。秖憐花事成狼籍，那有殘紅上繡茵。

柳州柳侯祠

柳江猶抱柳侯祠，定是風光異昔時。青箬緑荷非舊岀，黄蕉丹荔有殘碑。徙移故蹟頻消瘴，想望高樓合詠詩。多少文章留恨在，鶯啼花落又羅池。

龍賓道中

柳南山水接龍賓，更度牂牁問遠津。青草氣香疑有瘴，緑榕陰重惜無春。當年木客曾詩客，今日猺人是稻人。四月畬田耕種畢，此間久已不文身。

上林道中

木棉林外鷓鴣聲，人與青山相抱行。三面翠屏方罨畫，一行白鷺更分明。烟清斥堠郊軍射，水滿畬田獞婦耕。自古百蠻驕遠徼，莫將容易説昇平。

由賓州至邕州過崑崙關觀狄武襄進兵處

《宋史》狄青、余靖、廣源州蠻等傳載青破儂智高事甚詳，李燾《長編》、曾鞏《襍録》所載亦爲得實，惟沈括《夢溪筆談》一段爲世人所口炙者，余昔嘗疑之。今親至邕州，知其侈也。《筆談》言智高守崑崙關，按：上年十二月鈐轄陳曙戰敗于金城，金城在關之南，曙兵弱而少，若智高固守關，曙必不能至金城，惟智高狃于金城之勝，所以更不分賊在此爲守備。故曾鞏《雜録》載青之言曰『賊不知守此，無能爲也』。《筆談》又言青值上元大張燈燭，欲燕飲三夜，次夜二鼓，青稱疾潛出，至曉，座客未敢退，忽報是夜三鼓已奪崑崙矣，此亦謬也。余今由賓州九十里至關頂，由關頂四十里漸落平地爲金城寨，由金城至南寧府即邕城尚有六十里，而歸仁鋪距城北僅二十里，若武襄十六夜二鼓出賓州，豈三鼓即能到關？賓州又何以曉即得報？今以道里及時日推之，必是十六日暮諜已報關無守備，武襄遂夜冒風雨而出，即使騎速，亦須五鼓到關。方夜出時，必留密令，令步兵十七日曉發，非奪關後返報也。步兵約十七日午後可到關，夜可至金城，十八日曉行，午前後可到歸仁，所以一戰即暮也。《狄青傳》亦惟言整軍騎，一晝夜絶崑崙關出歸仁鋪耳。所言飭者，自是指在後之大軍而言，固未言張鐙爲三徹夜之燕飲也。武襄到賓，即斬失律者三十二人，而陳曙之敗，余靖實迫之，武襄不能罪同列而斬其次，所以桂人哀之而立廟。王明清《揮麈後録》有蘇東坡謂陳崇儀『死非其罪』之語。夫斬將士至三十二人之多，雖曰明罰，然旋爲三徹夜鐙燭之燕飲，恐無是情。藉曰僞示賊以暇，恐賊諜未聞而軍心先惰。故示具五日糧，元宵犒兵，或有之，三夜鐙宴座客待曉，武襄未必如此。沈括所談，非盡實矣。余觀崑崙關不甚險，惟山谿迴複數十里，宜防伏兵，諜者非秖諜備關與否，尤以諜有伏與否爲急，若有備伏，遂不進乎？余思武襄必有佯攻正道、潛兵越行間道之計。今按：賓州西南行，由武緣本有路可達南寧城，特多百里耳。又按：余靖《平蠻京觀碑》及《平蠻三將題名碑》皆言正月己未青至歸仁鋪，賊舉衆出城拒戰，大敗之。《宋史·仁宗紀》則以爲戊午日，當以《碑》爲得實。《宋史》皇祐五年正月壬寅朔，己未正是元宵後三日，乃正月十八日也。余靖《碑誌》又言追奔十五里，是也。《宋史·狄青傳》言追奔五十里，亦誤也。由歸仁至城僅二十里，此碑之所以勝於史也。

皇祐三年冬，武襄入西粵。蕃禁合土兵，師集歷三月。文臣不相牽，宦官不相軋。三十二罪人，毅然縛而殺。曙敗靖迫之，有廟祀鈐轄。一戰大功成，軍制明賞罰。我今來賓州，武襄所頓歇。豈爲宴上元，必待諜而發。我來崑崙關，武襄所夜奪。諜知賊無備，靖沔未及察。若其備伏嚴，此險難直達。間道在關西，佯攻且潛越。我來歸仁驛，武襄所撻伐。山平蕃騎便，左右易馳突。賊氣失標牌，軍聲動刀鉞。此戰以馬上刀斧破步賊之標牌。我來邕州城，武襄之所拔。詰朝整旅入，智高已夜脱。武襄料賊明，騎蹴使步蹶。武襄在汴已請蕃落數百騎，早定以騎蹴賊之策。武襄偵賊眞，夜出決倉猝。武襄得地早，過險勢莫遏。武襄防患深，不遽窮其窟。戰績載史書，雖曾識顛末。若非見地形，游談誤沈括。

下横州烏蠻大灘拜馬伏波將軍廟

鬱水貫烏蠻，樓船舊此間。伏波横海去，合浦獲徵還。人拜磯頭廟，灘喧水底山。篙師能撥險，潑刺出江灣。

嶺南荔支詞　男福注

嶺外書傳唐伯游，蘇文忠公《荔支嘆》詩自注：『漢永元中，交州進荔支、龍眼，十里一置，五里一堠，奔騰死亡，罹猛獸毒蟲之害者無數。唐羌字伯游，爲臨武長，上書言狀，和帝罷之。』王十朋《蘇詩註》引李註云：『謝承《後漢書》唐羌上書云「伏見交阯七郡獻生荔支、龍眼等，鳥驚風發，南州土地炎熱，惡蟲猛獸不絶於路，至於觸犯死亡之害，死者不可生，來者猶可救也。此二物升殿未必延年益壽」云云。』《後漢·和帝紀》：元興元年，唐羌上書陳狀，帝下詔曰：『遠國珍羞，本以薦奉宗廟，苟有傷害，豈愛民之本？其敕太官勿復受獻。』風枝露葉漢宫秋。《荔支嘆》：『風枝露葉如新採。』《三輔黄圖》：『漢武帝破南越，建扶荔宫。』扶荔者，以荔得名，自交阯移植百株于庭。如何天寶年間事，《通鑑》：『天寶五載，妃欲得生荔支，歲命嶺南馳驛致之。』欲把涪州换廣州。《荔支嘆》：『永元荔支來交州，天寶歲貢取之涪。』自註：『唐天寶中蓋取涪州荔支，自子午谷進入。』胡三省《通鑑注》用蘇説。

人道驪山驛騎長，漫疑不是嶺南香。漕河自古通扶荔，考唐時轉運由揚州入斗門渡淮入汴，由汴入洛，由洛入渭，運入太倉。嶺南貢荔當亦如轉漕之制，連株成實，輕舟快楫，抵渭南後摘實，飛騎一晝夜，可至長安矣。若云馬上七晝夜，必無此事。此路難瞞張九章。《唐書·張九齡傳》：其弟九章。《通鑑》：天寶五載，天下風靡以嶺南節度使張九章貢最。按：貢荔之事應在此時。《舊唐書·地理志》：嶺南道廣州、南海郡土貢荔支。考東、西川土貢皆無荔支。又《樂志》載南方進荔支事，若是蜀貢，當云西方，不當云南方也。又杜子美詩：『憶昔南海使，奔騰進荔支。』又云：『南方每續朱櫻獻。』據此數證，已爲確實。況子美生於唐代，目擊其事，其爲嶺南之荔更無疑矣。

尤物誰曾比荔支，蘇詩《初食荔支》詩：『不知天公有意無，遣此尤物生海隅。』又《荔支嘆》：『我願天公憐赤子，莫生尤物爲瘡痏。』曲江風度那相宜。《唐書·張九齡傳》：『宰執薦公卿，必問風度得如九齡否。』料應自悔初年賦，錯與掖垣人説知。《曲江集·荔支賦序》云：『南海郡出荔支焉，每至季夏，其實乃熟，狀甚瓌瑰，味特甘滋，百果之中，無一可比。余往在西掖，嘗甚稱之。』

新歌初譜《荔支香》，《新唐書·樂志》：『（元）〔玄〕宗幸驪山，楊貴妃生日，命小部張樂長生殿，因奏新曲未有名，會南方進荔支，因名曰「荔支香」。』豈獨楊妃帶笑嘗。杜牧之《過華清宫》詩：『一騎紅塵妃子笑，無人知是荔支來。』應是殿前高力士，《唐書·宦官傳》：『高力士，潘州人。』潘州，今高州。最將風味念家鄉。

紅雲宴罷有降王，《十國春秋·南漢後主本紀》：『大寶三年，帝命荔支熟時設紅雲宴，以樂後宫，歲以爲常。』《宋史·劉鋹傳》：『太宗將討晉陽，召近臣宴，鋹預之，言：「朝廷威靈，四方僭竊之主，今日盡在座中，旦夕劉繼元又至，臣率先來朝，願執梃爲諸降王長。」太宗大笑。』馬上珠鞍入大梁。《御批通鑑輯覽》：『鋹性巧絶，其寶貨燔爇之餘，尚存美珠四十六甕。嘗以珠結鞍勒爲戲龍之狀，極其精妙，以獻，宋主謂左右曰：『鋹好工巧，儻能移于治國，豈至滅亡哉！』』此果竟難降得去，自應也號小南强。《十國春秋·南漢中宗本紀》：『乾和十四年，周遣使來聘，帝欲盛誇嶺南之强，館接者遺使者以茉莉，文其名曰「小南强」，蓋譏之也。宋時後主入汴，諸臣不識牡丹，有朝臣謂之曰：「此名大北勝。」蓋報之也。』

不妨長作嶺南人，蘇詩：『日啖荔支三百顆，不妨長作嶺南人。』儋耳梛冠竟欲真。《太平寰宇記》：儋州居南海之中，漢置儋耳郡，以其人鏤離其耳爲名。蘇詩在儋州有《梛子冠》詩云：『更將空殼付冠師。』南食昌黎歸去早，《韓昌黎集》有《初南食貽元十八協律》一首。案：韓此詩但言椒橙魚蛤之屬，未及荔支。《唐書·韓愈傳》：元和十四年貶潮州，即于是年移袁州刺史。未曾買夏復探春。蘇詩《惠州新年》五首：『探春先揀樹，買夏欲論園。』端倪養出本天然，《明史·陳獻章傳》：陳獻章字公甫，新會人。獻章之學以静養爲主，其教學者但令端坐澄心，于静中養出端倪。顆顆明珠露下圓。静裏工夫誰領得？江門眞有荔支仙。《廣州府志》：江門海在新會縣城東北十五里。案：白沙講學于江門，世人稱爲江門之學。白沙嘗就荔支樹吸其露，作詩云：『我是荔支仙。』

不須誇署尚書銜，懷核歸來味共參。《廣東通志》：今粤荔有名『尚書懷』者，乃明湛若水從楓亭懷核歸種于西樵。此是白沙眞種子，《明史·方孝孺傳》：帝發北平，僧道衍以孝孺爲囑曰：『城下之日，彼必不降，幸勿殺之。殺孝孺，天下讀書種子絶矣。』甘泉浸得水枝甘。《廣東通志》：湛若水字元明，增城人，一時學者稱爲甘泉先生。甘泉乃白沙弟子。粵中凡近水之荔支名水枝，近山名山枝。

賦得喜雨課兒擬作

得雨如何喜，民心造物知。疾雷消亢氣，雌霓展愁眉。慰切誠求後，情酬仰望時。欣欣方被澤，勃勃已忘飢。治粵憂歸我，名亭力在誰。還因天子德，優渥遍蠻夷。

夜宿清遠峽曉登峽山飛來寺

嶺水願南歸，曲江故相曲。將與海通波，又受峽山束。新秋浪瀰瀰，清遠碧如玉。古寺何飛來，高出二禺麓。歸猿夜半啼，老樹終年緑。欲登阮喻逕，截取伶簫竹。更陟雲臺峰，披雲望晴旭。頗覺此處山，必宜著我足。北禺有阮喻逕，多竹。舊志有羅隱書『雲臺』二篆字，今不存，余補書立石。此山閱世人，今古若飛速。人自去來耳，山寺無往復。

英德道中

殘暑難消白露中，蒲帆猶自趁南風。孤城古塔三叉水，遠雨斜陽半截虹。生翠石看羣玉染，泥金霞愛暮天烘。篷窗盡日閒如此，翻可行程著静功。

度梅嶺

郵程猶畏暑，乘夜度梅關。雲氣更成嶺，星光能照山。事停心少静，途遠力愁孱。試向梅花語，開時待我還。

東林道中詠肩輿瓶中桂花

洪都穠桂綻新黄，折向肩輿石路長。何異桂林三百里，行人步步得秋香。

籃輿未肯留蓮社，五柳先生自有家。若是桂香應小住，料因不愛白蓮花。

過淝水

《禹貢》「東陵」即《爾雅》之「東陵阠」。此大陵在大江之北，不應迷失。蓋東陵即廣陵，自合淝水由巢湖入江，合肥地勢平衍，至滁州清流關江浦近江爲陵之中，江都東及泰州爲委，長數百里。此陵不與安慶、桐、潛相連，爲有淝水界之，甚分明也。《禹貢》曰：「至于東陵東迆。」又曰：「東爲北江，入于海。」[一]然則大江向東北流，將入海之處最長大之陵，非此山而何？此山非東陵而何？古稱南北曰輪，東西曰廣，廣陵稱「廣」，正因東西甚長。至于東陵「東」字，則對四方之陵而言也。

《禹貢》東陵《爾雅》收，清流關直到揚州。請看淝北淮南路，此是東陵西起頭。

鳳陽張阻夜泊

洪流下商亳，浩瀚失平楚。野岍不知名，危檣泊何所。瑟瑟淮南秋，瀟瀟夜深雨。我亦感江

[一]「至于東陵東迆又曰東爲北江入于海」十五字，甲戌續刊本作「又北東入于海又曰至于東陵入于海」。

湖，鐙前意千縷。那堪鴻雁聲，嗷嗷又遵渚。

宿趙北口

紫極星垣近望中，七千里路暢西風。得看兩次團圞月，才自南雄到北雄。

正大光明殿萬壽宴蒙恩親賜杯酒恭紀一首

萬壽稱觥金殿開，至尊手賜赤松醅。膝行前席依龍衮，首戴深恩仰玉杯。既醉福年眞樂只，載歌颺拜亦康哉。敬將慈惠疆臣意，渥灑仁膏到越臺。

渡淮有懷河北諸公

九月黄流楚岍低，迴波又見下青齊。馬蹄去處皆秋水，鴻爪回時已雪泥。歸夢快醒湖墅上，停雲愁在沁園西。春深聽奏覃懷績，好使桃花漲舊隄。

偕仲嘉宿雷塘庵樓

空山雨雪獨立時，何人至此方能悟。情迴意迴得返眞，世俗那得知其故。松楸多風草多霜，暫來灑涕棲雷塘。墓門夜霧月少光，庵樓翦鐙寒對床。宦遊光陰最飄忽，支枕阡岡能幾月。村屋荒雞吅明發，弟入江城兄往粵。此間雪逕寂無人，豈換初心對華髮。

結蘇亭于木蘭院竹南古銀杏北

修竹圍若屏，古樹高如塔。木蘭北院中，緑陰翕然合。孤亭一笠新，茶竈復繩榻。風欄終日閒，吾不如老衲。舉以屬坡公，相呼可相答。

選樓蠟梅

六載游踪未到家，春時每憶選樓花。今年得在樓前過，黃蠟梅開髩也華。

偕張芰塘維楨步過渡春橋小憩倚虹園

幾年不到平山下，今日重來太寂寥。回憶翠華清淚落，永懷詩社舊人彫。樓臺荒廢難留客，花木飄零不禁樵。剩有倚虹園一角，與君同過渡春橋。

風雪夜行樅陽江

荒江走頹波，昏月弄寒色。飛雲帶雪來，長風起東北。我舟逆流去，超越殊有力。遥夜速水程，十二時行四百餘里，六晝夜自揚州至滕王閣。帆索敢斜勒。喧聲警澎湃，蓬窗月復黑。危坐待晨光，長燭幾回刻。

舟中望廬山

殘夜滄江雪，匡廬頂上明。曉來青嶂外，疑是白雲生。全弃虎溪迹，多涵鹿洞情。此中吾道在，難與淺人評。

由南康入蠡澤

兩年詩卷住南州，未向彭湖鼓檝遊。今看匡廬得眞面，竟推左蠡作遨頭。沙光明浄居陽鳥，雪力清强促夜舟。欲向涪翁問詩派，横流可要挽江牛。

宗舫

予舊造紅船，取宗慤長風之義，名曰『宗舫』，爲金山上下濟渡、救生諸用，三面使風，最爲穩速。十數年來，翔使遠行，竟往來湖北、江西諸地，而江西、蕪湖等處亦仿造之，爲救生之用，所救皆多。近年宗舫之外，又增三舟，予名其一曰『滄江虹』，一曰『木蘭身』，梅叔名其一曰『曲江舫』。己卯冬，予由揚州乘此，七日即至滕王閣下。曾奏言此行之速，而上下江長官趨公，亦間有乘此始能速達者。换舟赴嶺，留題二詩。

金山飛棹本名紅，我遣來回楚越中。帆脚遠行須把定，莫教孟浪願長風。

滿江晴雪幾舟紅，頗似唐人舊畫中。予曾見唐人《雪霽江行圖》卷，絹長不過二三尺，而舟長幾盈一尺所，著色界畫，帆檣積雪，豪髮皆備，惟于長江霽雪遠景則畧之。此唐人古拙舊法，與宋、元人畫意不同。楊子橋頭萬里浪，滕王閣下一帆風。

梅嶺張文獻公祠看梅花

嶺南古梅祠下，到此已如到家。欲問曲江風度，料應即似梅花。

度梅嶺用前韻

古梅開驛嶺，芳訊動江關。寒減虔州水，香先庾浦山。落帆猶戀卧，登嶠竟忘孱。細雨濃花裏，人從天際還。

庚辰

望遠鏡中望月歌

天球地球同一圓，風剛氣緊成盤旋。陰冰陽火割向背，惟仗日輪相近天。別有一球名曰月，影借日光作盈闕。廣寒玉兔盡空談，搔首問天此何物？吾思此亦地球耳，暗者爲山明者水。舟楫應行大海中，人民也在千山裹。晝夜當分十五日，我見月食彼日食。若從月裹望地球，也成明月金波色。鄒衍善談且勿空，吾有五尺窺天筒。能見月光深淺白，能見日光不射紅。見月不似尋常小，平處如波高處島。許多泡影生魄邊，大珠小珠光皎皎。月中人性當清靈，也看恒星同五星。也有疇人好子弟，抽鏡窺吾明月形。相窺彼此不相見，同是團欒光一片。彼中鏡子若更精，吴剛竟可窺吾面。吾與吴剛隔兩洲，海波盡處誰能舟？羲和敲日照雙月，分出大小玻璃球。吾從四十萬里外，多加明月三分秋。地球大于月球四倍，地月相距四十八萬餘里。

鸞羽歌

神鸞之品亞鳳皇，和鈴振響何鎗鎗。前年曾説到衡嶽，鑾音一串疑歸昌。前年衡州有大鳥飛鳴，羣鳥隨之，音如馬頸串鈴，當是鸞也。奇文異彩那得見，片羽不得留清湘。今來嶺表控桂海，仙翎頗出暹羅航。焦明振振搏如帚，不入翡翠千金裝。翅修三尺尾五尺，更比孔雀金花長。連錢珠眼二十四，驂青舞繡開吉光。其圓眼雖不及孔雀之金翠，但一羽有二十四五眼，次第相連。古人秉翟尚渥赭，況此肅肅威儀翔。一揮筆几俗塵遠，宛然長麗飛女牀。

端州北巖綠硯石歌

綠石巖在高要七星巖北，在羚羊峽西北數十里。粤人以綠石爲不鍥墨，然余所鑿之研殊膩而發墨。王安石詩云：『鳳池新様世争傳，況以蠻溪綠石鐫。』是北宋已有綠端石矣。宋人皆稱端溪爲蠻溪，故梅堯臣《端溪圓硯》詩云：『案頭蠻溪硯，其狀若圓璧。』

端溪北巖藏硯璞，苔滿烟生暖如玉。何人剖玉出山來，更比端州江水綠。春波綠浄唾不可，山石綠肥有雲裹。清風吹落筆牀邊，還是沈沈雲一朵。窓前蕉葉接梧桐，可憐顔色絶相同。李賀休歌踏天紫，南唐漫品細絲紅。結鄰稍遠靈羊峽，墨池裝入香檀匣。怕傳新様出蠻溪，豈有荆公可爲法。

桂林陳相國(元)〔玄〕孫繼昌中庚辰狀元且爲解會三元廣西蓮龕方伯有詩紀盛和韻一首

文運原因天運開，一枝眞自桂林來。盛朝得士三元瑞，賢相傳家五世才。史奏慶雲合名字，時方伯與狀元同名，狀元鄉榜本名守壑，因夢改今名。人占佳氣説樓臺。廣西貢院前大樓久傾，以建爲祥。己卯冬，予與中丞方伯共建之，方落成。若從師友論魁鼎，門下門生已六回。近科狀元吴中[一]、洪瑩、蔣立鏞、吴其濬、陳沆及陳繼昌，皆余門生門下之門生也。

粤西平樂峽中

雨餘秋乍新，灘江瀨鳴急。殘雲卧半山，松際一何濕。清猨弄飛泉，兩巖夾水立。襲人山氣涼，空翠入呼吸。

新秋夜行陽朔灘水上

千峰如九華，直立皆千尺。向暮森青尖，入夜湛深碧。一水相與縈，淺漱峰根石。餘波拭玻璃，浄照天影白。此時秋已新，涼蟾半生魄。玉宇淡雲流，榆花何歷歷。斜看露脚飛，夜氣濕將滴。

［一］按：『吴中』當爲『吴信中』之誤。據《清朝進士題名録》，歷科狀元皆無『吴中』此人，而吴信中爲嘉慶十三年戊辰（一八〇八）科狀元。是年，毛謨爲會試同考官之一，而毛謨爲嘉慶四年會試阮元任副考官時所取士，故吴信中可稱阮元『門生門下之門生』。

幽草生暗香，蟲喧破山寂。何期來此間，清景得今夕。停却扇與鐙，野風透絺綌。

庚辰嶺南除夕

龍鼎忽已升，舉世慟一棄。臣官幾何年，兩遇此大事。峩峩觀德殿，道路昔猶記。深林閟寒雲，仿佛入夢寐。先皇廿五載，功德滿天地。我朝五元年，皆有兵事議。順治十八年，有鄭成功等海寇事；康熙六十一年，有烏魯木齊、西藏等事；雍正十三年，有貴州苗疆事；乾隆六十年，有湖南苗疆事。惟今歲庚辰，四海静車騎。若非德力全，安得臻郅治。文武紹前徽，明白付神器。繼聖又有聖，大仁復大智。在昔姬周時，世德隆于四。不聞成康後，重光永昌熾。臣昔在翰林，叨以詞筆侍。豈期斗筲才，久受節鉞寄。今夕是何時，閉門散羣吏。急景摧人心，縱横抹涕泗。黯然寒燭前，殘夜勗初志。

辛巳

西齋待月

南海月尤近，虚齋先得明。花香才淡沲，樹影忽從横。小徑三回折，閒階一丈平。此時聊自憩，涼意在桃笙。

壬午

過合肥見陸廣文繼輅出示文集談杭州舊遊

廿載才名博此官，省君清興甚相安。著書絶勝芙蓉鏡，却病無過苜蓿盤。舊日池亭如古蹟，故人詩卷得新刊。嘉慶初，定香亭舊友如張子白、張農聞、江補僧、林庾泉、蔣蔣山詩皆刻入《詩徵》，并系小序。勞勞似我君休問，試捋霜髭付與看。

壬午述職歸過珠湖草堂

晝車畏炎暍，夜騎雷雨滑。脱然舟入湖，如魚縱活潑。落帆到草堂，烟波接雲闊。結亭黄烏隅，新結草亭一笠于隅上，可坐而望遠。避暑坐清樾。平日懷鄉人，今朝此暫歇。惜未待夕霏，行沙弄明月。

及門陳雲伯文述爲江都令尹邀遊焦山作詩即和雲伯韻時同遊者王柳邨僧借庵令尹之子裴之柳邨之子屋余弟亨

得暇訪雙鼎，雲帆一片横。余壬戌秋送漢鼎至焦山，詩云：『他時得暇或相訪，雲帆一片横金焦。』好山成舊約，勝侣會高情。僧老詩仍健，江深暑亦清。何當邀外史，選石共題名。

西南風阻留住采石磯太白樓

南風連日阻江船，太白樓邊水接天。且借詩仙樓檻下，横鋪一榻納涼眠。
謝宅青山近可攀，朝朝嵐翠入樓間。飄然詩思生花筆，一朶蓮花青敵山。
樓前夜夜月輪新，不見扁舟捉月人。若把古人較今月，謫仙應是月前身。
東風偶轉晚涼生，急掛長帆趂月明。月下看山青更好，可能不憶謝宣城。

大姑山阻風看月

南風吹山北船橫，紅船逆流也不行。紅船非上水正頂風皆可行，是日乃上水正南風。偶然驟雨洗湖熱，月出蠡東還夜晴。大姑山南水萬頃，放船一望何其平。月與水平我平月，金波玉浪搖光精。須臾轉出碧山頂，冰輪碾塔如有聲。星漢西流過篷背，斜飛露脚涼晶晶。秋風秋色渺何所，夏氣不退誰能爭？漁船鐙火客船笛，夜來且識江湖情。唫懷俗拙坐不歓，余不能酒，半杯即以爲苦。但著水枕睡便清。廬山夢高月將墮，仿佛芙蓉開玉京。

落日放船好

阻風大孤塘兩日，每至日落，便放船出湖，乘涼待月。

落日放船好，彭湖百里寬。山如螺子黛，浸入水晶盤。綄羽不須問，篷窗撤盡看。還當就明月，涼洗浪漫漫。

大暑節坐滄江虹紅船由江都直達洪都江湖夏闊月明如晝或阻風太白樓下晝看青山夜卧皓月或乘風馬當山外夜濤澎湃俄頃百里紀以一律寫留船中

可是江天夜夜虹，綠帆紅船皆油綠布帆。一路月明中。開窓遠接滄浪水，捩柁初迴舶艣風。銀漢微明低入海，匡廬深碧上連空。米家書畫尋常事，莫與雷家劍氣同。

香稻米飯

家鄉香飯一盂多，半耐咀嘗半耐哦。似到水田聞露氣，稻花開處有殘荷。

大榕

秋暑午猶烈，帆影何彤彤。牽船泝贑水，篷低噶難容。安能有美樾，使我船可艭。前川忽東轉，臨水多大榕。盤根岸洒洒，翳薈波溶溶。藏舟入榕底，愛此涼陰濃。交柯復接葉，老綠疊幾重。

江。漁人與舟子，榕下間相逢。何時解纜去，且待上下春。前江有新月，相約采芙蓉。贛南南康縣有芙蓉江。

述職後謁昌陵回粤七月度梅嶺再疊梅嶺舊韻一首

春渡湞江水，秋旋庾嶺關。新恩洛桂海，沉慟哭橋山。君聖初行健，臣衰不敢孱。朝廷有聲教，仍秉德威還。

余撫浙江江西皆曾修建鄉闈號舍今督粤粤闈號舍七千六百餘間更湫隘皆改建寬大之秋兼撫印監臨鄉試書誌一律

廣厦何曾有萬間，聊開矮屋庇孤寒。節交白露天猶暑，氣吐青雲地忽寬。爽塏竟饒遷舍樂，風簷頗似在家安。他年多士兒孫住，可識從前坐卧難。